20세기 급진주의 노동운동의 흐름들

20세기 급진주의 **노동운동**의 **흐름들**

초판 인쇄 | 2006년 9월 5일
초판 발행 | 2006년 9월 15일

지은이 | 이정희, 은은기, 게리 훈니우스, 데이비드 가르손 외 공저
펴낸곳 | 영남대학교출판부
출판등록 | 1975년 9월 5일 경산 제16-1호

주소 | 경북 경산시 대동 214-1
전화 | 053)810-1801~3
FAX | 053)813-4722
홈페이지 | book.yu.ac.kr

ISBN 89-7581-303-7 93330

• 값은 표지 뒷면에 있습니다.
• 잘못 만들어진 책은 바꾸어 드립니다.

20세기 급진주의

노동운동의 흐름들

이정희 · 은은기 · 게리 훈니우스 · 데이비드 가르손 외 공저

영남대학교출판부

사회주의 혁명운동 노동자에게 연설하는 레닌. 페트로그라드, 러시아, 1917년 6월

사회주의 포스터 〈레닌-10월〉 러시아혁명 시대 레닌의 〈소비에트에 권력을, 인민에게 평화를, 농민에게 땅을, 노동자에게 공장을〉이란 구호를 말함, 1917년

사회주의 소련에서 국제연맹을 비판하는 선전포스터. 〈전세계 자본가여 단결하라!〉고 풍자함, 1920년

총파업 총파업으로까지 확산된 탄광 노동자들의 파업, 1926년 영국

파시즘 반대 집회 독일사회민주당, 베를린, 1922년

사회주의 인터네셔널 프랑크푸르트, 암마인, 1951년

사회민주당 선거포스터 2차대전직후 〈사회민주당을 뽑자〉

사회민주당 선거포스터 1980년대 〈우리와 함께 합시다〉

그대들의 적에 대해서 알라,

당신이 그를 위하여 일을 하기만 한다면

그는 당신이 어떤 피부색을 갖고 있는지 상관하지 않을 것이다;

당신이 그를 위하여 돈을 벌어만 준다면

당신이 얼마나 벌고 있는지 상관하지 않을 것이다;

그가 빌딩을 소유하기만 한다면,

꼭대기 방에 누가 살고 있는지 상관하지 않을 것이다.

당신이 그에게 반항하지만 않는다면

당신에 그에 대해 어떤 말을 하든지 그냥 내버려 둔다;

그는 인간성을 찬미하는 노래를 부른다

그러나 그는 기계가 인간보다 더 값지다고 생각 한다;

그와 협상해보라 그러면 그는 웃거나 당신에게 매질을 할 것이다;

그에게 도전해 보라 그는 당신을 죽일 것이다;

그가 소유하고 있는 것을 잃게 되면

그는 온 세계를 파괴하려고 할 것이다.

서언

20세기에 들어 서면서 프랑스의 생디칼리즘 운동, 독일연방공화국의 노사공동결정, 스웨덴의 경제 민주주의, 유고슬라비아의 노동자 자주경영, 러시아의 노동자관리 운동의 실험들은 산업민주주의의 여러 단계에 대한 지침서와 세계적인 흐름을 보여 줄 수 있는 사건들이다. 오늘날 일반 노동자와 경영 측의 압력이 어떠하든지 산업민주주의의 시행과 달성은 기업가, 노동조합, 정부 그리고 정당들 사이의 끈질긴 협상 및 합의에 의해서만 가능한 것이다. 이런 노력들의 결과는 아직도 노동자들에게나 경영측에게나 만족스럽지 못하며, 양자 간의 직접적인 정면충돌 가능성은 많은 나라에서 여전히 강하게 남아 있다. 점차 조직화되어가는 자본의 힘과 중앙집권화 되어 가는 국가권력의 힘에 맞서 이탈리아, 프랑스, 체코슬로바키아 등 유럽 각국의 노동운동권에서는 고용과 해고, 분배 그리고 작업과정에 대한 노동자의 직접적인 참여권을 요구하는 급진적 노동운동이나 극단적인 자주 경영의 가능성에 대한 희망을 버리지 않고 있다.

본 책은 캐나다의 급진적 노동운동가인 게리 훈니우스가 과거 30여 년 동안 유럽과 미국 그리고 캐나다에서의 산업민주주의를 위한 시도들, 노동자 자주경영을 성취하기 위한 노동운동권의 노력과 그 한계, 그리고 정부와 자본, 그리고 노동조합의 반응에 관한 체험을 모은 글들을 국내에 소개하기 위하여 발췌한 것이다. 여기에 덧붙여 본 서의 공동 저자는 전지구적인 급진 노동운동 체험을 비교사적으로 연구하기 위하여 19세기 말부터 20세기 초까지 프랑스와 러시아의 노동운동의 사례에 관한 연구 성과를 추가로 포함하여 편집하였다. 이들 각국 노동자들의 체험은 오늘날 후기 산업화 단계에 접어들면서 교착상태에 빠져 있는 한국사회의 노동문제를 연구하는 이들에게 이론과 실제 면에서 귀중한 교훈을 줄 수 있으리라 본다.

노동의 소외를 극복하고 산업민주주의와 평등을 달성하는 문제는 다가오는 21세기의 최대의 과제이기도 하다. 산업민주주의는 총제적인 체제 변화 뿐 아니라 가장 밑바닥의 소규모 작업장에서의 노동의 참여와 자주경영이라는 이상이 고려될 때에 비로소 완성될 수 있는 것이다. 산업민주주의의 수준이나 단계는 각 나라 별로 사회경제적 수준이나 문화적 배경 속에서 다양하게 전개될 것이지만 본 서에서 말하고 있는 메시지들이 산업민주주의를 쟁취하기 위한 노력이나 투쟁 속에서 변함없는 본질적 판단의 지침이나 화두로 활용될 수 있으면 하는 바램이다.

2005년 12월 30일 대구에서

이정희 | 은은기

편집인의 글

'노동자관리' 란 직장, 즉 사무실, 공장, 작업장, 회사 혹은 공공기관 등등을 민주화하는 것을 의미한다. 그것은 회사의 경영은 고용인들 앞에서 책임을 진다는 것을 뜻한다. 달리 말하면, 그것은 바로 노동자들이—육체노동자이든지 정신노동자이든지 다 같이—기업의 운영을 책임진다는 것을 의미한다. '노동자관리' 는 궁극적 목표 —즉 경제에 대해 공적으로 책임지는 자주관리—와 그 목표에 도달하기 위한 전략이라는 두 가지 사항을 모두 포함한다.

'노동자관리' 는 미국인과 캐나다인들에게는 오랫동안 사라지고 없는 사상이다. 노동자들이 자신들의 직장을 경영해야 한다는 사상 즉 '산업민주주의' 라는 용어는 오늘날 광범위하게 확산되어 있는 미국 내에서 주류적인 법인체 경제 체제에 의해서나 그에 부수적인 사기업, 이윤동기, 명령체계 효율성 및 경영권 이념에 의해서 오래 전에 파묻혀 버리고 말았다. 오늘날 '노동자관리' 라는 사상은 종종 일부 혁명적 분파의 희미한 환상이거나 혹은 과거 19세기 개혁가들의 학문적 이론이나 연상시키는 사상에 불과한 것으로 간주되고 있다.

물론 이것이 전부는 아니다. 이 책의 마지막에 제시된 유고슬라비아의 사례는 '노동자관리' 가 급속히 발전해 가고 있는 산업경제를 작동시키는 실제적 대안이 될 수 있음을 증명해 준 경우이다. 서유럽 제 국가들(스웨덴, 노르웨이, 독일, 영국)의 경험에 의하면 '노동자관리' 는 여러 나라의 대다수 노동자들 사이에서 여전히 가장 주요한 주제라는 사실을 반증한다. 더 나아가서 북미에서도 이 주제가 다시 부활하는 징조가 나타나고 있다. 캐나다의 노동자 총회는 '산업민주주의' 에 대해 우호적인 태도를 선포한 바 있다. 특히 〈통합자동차노조〉(United Auto Workers)와 같은 산업노조는 전통적인 단체협상의 한계를 넘어 가격정책과 생산과정과 같은 '노동자관리' 에 관련한 주제를 제안하는 데 점점 더 깊은 관심을 표명하고 있다. 캐나다의 몇몇 주요 노조들도—펄프 및 제지 노동자단을 위시하여—이와 동일한 방향으로 움직이고 있다.

이와 같은 맥락에서 무엇보다도 가장 중요한 점은 최근 미국과 캐나다에서 '참여 민주주의' 를 위한 운동이 성장해 가고 있다는 사실이다. 대학생, 흑인 빈민지구, 소장파 대학교수, 정부의 통치 과정에서 소외감을 느끼는 일반 시민들 사이에서 집결 주제로서 '참여' 의 사상이 지난 십여 년 간의 사회 변화를 위한 다양한 운동 가운데에 공통주제가 되어 왔다. 이 책의 후반부에서 지적하고 있듯이 이러한 운동이 기존 노조나 노동—경영 정책에 대한 불만과 깊은 관련이 있음을 감안할 때, '노동자관리' 사상 속에 직장에서나 경제 체제상으로나 주요한 변화를 열망하는 확실한 근거가 존재한다고 볼 수 있다.

그러나 이 변화들이 정확히 어떤 것인지, 또 어떻게 이 변화를 일으킬 것인가에 대한 문제는 여전히 남아 있다. 한 마디로 이 책은 그 공백을 메꾸기 위해 계획된 것이다. '노동자관리' 의 주제에 관해서 북미에서는 출판된 문헌이 극히 적다. 그러므로 이 책은 노동자자주관리라는 주제에 대하여 익숙하지 못한 독자들을 위한 기본적인 지식을 포함하여 편찬하였다. 이 책은 노동자들이 당면한 문제나 기존 노조 정책의 부적절함을 검토할 것이다. 또 단체협상 제도를 초월해야 할 당면 과제를 설명할 것이다. 또 이것은 노동자들의 참여와 자주경영의 대안적 모델에 관한 여러 나라의 경험을 재현하고 우리 사회의 변화를 위한 전략으로서 '노동자관리'의 가능성을 탐색할 것이다. 그 다음 노동을 위한 전략이나 사회변화에 관련된 모든 사람 즉, 정치적 행동을 위한 계획이나 미래상을 정립하고자 하는 급진적 행동파, 산업적 관계에 관한 연구를 하는 대학생과 교수, 노조주의자, 노동자, 시민 등등에게로 관심을 돌릴 것이다. 이 책은 어떤 정해진 답을 갖고 있는 것은 아니다. 차라리 그것은 민주주의와 미국과 캐나다의 법인체 체제의 본질에 관련한 중요한 논의가 무엇부터 시작될 수 있을 것인가를 탐색하는 것이 주된 목적이다.

이 책은 두 개의 협력 단체 즉, 매사츄세츠 州, 케임브리지의 〈케임브리지 정책연구소〉의 노동자경영에 관한 특별 과제단과 온타리오 州, 토론토의 〈사회변화 연구소의 프락시스〉의 '노동자관리'에 관한 연구 과제단의 공동 노력의 결과물이다. 〈프락시스 연구단〉은 1968년 겨울에 탄생되었으며 이듬해 여름부터 활동하기 시작하였다. 프락시스는 처음부터 공동체와 직장의 풀뿌리를 겨냥한 다양한 연구 프로젝트와 조직 활동을 통해서 사회

변화를 위한 행동에 직접 관련 있는 연구와 분석을 시도하였다. 〈케임브리지 정책연구소〉는 응용 연구를 수행하는 사적이고 비영리적인 기구로서 1968년 가을에 조직되었다. 이 연구소는 변화를 위한 프로그램과 전략상의 문제를 다루기 위하여 특별과제나 특정한 연구계획을 기획해 왔다. 이 연구소는 이론을 사회행동으로 실험하기 위하여 보스톤과 전국에 걸쳐 행동주의적인 조직들과 공동체 집단들과 밀접한 연대를 맺으면서 활동해 왔다.

비록 본 책의 거의 태반이 이 두 단체의 연구물들을 재현하는 것이지만 본 편집자들은 여러 지면에서 삽입하여 기 출판된 논문을 재출판할 것을 허락해 준 저자들과 출판진에게 심심한 감사를 드리고 싶다. 또 우리는 비록 특별히 글을 기고한 것은 아니지만 이 책이 나올 수 있도록 형태와 방향에 대하여 토론해 주신 연구팀에게도 깊은 감사를 드리는 바이다.

1972년 6월 케임브리지, 매샤츄세츠

토론토, 온타리오

게리 훈니우스 | 데이비드 가르손 | 죤 케이스

차례

1 자본주의와 노동자의 자주경영

_ 데이비드 엘레르만(David Ellerman)

1

자본주의와 노동자의 자주경영

데이비드 엘러르만(David Ellerman)

본 글의 목적은 자본주의적 사유재산권 이론의 근거를 검토하려는 것이다. 사유재산권의 도덕적 근거는 무엇일까? 사유재산권은 어떻게 하여 정당하게 사용되는 것일까? 동산 노예제는 침해할 수 없는 자연적 권리를 깨뜨리는 것임이 분명하다. 자본주의 역시 이와 같은 것일까? 그렇다면, 어떻게 해야 이 같은 권리들을 충족시킬 수 있는 것일까?

좀 더 구체적인 예를 들면서 이 문제에 접근해 보자. 범죄 성향을 가진 어떤 기업주가 은행돈을 절취하기 위하여 일정한 급여를 주고 다수의 사람을 고용했다고 가정해 보자. 그는 은행에 몰래 침입하기 위하여 승용차를 임대하였고 그 차주는 달리 개입하지 않았다고 가정해 보자. 차량의 주인은 그 기업주나 그의 고용인들과 공범자도 아니며 협력자라고 볼 수 없다. 그 범행 이후 은행 강도들은 붙잡힌다. 고용된 범죄자들은 법정에서 자신들은 차량의 주인처럼 결백하다고 주장한다. 그들은 재판관에게 자신들과 차량 주인은 시장에서 상품을 팔고 그 다음 구매자가 사용하는 특정한 용역(한 경우는 노동이라는 용역이며, 다른 경우는 자동차라는 용역)의 소유자일 뿐이라고 말한다. 비록 구매자가 범죄를 행하기 위해서 이 용역을 사용했다 할지라도 이 범죄는 본래의 용역 요소의 소유자의 잘못은 아니라는 것이다.

당연하게도 재판관은 이런 변호를 거부할 것이며 차량의 소유자와 달리 고용된 노동자들은 기업주와 마찬가지로 범행에 책임이 있다고 주장할 것이다. 왜 그럴까? 차량의 소유자는 다른 이들과 마찬가지로 도덕적인 존재이지만 기업주에게 단지 자연적인 요소(그의 차량)의 용역을 팔았고 도덕적인 존재로서 자신이 개입된 것은 아니었다. 이와는 달리 고용된 노동자들은 기업주에게 도덕적인 존재로서 자신들의 용역을 팔았다. 어떤 방법을 쓴다해도 노동계약은 노동자들을 제공된 용역의 결과에 아무런 책임이 없는 자동차와 같은 기계로 바꿀 수는 없다. 이리하여 재판관은 피상적인 노동계약을 넘어서서 사태를 보려하고 그 범행을 행한 모든 인간적 요소들이 이에 책임이 있다고 주장하려고 할 것이다. 마지막으로 또 우리는 고용된 노동자들이 자신들의 행동의 책임을 '면하게 해주거나' 고용주 '탓으로 돌린다는' 노동 계약을 고용주와 맺은 경우를 가정해 볼 수 있다. 재판관은 당연히 이 같은 제스처에도 동요되지 않을 것이며 그들의 책임은 자신들이 의도적으로 그 범죄를 자행했다는 사실에서 직접적으로 비롯된다고 주장할 것이다. 한 사람의 도덕적 책임은 동의나 계약에 의해서 '이전' 되거나 '양도' 될 수는 없는 것이다.

사유 재산의 전유

위의 사례는 지금부터 우리가 좀 더 추상적이고 일반적인 수준에서 탐구하고자 하는 많은 논점을 지적하고 있다. 근본적 원칙은 사람은 긍정적이든지 부정적이든지 의도적 행동의 결과에 대하여 도덕적 책임을 진다는 점이다. 만약 어떤 사람들이 집단으로서 협력하여 행동하였다면 그들은 행동의 결과에 집단적으로 책임을 지게 된다. 그들의 행동이 물질적 재화의 창조라는 결과를 가져오는 것이라면 이 재화에 대한 그들의 책임은, 재산권(이론의 어휘로 표현해보면, 그들이 정당하게 그 재화를 전유하는 것을 의미한다. 만약 그들이 어떤 재화를 다 써버리거나 파손한다면 그들은 정당하게도 이 재화에 대하여 빚을 지는 것이다. 이것은 그들의 행동에 대한 도덕적 책임의 재산권) 이론의 결과라고 볼 수 있으며, 그리하여 이러한 전유의 권리는 도덕적이거나 자연적인 권리이기도 하다. 특정한 법 체제 속에서 사람들에게 부여하는 법적 권리는 그들의 자연적 권리와 일치하거나 또는 일치하지 않을 수도 있다. 어느 경우라 해도 사람들은 그들의 행위 즉 그들이 창조한 자산이나 부채에 대하여 자연적인 권리를 갖는다. 더 나아가서 이러한 자연적 권리는 행위자의 도덕적 책임에서 비롯되는 것이며, 도덕적 책임은 동의나 계약에 의해서 '이전' 되거나

'양도' 될 수 없기 때문에 이 권리들은 양도할 수 없는 것이다. 물론 정당하게 전유된 물질적 재화는 교환하거나 이전될 수 있다. 그러나 무엇보다도 사람들의 재화에 대한 정당한 전유의 권리를 보장해주는 근거는 바로 이러한 '이전' 될 수 없는 도덕적 책임이다.

경제적 회사(혹은 대학이나 병원과 같은 기구들)와 같은 사람들의 기업을 생각해 보자. 기업에서 일하는 모든 사람들—소위, "사무노동자" 이든 "육체노동자" 이든, 혹은 "경영주" 이든 "노동자" 이든—은 공동으로 기업의 활동을 수행하고 있다. 법적 체제가 "피고용인" 에게 부과한 법적 역할은 그들의 고용주가 사용하고 또 행위에 아무런 도덕적 책임이 없는 자동기계로 바꾸지 못한다. 그러므로 법적 상부구조에 상관없이 : (1) 기업에서 일하는 모든 사람들은 집단으로서 자신들의 생산 활동에 대하여 도덕적 책임을 지고 있다. 만일 그들이 물질적 재화를 사용하거나 창조한다면 그들의 활동의 물질적 결과물은 일련의 양 또는 음의 수량, 즉 X = (x1, x2, x3, x4. ..... xn)을 기록한 목록으로 표시될 것이며, 여기서 양의 수량은 생산된 상품의 수량을 표시할 것이며, 음의 수량은 주어진 시간 동안 기업이 소모한 상품의 수량을 나타내는 것이 된다. 우리는 목록 X를 주어진 기간 내 기업의 총생산물(whole product)이라고 부른다 ; 양의 수량은 생산된 재화 량으로 부르는 반면 음의 수량은 발생한 채무 량으로 칭한다. 우리는 생산 속에서 창출된 재화와 채무, 양자 모두 총생산물 속에 포함된다는 사실을 주시해야 한다. 총생산물은 기업 내에서 노동력의 생산 활동의 물질적 결과다. 이들 노동력은 생산 활동의 결과물에 대하여 도덕적 책임을 진다. (2)

노동력은 생산의 총생산물을 전유할 자연권을 가지고 있다. 더 나아가 위에서 언급한 이유 때문에 이 자연권은 양도할 수 없는 것이다. 만일 법적 사유재산권 체제가 이 같은 도덕적 권리를 침해하는 것이 아니라면 그것은 법률상으로 인정되고 보장되어야 한다 : (1′) 기업에서 노동력은 생산 활동에 집단적 법적 책임을 지닌다. 즉 노동자들은 그들 자신의 일을 자주적으로 경영할 권리를 가진다. 또 (2′) 기업 내에서 노동력은 총생산물을 전유할 법적 권리를 가진다. 이러한 생산 형태는 노동자주의 생산, 노동자-경영, 또는 노동자 자주경영으로 불릴 수 있다.[1] 만일 생산수단이나 생산에서 사용된 어떤 물질적 재화가 부재 소유자들에 의해(즉 중간재화를 생산한 노동자들에 의해서나 혹은 노동생산물이 아닌 토지나 천연자원의 경우 공동체에 의해서) 소유되고 있다면, 기업의 모든 노동력은 소유자들의 동의를 얻음으로써 다가올 모든 채무부담을 져야 할 것이다. 이것은 대개 지대, 이자, 사용세, 혹은 단지 구입가격의 형태로 지불할 것을 요구한다.

노동과 총생산물의 자주경영에 대한 기업 내의 노동력의 자연권은 자본주의적 사유재산제에서 한번도 인정된 적이 없었고 보장된 적

1 여기서 개괄한 사유재산권 이론은 본질적으로 사유재산권의 고전적 노동가치설, 즉 자연권 이론의 발전된 형태이다. 예를 들어 : Richard Schlatter, *Private Property : The History of an Idea* (Rutgers University Press, 1951) ; Anton, Menger, *The Right to the Whole Product of Labour : The Origin and Development of the Theory of Labor's Claim to the Whole Product of Industry* (London, Macmillan and Co., 1899, reprinted by. Augustus Kelly, N. Y.)를 보라. 사유재산권의 노동가치설은 자본주의에 대한 프루동과 리카르도식 사회주의자들의 초기 노동자주의 학파에 의한 고전적 자유방임주의에 대한 비판의 초석이었다. 이와 같은 노동자주의적 전통은 협조조합주의나 길드사회주의 및 무정부적 생디칼리즘 운동 속에서 지속되었다.

은 더 더욱 없었다. 노동과 총생산물에 대한 경영의 법적 권리는 "회사"라고 불리는 법적 권리의 묶음에서 본질적인 요소이다. 자본주의 체제에서 이들 법적 권리들은 전형적으로 자본에 직접 밀착되어 있다. 어떤 주식회사에서 "회사'의 소유주들은 기업의 자본재의 소유주들 -주식보유자들-이다. 이에 추가적인 권리로서 "자본신수권"-경영과 총생산물에 대한 권리들-은 지대나 혹은 사용자본에 대한 이자를 받을 수 있는 흔한 합법적 권리로 확대되었으며 또 일정한 자본주의적 사유재산제의 결정적인 특성이다.[2]

기업에 속한 노동력의 자연권은 정부가 합법적으로 총생산물을 전유하고 생산을 관리하는 국가자본주의 체제나 국가사회주의 체제에서도 인정되지 않고 있다. 국가사회주의 체제 하에서 노동자들은 자주경영하는 생산자와는 거리가 멀고, 본질적으로 노동시장에서 임대한 사적으로 소유되는 상품에서 산업군대로 징발된 사회적으로 소유되는 자원으로 바뀌어 진다. 많은 사회주의자들은 "생산 경영과 총생산물"에 대한 법적 권리가 정확히 생산수단의 소유권에 밀착되어 있다고 묵인한다. 그들은 단지 "생산수단의 사적 소유"에만 반대할 뿐이다. 좌익 국가주의의 이러한 형태는 자본에 의한 기업의 사적 경영이나 기업

2 비영리 기관에게 대해서도 비슷한 지적을 할 수 있다. 예를 들어 대학교 운영에 대한 법적 권리는 전적으로 대학교의 자본 자산에 대하여 권한을 가진 이사회에 달려 있다. 대학에서 일하는 사람들 (즉 대학교수진, 학생들, 직원들)의 자주경영을 위한 자연적 권리는 법제도 상으로 인정되지 않고 있다. 그러나 "사유재산권"이나 "정관"에 근거한 이 같은 사립의 경제적, 교육적 과두정에도 불구하고 대부분 법제도는 오늘날 공공 업무의 자주 경영에 대한 공동체의 양도할 수 없는 권리를 인정하고 있다.

에서 일하는 노동자에 의한 사적인 자주경영에 대하여 반대한다.

야로슬라브 바네크 교수는 탁월한 그의 저작인 『*노동-경영의 시장경제에 관한 일반이론 The General Theory of Labour-Managed Market Economies, Cornell* (1970)』에서 국가 사회주의자들이 공통적으로 갖는 자본주의적 원칙을 정확하게 분리해 내었다. 그는 국가 간섭의 정도에 따라 따로 분류되지만 여전히 자본주의적인 원칙을 가지면서 일반적으로 분포되어 있는 "있음직한 경제 체제들"의 부적절성을 지적하고 있다.

> 「*경제적 기업을 경영할 수 있는 권리-혹은, 좀더 광의의 의미로, 관리할 수 있는 권리-가 기업이 소유하고 있는 자산의 소유권에서 비롯된다는 사실이 거의 보편적으로 인정되는 원칙이라는 점은 특기 할 만하다. 이 원칙은 소유자가 사적 개인이 되는 서구 자본주의에서나, 소유주가 사회 혹은 운영상 보다 더 정비된 국가인 소련형태의 사회주의 국가에서나, 심지어 관리가 참가자의 공동소유권의 지분을 갖는 전통적인 생산자 조합에서도 동일하게 적용되고 있다. 노동자경영의 원칙은 생산재의 소유권과는 아무런 상관이 없는 전적으로 다른 그 무엇이다. 오히려 그것은 한 집단이 공동 노력하는 생산 활동에서 관리하고 경영하는 권리가 그 집단의 회원들에게 달려 있다는 것을 전제한다.*(pp.4-5)」

노동자경영의 원칙이 생산재의 사적, 혹은 사회적 소유권의 원칙과 상충하는 것이 아니라 자본-즉 자본의 소유주-에 의한 관리 및 경영의 원칙과 서로 대립한다는 점을 주시해야 한다. 자본재는 여전히 기업 외부의 어떤 개인이나 혹은 다른 이들에 의해 소유될 수 있으나 그 소유주들은 생산을 구성하는 인간 활동의 복합체를 결정할 수 없다. 소유주들은 단지 재화의 사용에 대하여 시장의 힘으로나 혹은 그와 다른 방식을 통하여 설정된 대로 적절한 보상을 기대할 뿐이다.

자본주의와 동산노예

자본주의 체제와 동산노예제의 관계를 밝히기 위해서 이 두 체제를 나란히 비교 분석해 보자. 정상적인 성인들은 자신들의 의도적 행동에 대해 도덕적으로 책임을 진다. 그들이 이러한 책임감을 지고 있기 때문에, 그들 자신이 갖는 결정권은 그들의 자연권이다. 이것은 개인적 자주경영과 자주결정에 대한 그 사람의 자연권이다. 이 도덕적 책임은 동의나 계약에 의해서 "이전"될 수 없는 것이므로 그 권리는 "양도"될 수 없는 것이다. 법적 체제는 두 가지 방식 즉 그 권리를 전혀 인정하지 않거나 그 권리를 양도할 수 있는 권리로 인정함으로서 사람들의 양도될 수 없는 권리를 침해할 수 있다. 동산노예제는 사람의 자연권을 전혀 인정하지 않으며 심지어 보장조차 하지 않기 때문에 이 두 가지 침해를 다 포함한다 : 노예는 가축으로 간주되었다. 동산노예를 소유하거나 관리하는 권리는 처음부터 노예에 의해 유지된 것이 아니라 어떤 법적 선행조건을 충족시킨 사람들에 의해서 유지되었다. 이것이 비자발적인 동산노예제의 역사적인 실례였다.

이론적 관점에서 좀 더 투명한 경우는 자발적인 동산노예제 체제일 것이다. 이와 같은 체제에서 개인의 자주 결정권은 양도할 수 없는 권리로만 인정받으려고 한다. 일정한 자발적인 법적 절차를 거쳐서, 즉 어떤 "동산노예 계약서"에 자발적으로 서명함으로서, 사람들은 일정 기간 동안 사람들의 법적 기능을 소멸시키고, 법의 관점에서 다른 사람의 관리 하에 놓인 동산 노예가 될 수 있었다. 물론 사람들은 이러한 부류의 "계약"과 사람들이 자신의 법적 인격성을 포기하지 않고서 자신을 특정한 형식 속에서 계약을 이행하도록 구속시키는 일반적인 계약을 구분해야 한다. 앞서 말했듯이 양도될 수 없는 권리를 "이전"하고자 하는 그러한 "계약"은 도저히 도덕적으로 있을 수 없기 때문이다. 노예의 법인격성을 소멸시키기 위한 계약에 서명하는 것, 판사의 준엄한 판결, 그리고 이를 위한 전체 법적 상부구조의 수립 등은 노예의 도덕적 기능 즉 그의 도덕적 책임의 능력이라는 실체를 바꿀 수는 없을 것이다. 개인은 비록 자발적으로 그 같이 날조된 "동산 노예" 상태로 빠져 들게 되었다 하더라도 야수 같은 짐승으로 바뀌지는 않을 것이다. 물론 주민의 일부가 자발적으로 그 같은 유형의 "계약" 상태로 들어가는 사회체제가 있을 수 있다. 그러나 그들의 피부색이 그렇게 할 수 없는 것과 마찬 가지로 이 "계약" 또한 그들의 법인격성을 말살시키는 법적 체제에 대한 이유가 될 수 없다. 동산노예는, 자발적이든 비자발적이든 납치나 살인을 법적으로 허용하는 제도화—생물학적 개인의 살인이 아니라 법적 개인을 소멸시키거나 법적 가축으로 변형시키는 것-하는 것이다.

자본주의적 사유재산 제도는 모든 점에서 이것과 비교할 만하다. 사유재산 제도는 "노동"에게(즉, 생산 활동 기간 동안 기업의 노동력에게) 비자발적인 동산노예가 어떤 사람들에게 시행하는 것과 같은 것을 시행한다. 자본주의적 사유재산 제도는 노동의 자주경영이나 총생산물의 소유에 대한 노동자들의 자연권을 양도할 수 있는 것으로 인정하지 않으며, 양도할 수 없는 권리로 보장하지도 않는다. 이에 따르는 법적 권리는 기업의 노동자들에게 부속되어 있지 않고 특정한 법적 선행조건(즉, 회사의 주식의 획득)을 충족시키는 사람만이 획득할 수 있다. 원래 처음부터 노동에게 이와 같은 법적 권리들이 귀속되어 있지 않기 때문에, 노동은 기계나 동물들이(즉, "공장 소유주들"에 의해서 총생산물의 소유주들에게 판매되는 "생산적 용역"처럼) 제공하는 생산 용역과 동일하게 생산 기업으로 들어간다. 노예시장에서의 계약이 인간의 매매조건을 제시하듯이, 임금계약은 노동이라는 "상품"의 거래 조건을 제시한다.

그러나 "노예는 자신의 의견에 반하여 소유되거나 매매되지만 노동자는 자유계약에 의하여 자신의 노동력을 파는 자유인이다"라고 항변할지 모른다. 그렇다. 자본주의와 동산 노예는 동일한 것은 아니다. 근본적 차이는 노예의 모든 자연권은 법적으로 거부되고 있다는 사실에서 비롯된다. 그러므로 그의 모든 인신은 법적 동산이며 그는 그 동산을 소유할 자격이 있는 어떠한 나머지의 법적 인격을 가지고 있지 못하였다. 그러므로 노예는 다른 사람에 의해서 법적으로 소유되고 매매되었다. 자본주의적 기업에서 노동자의 경우에는 법적으로 거부되는 것은 단지 그의 노동에서 비롯되는 자연권이다. 그러므로 법적 상품이 되는 것은 그의 인신이 아니라 단지 그의 노동이다. 노동자는 그의 노동—상품이라는 "구성요소의 소유주"로서(물론 소비자로서 그리고 시민으로서) 나머지의 법적 인격체를 주장할 수 있다. 동산노예제 하에서는 반드시 각자 다른 사람들이 요구하는 "상품소유주"와 "상품"으로서의 두 가지 법적 역할이 자본주의 하에서는 동일한 사람에 의해서 주장된다.

두 체제 사이의 이 같은 차이점은 엄청난 변명과 논점을 흐리게 하는 결과를 내포한다. 이것이 바로 노동자는 노예와 달리 자발적인 임금계약을 체결하는 자유인이므로 자본주의 하에서는 동산노예제의 도덕적 결함 같은 것이 존재하지 않는다고 주장하는 자본주의적 사상의(소위 "우익 자유방임주의자"들은 말할 것도 없고) 기본 원류이다. 그러나 문제는 자본주의의 경우에 자연권의 부정은 철저하지 못하므로 노동자는 자유로운 "상품 소유주"로서 법적 인격체라는 점이다. 그리하여 그는 자신의 노동하는 삶을 자발적으로 거래하도록 허락받고 있다. 만약 어떤 도둑이 다른 사람에게서 돈이나 생명을 잃게 할 뿐만 아니라 다른 무수한 선택을 행할 수 있는 권리를 거부하고 또 그 거부하는 행동이 총기의 위협과 함께 행해지고 있다면, 희생자는 그의 여러 가지 선택 가운데에서 "자발적인 선택"을 하고 있다고 해도 그것은 명백히 강도 행위인 것이다. 법적 체제 그 자체가 자본의 우선권이란 이름으로 노동자들의 자연권을 부정하고 그 부정이 국가의 법적 폭력에 의해 허가받고 있다면, "자유방임주의적인" 자본주의 이론가들은 제도상의 강도짓을 증언하는 것이 아니라 상품으로서 노동을 팔고 고용되는 여타 선택을 행하는 노동자들의 "자연적 자유"를 찬미하고 있는 것이다.

앞에서처럼, 우리는 가설적으로 자본주의 제도의 자발적인 형태를 가정해 볼 수 있다. "자발적인 자본주의" 하에서 각 기업에 속한 노동의 자주 경영과 총생산물에 대한 자연권은 법적으로는 인정되지만 단지 "양도할 수 있는" 권리로 인정된다. 이 권리들은 처음부터 자본에 귀속된 것이 아니고 자본이 이 권리를 이런 방향으로 이전하는 협상의 힘에 의존하고자 한다. 법적 이전이나 양도는 새로운 "상품 계약"(앞서 논의한 "동산노예 계약"과 유사한)의 방법으로 완수된다. 자발적인 동산노예의 경우에서처럼 이 계약은, 이 경우에는 기업의 노동력이 되는데, 해당 집단의 법인격을 말살하고자 한다. 기업의 노동력 공동체의 법적 인자는 소멸되고, 법의 시각에서 보면 그들은 자신의 노동력 공동체를 "회사"의 새 소유주에게 파는 "상품 소유주"의 집합체로 변형된다. 그와 같은 "상품 계약"은 일상적인 계약과는 매우 다르다. 어떤 자주경영 노동력이 일상적인 계약을 맺을 때, 그는 자신의 법적 인자를 소멸하지는 않는다. 오히려 노동력은 계약에 의해 정해지는 특정한 방식으로 자신의 자주경영권을 행사할 수 있도록 규약을 맺고자 할 것이다. 예를 들면, 그는 자신의 미래의 생산물을 가격변동에 대비하는 보증으로서 생산품의 일부를 특정한 가격으로 소매상에게 팔고자 할 것이다. 즉, 그는 특정한 "고객-맞춤형"의 방식으로 특정한 상품을 생산하는 계약을 맺고자 할 것이다.

"자발적인 자본주의"는 자발적인 동산노예제처럼 단지 이론적으로만 관심 가질 수 있는 가설적인 체제이다. 그것은 일부 경제학자들이 이미 임금계약 속에 "상품계약"의 의미가 암시되어 있다고 도저히 납득할 수 없는 주장을 하고 있기 때문에 관심을 끌고 있다. 그들은 노동자들이 임금이라는 "보증"을 대가로 상품 소유에 대한 자연권을 "포기"한 것이라고 애매모호하게 말한다. 우리는 노동자들이 "포기"한 것으로 보았던 상품에 대한 이 법적권리의 "정체"를 모른다. 주식보유에 대한 경영가의 권리가 임금계약에서 노동자들에게 "이전"된다고 말할 수 없는 것처럼, 이것은 줄잡아 말하자면 임금계약에 대한 자의적인 해석에 지나지 않는다. 그러나 논의 상 우리는 "진정으로" 자발적인 자본주의의 가설적인 체제에 대하여 가정해 왔다. 이것은 "동산노예제"처럼 "양도할 수 없는" 자연권이라는 바위 위에서 걸리면 넘어지게 되어 있다. 인간의 행위의 도덕적 인자는(그 인자가 생산노동자이든 아니면 본 논문의 서두에서 말한 예처럼 범죄자이든) 어찌하던 "상품계약" 상의 서명과 같은 법적 행동에 의하여 소멸될 수 없는 것이다. 도덕적 책임은 동의나 계약에 의하여 양도될 수 없다. 경우가 이렇기 때문에, 한 쪽 계약자의 법적 인자를 소멸하거나 또 그들의 행동에 대한 법적 책임을 다른 쪽에게 이전시키거나 함으로서 그런 날조된 "계약"을 인정하고 시행하는 법적 체계에 대한 완전한 도덕적 근거는 있을 수 없는 것이다. 바로 이 점이 권리들이 양도할 수 없는 이유인 것이다.

자본주의적 사유재산 제도가 총생산물의 전유와 노동의 자주경영에 대한 양도할 수 없는 권리를 인정하지도 보장하지도 않고 있기 때문에 체제는 작업장에서의 절도나 학정을 법적으로 허용하는 제도를 포함한다. 간단히 말해서, 프루동이 그 유명한 인용 귀절인 "노예제는 살인이며 자본주의 사유재산권은 절도다"에서 주장한 것처럼 "두 번째 명제는 첫 번째 명제의 변형에 불과하다." 동산노예제는 모든 사람의 개인적 자주결정에 대한 양도할 수 없는 자연권을 인정하고 보장함으로서 폐지되었다. 그리하여 모든 사람들은 자유롭고도 스스로 관리하는 인자가 되었다. 이와 마찬가지로 자본주의적 생산은 자주관리하는 생산자들의 연합체가 되기 위해서 각 기업에서 노동 공동체의 양도할 수 없는 자연권을 인정하고 보장함으로서 폐지되어야 할 것이다.

자본주의적 정치경제

이제 우리들은 존 로크, 존 스튜어트 밀, 그리고 존 베이트 클라크가 각각 제시한대로, 전고전주의적, 고전주의적, 신고전주의적 자본주의 정치경제의 최고 중심점에 관하여 논의해 보자.

로크는 종종 사유재산권의 노동가치 혹은 자연권 이론의 창시자로서 간주되어 왔지만, 그 견해는 자세히 따져 볼 때 지지받을 수 없다. 노동이론은 전유이론이다. 로크는 사유재산권의 창시에 관한 이론을 갖고 있지도 않았다. 그보다 로크는 당시 자발적인 교환에 의해서 이전될 수 있는 사유재산의 한 가지 유형으로서의(원래의 형태대로 인자들이 소유한) 인간의 노동과 함께 기존의 "사유 재산권"의 본래의 지위를 강조하였다. 사람들은 "자연에 의거한" 자신의 노동을 자신의 노동의 성과물과 교환할 수 있거나, 자신의 노동을 새 소유주가 "그"의(새 소유주의) 노동의 성과물을 향유할 수 있도록 하기 위하여 자신의 임금과 교환할 수 있었다. 여기서 "자신의 도덕적 인자"의 도덕적으로 관련된 의미에서의 "자신의" 노동과 구매되는 상품의 의미에서의 "자신의" 노동 사이에 말장난이 포함되고 있음을 주시해야 한다.

> *그리하여 나의 말이 풀을 뜯었다 : 나의 하인이 잔디를 깎았다 ; 그리고 나는 다른 사람들과 공동 권리를 가지고 있는 어느 장소에서도 파낸 광석이 그들의 지시나 동의 없이 나의 사유재산이 되었다. 나의 것인 "노동"이 그들과 함께 있는 공동의 상태에서 그들을 제거하고 그 자리에 나의 사유재산을 심었다.*[3]

만일 로크가 무엇을 생산하기 위해 말을 임대하여(즉 소유주로부터 용역을 산다면) 그 용역을 사용한다면, 말은 전혀 도덕적 행위자가 아니고 소유주의 행위는 개입되어 있지 않기 때문에 로크는 생산의 결과에 대해 유일한 도덕적 책임을 지게 된다. 또 로크는 자신이 인간을 임대할 수 있고(즉, 용역의 소유주로부터 그의 용역을 사고) 이 용역의 결과물들은 나의 것 즉, 로크의 것이 되는 "노동"의 결과물인 것으로 생각한다. 그러나 인간은(말의 경우와 달리) 도덕적 인자이고, 이 결과물들은 단지 로

3 존 로크, 『두가지 정부론』, 피터 라스렛, 편, (케임브리지, 1960), 두 번째 논문의 28장, 줄 24-30.

크의 도덕적 인자의 결과물만은 아니다. 로크의 착상은 인간의 노동을 시장에서 동물이나 기계가 제공하는 용역처럼 매매할 수 있으며 용역의 결과물에 대하여 원래의 소유주에 의해 어떤 도덕적 책임도 야기하지 않은 채 사용될 수 있는 여타 형태의 사유재산으로 생각한다는 것이다. 로크의 착상은 노동의 상품화이다. 로크의 "자연권"은 개개인의 그의 노동—상품의 원래의 소유권에 대한 자연권이다.

고전적 전통은 사유재산권의 노동가치 이론의 다소 애매모호한 형태를 유지하고자 하였으며 이론을 자본주의와 융화시키고자 하는 의도를 가지고 있는데, 이에 관해 논의해 보는 것은 바람직하다. 존 스튜어트 밀은 노동가치 이론의 간략한 진술—즉, 사유재산권의 기초는 "생산자의 자신이 생산했다고 보는 바에 대한 권리"이다—로 시작한다. 그러나 곧 밀은 자본주의적 사유재산권제도에 내포된 어려움이 있을 수 있다는 것을 간파하였다.

> 「 *고로, 개인들 사이에서 그들이 생산하지 않는 것에 대한 물건에 대하여 사유재산권을 인정한다는 것은 현존하는 제도에 위배될 수 있다. 예를 들어, 공장에서 기계공들이 자신들의 기술과 노동을 활용하여 총생산물을 창출하였다 ; 그러나 그들의 소유물과 달리 법은 그들에게 단지 규정된 급료만을 주고, 단지 자금을 대고, 노동 그 자체에는 어떤 것도, 심지어 감독의 형태로도, 기여하지 않은 사람에게 그 생산물을 주고 있다.* 」

우리는 밀이 "단지 자금을 제공한" 사람의 특이한 우선권에 대해 그와 같이 분명하게 지적하고 난 다음에 이 특성을 정당화할 것으로 기대하였다. 그러나 밀은 생산에서 사용된 자본금과 자본재에 대하여, 즉 "이전 노동의 결실물"에 대하여 무엇인가가 대가로 지불되어야 하는 권리에 대해서만 논의하고 있다.

> *만일 노동자들이 자금을 소유한다면 그들은 생산물을 누구와도 나누어야 할 필요가 없다 ; 그러나 노동자들이 자금을 갖고 있지 않은 반면, 예전 노동에 대해서나 또한 그 노동의 생산이 방탕하게 소비되지 않고 이러한 용도로 보존되도록 해준 그러한 절제에 대해서나 자금을 가진 자에게 상응하는 대가가 주어져야 한다.*[4]

비록 밀은 이것이 이의에 대한 충분한 "답"이 되었다고 여기지만, 자본주의는 노동자들이 "그들이 생산한 것"을 전유하거나 그들이 야기한 채무를 갚기 위하여 "생산을 배분해야 하는" 체제가 아니므로 이 답은 부적당하다. 그 보다 자본주의는 "법이 노동자에게 단지 규정된 임금만을 주고 그 생산물을 단지 자금만을 댄 사람들에게 이전하는" 체제이다. 밀은 이자를 받는 일상적 권리에 추가적인 권리를 가지며 자본주의적 사유재산권 체제에서 "법"에 의하여 자본에 주어지는 자

4 존 스튜어트 밀, 『*정치경제학의 원리*』 (펭귄 북스, 1970), p. 368 (2권, 2장, 2절)

본의 특이한 우선권을 정당화하려고 하지는 않는다.

밀의 전략은 노동자주의적인 논의를 노동자가 순 소득으로서 생산된 재화의 모든 수익을 가져야 한다거나 노동자들이 생산에서 야기되는 채무를 책임져서는 안 된다고 보는 것으로 잘못 해석하고 있다. 그러므로 밀은 이자, 임대료, 혹은 구매가격이 생산에서 활용된 자금과 재화의 대가로 지불될 것을 제시함으로서 "노동자주의적인 허수아비"에게 "답"할 수 있는 것이다. 그러나 노동가치 이론은 꼭 같은 이유에서 노동 역시 생산에서 야기되는 비용—사용되는 중간적 재화—에 책임이 있다는 것을 대칭적으로 암시하며 이 이론은 이 중간재화를 생산하는 노동자들이 그들의 산물—예전 노동의 성과물—을 무상으로 포기하도록 되어 있다는 점을 거의 암시하지 않고 있다. 그러므로 밀의 변론은 실패하고 자연적 사유재산권은 오직 노동에 의해서만 창출되고(자발적인 교환에 의해서만이 이전된다는) 자유방임주의적인 뻔한 원칙에 의해서 다시금 우리는 노동자들이 "그들 자신이 생산한 것"을 전유하고 생산에서 야기한 채무를 갚기 위하여 "생산물을 분배할 필요가 있다고 보는" 생산의 개념에 다다른다. 즉 이 논리는 우리를 노동자주의적인 개념으로 이끌고 간다. 밀의 시대에 자유방임주의적인 경제학자인 윌리암 톰슨, 토마스 호지칸스 그리고 노동자주의 학파의 여타 학자들은 본질적으로 이와 동일한 논리적 결론을 일관되게 도출하고 있다.

자본주의적 사유재산권 제도에 포함된 난제들을 다루는 신고전주의적인 연구는 매우 단순하지만 여전히 교묘하다. 근본적 발상은 단지 가격 이론 상의 문제에 집중하기 위하여 사유재산권 이론 문제를 완전히 회피하려는 것이다. 생산물과 생산요소 가격의 목록인 P = (p1,p2,..., .pn)은 총생산물 목록 X = (x1,x2,...., xn)과 연관되어 있다. 정치경제학의 사유재산권 이론 분야는 다음과 같은 물음을 고려해야 할 것이다 : "총생산물 X의 전유가 어떻게 결정되며 또 결정되어야 하는 것일까?" 가격이론은 다음과 같은 문제를 논의한다. "P의 극대화가 어떻게 결정되며 결정되어야 하는 것일까?" 정통적 경제이론은 자본의 우선권과 노동의 매매가능한 생산적 용역으로서의 지위를 전제 삼으면서 재산권 이론의 문제점을 회피하고 가격이론에 집중한다. 그러나 노동을 하나의 변수—자본에 의해서 살 수 있는—로 다룰 것인지 또한 노동이 언제나 자신들이 사용하고 있는 자본을 임대하거나 소유하는 자주경영의 생산자의 형태를 취해야 하는 것인지를 결정하는 것은 논리상 바로 가장 우선적인 소유권 문제에 대한 답인 것이다. 또 "분배" 문제에 대한 정통적인 논의는 자본주의적 사유재산권 체제가 결정하는 분배 과정의 문제(즉, 누가 총생산물을 전유하며 산업을 관리하고 그리고 분배를 시행하는지)의 근본적 구조를 전혀 고려하고 있지 않다. 그 대신, 자본주의적 경제학자들은 아주 세밀하게 가격제의 "할당상의 효율성"을 다루고 이따금 사유재산권의 궁극적 분배의 형평성에 관한 자신들의 견해를 피력한다. 분배과정의 근본 구조 속에 구현된 자본주의적 원칙을 문제 삼지 않은 채 소유권의 궁극적 분배를 혼란시킬 효율적인 누진세, 총액 재분배, 그리고 최하 소득보장제 등과 같은 개혁 조치들을 제시하고 있다. 사유재산권 이론은 자본주의적 정치경제학에서 뚜을 덮어 놓은 판도라의 상자이다.

근대 자본주의 이론의 근본 전략이 근본적 사유재산권 문제의 회피 전략인("사유재산권 제도"에 관한 진부한 말들임에도 불구하고) 반면, 이것은 가격이론이 이데올로기의 영향을 받지 않고 있다는 것을 의미하지 않는다. 한계생산성(MP) 이론의 개발자인 미국의 존 베이트 클라크는 구성요소 가격의 MP이론에 전유 이론적 해석을 가하였다. 로크, 밀 그리고 여타 학자들과 마찬가지로 클라크도 자본주의를 변호하고, 동시에 노동에 대한 전유이론의 직관적인 도덕적 힘을 선택하는 이론을 개발하고 싶어 했다. 클라크의 전략은 노동이론을 채택하고 "도덕적 인자" 대신에 "생산적 인자"(즉, 생산에 결과적으로 효율적인 것은 무엇이든지—예를 들면 기계, 동물, 원료 등등과 같이 도덕적 존재와 자연적 요소)로 대체하고, "책임" 대신에 "생산성"(효율성)을, "도덕적 인자에 의한 행위(노동)" 대신에 "생산적 인자에 의한 생산적 용역"으로 대체하는 것이었다. 물론 클라크는 총생산물이 자본(상품으로서 노동의 지위는 말할 것도 없고)에 의해서 전유된다고 전제하고, 그 다음에 생산적 인자들의 소유주들에게 지급한 요소별 대가를 기여물(즉, 그들이 파는 용역의 생산성에 따라서 계산한)의 전유로서 해석하였다. 요소별 소유주들은 "생산한 바에 따라 지급 한다"는 원칙에 따라 지불받을 것이다. 이것이 "분배의 자연법칙"인 것이다. 이 이론은 현재로서는 자본주의적 경제이론에서 생성된 "전통적 지혜" 혹은 "민간전승"의 확고한 일부가 되어 있다.

두 말할 나위도 없이 이 "한계생산성 전유이론"에는 몇 가지 난제가 포함되어 있다. 첫째, 모든 생산적 "인자"가 다 도덕적 인자는 아니며 자연적 매개체의 인과적 효율성에서 규범적 결과를 도출한다는 것, 즉 범죄를 범인과 "그의 거래의 도구들" 에게 –" 그" 의 생산성에 따라서–추궁한다는 것은 어리석은 짓이다. 자연적 인자의 인간적 소유주는 만약 그가 소유주로서 개입된 것이 아니라면 책임이 없다. 그의 소유권은 단지 생산 활동에 참가한 사람들이 그의 소유물의 사용에 대해서 소유주에게 빚지고 있다는 사실만을 의미한다. 둘째, 비록 우리가 논의를 관련된 도덕적 인자에게만 국한시킨다고 해도, 그들의 책임이 그들의 "한계생산성" 에 의해서 결정되는 것은 아니다. 예를 들면, 범죄자가(그들 노동의 한계생산성이 영점에 달하기 위해서) 지나칠 정도의 노동을 사용함으로서 그들의 행동에 대한 모든 책임을 피할 수는 없다. 세째, MP 전유이론은 비교적 그럴듯한 해석을 준다고 해도 소유권문제에 답하지는 못한다. 즉, 그것은 누가 총생산물의 소유주인지, 누가 나머지 요구자가 될 것인지를 결정하지 못한다. 그 이론은 다만 가격목록 P 속에서 요소별 가격의 특정한 등급을 정당화하기 위하여 총생산물의 소유주가 주는 요소별 지불에다 전유 이론적 해석을 갖다 붙일 뿐이다. 말할 것도 없이 노동자의 가치를 낮추는 유일한 방법은 그들의 노동상품에 대해 지나치게 낮은 가격을 지불하는 것이다. 이 이론 자체의 납득할 수 없는 점은 제쳐 두고서라도 이 방법은 마치 자본이 총생산물에 대한 법적 권리와 생산에 대한 경영의 권리를 가지고 걸어 나간 후 창고의 문을 닫으려고 하는 것과 같다.

클라크의 책략이 실패하였지만, 그는 이 문제에 대하여 어느 정도는 인식하고 있었다.

「 *사람들에게 창조의 권리에 의하여 그들의 것인 모두를 강제로 고용주의 것으로 남겨 두게 하는 삶의 판도는 제도상의 강도짓—사유재산권이 근거로 하고 있는 원칙을 법적으로 인정하는 침해—과 같다.*[5] 」

정말 그렇다. 그러나 우리는 제도적 강탈의 가능성을 수립하는 이런 절차조차도 자본주의적 원칙에 통상 이념적으로 복종하도록 강조한다. 다시 말해서 중요한 점은 노동자들이 얼마나 많이 "고용주의 손에다 남겨주는가"라는 문제이다.[6]

노동의 탈인간화

우리는 법적으로 노동을 상품, 즉 매매가능한 생산적 용역으로 취급하는 것을 허용하기 위해 노동을 적당하게 탈 인간화해 온 가설적 체제를 논의해 볼 수 있다. 이를 위해서 우리는 컴퓨터가 노동자를 자신의 의지와 별개로 행동하고 또 그들의 정상적인 과제를 수행할 수 있도록 유도하기 위해 노동자의 두뇌 속에 컴퓨터 칩이 삽입되어 조종하는 내용의 과학 공상소설에서 몇 가지 구도를 빌려와야 된다. 노동자들은

5 존 베이트 클라크, 『*부의 분배*』 (뉴욕 : McMillan and Co., 1899), p.9
6 자본주의적 경제학에 관한 좀 더 세밀한 논의를 위해서는 나의 "규범적 사유재산권 이론 서설"을 보라, *Review of Radical Political Economics*, 4권, 2호 1972년 여름.

일하지 않는 시간에는 "컴퓨터 칩을 뽑아 놓고" 소비자로서, 시민으로서, 노동 판매자로서 정상적인 삶을 영위하도록 한다. 그와 같은 체제에서 인간의 노동은 전적으로 도덕적 인자를 결여하고 있을 것이다. 그렇다면 노동은 소유주들로부터 사들이고 소유주는 용역의 결과에 대하여 어떤 도덕적 책임도 일으키지 않은 채 다른 사람들에 의해서 사용되는 기계나 동물이 제공하는 용역처럼 진정으로 하나의 상품이 되는 것이다. 비록 노동이 도덕적 인자를 결여하고 있으나 이 용역의 결과적 효율성은 달라지지 않으므로 한계생산성 이론의 개념은 여전히 적용될 수 있다. 노동자는(노동시간 동안) 비상근제의 기반으로 인간적 도구처럼 운영되기 때문에 그는 자신을 이 노동 용역의 소유주로서, 소비자로서, 한 사람의 시민으로서 "여분의" 도덕적 인격체로 강조할 것이다. 이런 여분의 인자는 자본주의적 법적 체계가 무엇보다 제일 먼저 인정하고자 하는 모든 것이므로 법적체계는 유효적절하게 된다. 노동 용역의 최초의 소유주는 그 사용이나 사용의 결과에 대하여 더 이상 책임을 지지 않기 때문에, 자본주의적 사유재산권 체제에 의한 노동권의 부인은 명확해 진다. 물론 노동판매자는 여전히 임금 비율을 집단적으로 협상하기 위해서 노동이 사용되는 방식을 좋아하지 않는 노동자들의 불만처리 절차를 세우기 위하여 노동조합 속에서 단결하려고 할 것이다. 노동법은 꼼꼼하게 노동판매자의 통상적 권리를 보호하고 고용주에 의한 노동남용을 인간적으로 막고자 한다. 철학자들은 노동 용역의 본래 소유권에 대한 개인의 자연권을 찬미한다. 노예제는 폐지될 것이고 개인은 자발적인 계약에 의해서 노동시장에서 가장 높은 입찰자에게 자신의 노동 용역을 팔 수 있는 자연적 자유를 행사 한다.

요약하면, 노동자들의 인권은 잠시 보류되어 있었기 때문에 노동자들이 일하고 있는 삶 속에서 인간성을 침해하지만 않는다면, 이러한 체제는 매우 정상적인 자본주의이다. 노동하는 사람을 비상근의 인간적 도구(즉, 작동되는 사람)로 만듦으로서, 노동은 자본주의를 도덕적으로 안전하도록 해 준다. 실제적으로 탈 인간화된 노동을 사용하는 이 체제는 정상적 자본주의와 동일한 제도를 활용하기 때문에 이것은 정상적 자본주의가 왜 본질적으로 탈 인간화하는지 그 이유를 잘 보여 주고 있다. 실제의 자본주의적 체제의 기본적 법적인 구조와 사유재산권 구조는 마치 동산노예제가 노예를 마치 상근적 혹은 완전무결한 인간적 도구인 것처럼 다루듯이 노동자를 마치 그들이 이미 비상근적 인간적 도구인 것처럼 취급한다. 사태가 이러하기 때문에, 이 체제 안에서 노동자가 그들의 생산물로부터 마치 그것이 그들의 활동의 결과가 아닌 것처럼 소외감을 느끼며 그들의 노동을 그들의 삶으로부터 그처럼 많은 시간을 앗아 간다고 느끼게 되는 것은 놀랄만한 일이 아니다. 변호하는 경제학자나 철학자들이 자본주의 체제 안에서 "자유노동"의 지위를 인문주의와 자유방임주의의 이상의 관점에서 묘사하려고 하는 시도는 더 이상 논평할 필요가 없다.

많은 사람들은 노동자들에게 생산물과 이윤에 몫을 나누도록 허용해야 한다고 말한다 : 그러나 그들의 마음속에서는 이와 같은 참여는 단지 자선행위이다 : 그들은 결코—아마 한번도 의심하지 않는데—이것

이 노동 속에 내재한 것이며 자연적, 필연적 권리이며 그의 노동의 가장 저급한 형태에서도 생산자와 분리될 수 없으리라고 의심해 본적이 없었다.[7]

이런 말들은 예전에 쓴 당시—미국이 동산노예제를 폐지한 것보다 수십 년 전에—처럼 오늘날에도 들어맞는 말이다. 한 세기와 사 반 세기가 지난 오늘날 우리는 풍부한 "새로운" 참여와 이윤분배와 직업 창출 계획의 기회를 가지고 있다. 이런 계획들은 "환경적응에 실패하거나" "소외되어 있는" 노예들의 태도와 생산성을 돕는 것과 마찬가지로 자본주의적 생산의 탈 인간적인 충격을 완화시키는 데에 도움이 될 수는 있다. 그러나 대부분의 개혁가들은 자본주의가 동산노예제처럼 구조적으로 노동자들의 양도할 수 없는 자연권을 침해하고 있다는 사실을 전혀 깨닫지 못하고—아마 결코 의심하지 않고—있다. 동산노예제는 인신납치나 매매를 합법화하였다 ; 자본주의적 사유재산권 제도는 작업장에서 절도와 학정을 합법화한다. 앞선 경우가 사실인 것처럼, 두 번째 경우도 그러하다 ; 제도상의 결함은 사유재산제도의 근본적 변화에 의해서만 바로 잡을 수 있다. 이것은 자본의 비자연적인 특권의 폐지와 노동의 자연적 기초에 근거한 사유재산 전유의 새로운 기초를 수립할 것을 요구한다. 이것은 법적 체제가 각 사업장에서 노동

7 P. J. 프루동, 『*사유재산권이란 무엇인가?*』 벤자민 터커 역, (New York, dover Publication, Inc., 1970), P. 112.

의 자주경영과 총생산물에 대한 노동자들의 양도할 수 없는 자연권을 법적으로 인정하고 보장해 줄 것을 요구한다. 그렇게 된다면 모든 기업은 자주 경영하는 생산자들의 자유연합이 될 것이다. 모든 사람들은 소비자로서 또 시민으로서 뿐만 아니라 그들의 노동하는 삶에서 인간적 존엄성과 주체성을 가질 수 있을 것이다. 그러면 정의는 "공정한 하루의 노동에 대한 공정한 하루의 임금" 이상의 것을 의미하게 될 것이다. 그렇게 되면 민주주의는 더 이상 공장의 문 앞에서 멈추는 일이 없을 것이다.

P. J. 프루동

2 프랑스 생디칼리즘의 성격(1890~1910)

_은은기

2

프랑스 생디칼리즘의 성격(1890~1910)

은은기

머리말

1890년대의 프랑스에서는 불랑제 사건과 드레퓌스 사건 이후 우익으로부터의 위협이 감소되자, 노동운동의 중심 세력을 형성하였던 생디칼리즘(Syndicalisme)[1]이 제 3 공화국 정부에 가장 위협적인 세력으

1 이 시기의 프랑스에서 노조의 일종인 생디까(syndicat)는 노동조합(trade union)과 그 성격을 달리하였다. 그 주요 특징으로서 들 수 있는 것은, 생디까의 지도자가 이 조직에 대해 현재에는 투쟁기구이지만 미래에는 혁명이후 달성될 사회를 재조직하는 기반이 된다고 간주하고 있었다는 점과 그 구성원이 거의 완전한 자율성을 누렸다는 사실이다. 이러한 독특한 의미를 지녔던 생디까를 기반으로 하는 생디칼리즘은 영국의 노동조합주의(trade-unionisme)와는 별개로서 당시 프랑스 사회의 독특한 산물이었다. 그 독특성을 부각시키려는 의도에서 생디칼리즘은 대체로 '혁명적 생디칼리즘' (Syndicalisme révolutionnaire) 내지 '아나르코-생디칼리즘' (Anarcho-syndicalisme) 이라 호칭되어져 왔다. 이를 우리말로 옮기기란 매우 어렵기 때문에 그대로 음역하여 표기하기로 하였다.

로 대두되었다. 물론 당시에 의회를 통해 정치권력을 장악하려 했던 사회주의 세력이 존재하기는 했다. 그렇지만 이들 사회주의 세력은 1905년 통합사회당이 탄생될 때까지 분열되어 있었고 생디칼리즘 운동에 가담했던 자들보다 수적으로 열세에 놓여 있었다는 점에서, 생디칼리즘이 정부에게는 가장 대처하기가 어려운 존재로 간주되고 있었다.[2] 생디칼리즘이 특히 위협적인 세력으로 간주되었던 것은 방대한 구성원을 자랑하고 있던 '노동총동맹(C.G.T : Confédération Générale du Travail)' 이 총파업을 통한 사회혁명으로 자본주의 체제를 타파하고 '새로운 생산자 사회' 를 건설한다는 혁명 이념을 일차대전 이전까지 지속적으로 표방하였다는 데에 주로 기인한다.

이처럼 19세기 말에서 20세기 초에 걸쳐 프랑스 사회에서 큰 비중을 차지하였던 생디칼리즘에 대해서는 그 동안 그 이념 내지 사상에

2 여기에서 말하는 사회주의 세력이란 게드주의자, 블랑키주의자, 바이양파, 브루스파, 알르망파 그리고 독립사회주의자 등을 의미하는데, 생디칼리즘은 사회주의와 여러 면에서 그 성격을 달리한다. 무엇보다도 사회주의가 생산수단의 사회화를 통한 사회주의 사회의 건설을 궁극적 목표로 삼은 데에 비해, 생디칼리즘은 생산자사회의 건설을 목표로 하였다. 또한 사회주의자가 정치권력을 장악함으로써 사회주의를 건설할 수 있다고 주장한 데 비해, 생디깔리스트는 정치활동을 통해서는 혁명을 달성할 수 없으며, 경제적 영역에서의 투쟁(주로 총파업을 의미)을 통해서만 사회혁명을 성공시킬 수 있다고 주장하였다. 또한 생디칼리즘은 노동총동맹을 중심으로 한 노조조직을 근간으로 하고 있었으며, 사회주의세력은 정당 특히 1905년에 형성된 통합사회당(S.F.I.O.)을 중심으로 하고 있었다. 그 구성원의 수에 있어서도 1906년 현재 노동총동맹은 30만 이상이었는 데 비해, 통합사회당의 성원은 5만명 정도에 불과하였던 것이다. 이같이 생디칼리즘과 사회주의는 원칙과 조직 및 구성원의 수에 있어서 커다란 차이를 보이고 있었다. 그렇기는 하지만 양자를 완전히 독립된 것으로만 파악할 수 없음은 물론이다. 그 이유는 많은 사회주의자가 생디칼리즘운동에 가담하기도 했기 때문이다 : M. Rebérioux "Débuts du XXe siècle, socialistes et syndicalistes français," *Annales Economies, Sociétés, Civilisation*, no 5 (sept—oct. 1964), pp. 979—995 참조.

대한 연구와 실천 운동에 대한 연구가 대체로 통합되지 못한 채 진행되어 왔다고 볼 수 있다. 사상사적인 측면에서의 연구는 마르크스주의적 입장을 가진 학자와 자유주의적 전통에 선 학자로 대표되는데 먼저 마르크스주의 사가의 견해를 요약해 보면 다음과 같다. 즉 사회혁명의 주역은 산업프롤레타리아트이므로 수공업자(artisan) 내지 숙련노동자(ouvrier qualifié)가 중심이 된 생디칼리즘은 처음부터 실패할 수밖에 없었다. 이들 수공업자나 숙련공은 산업화에 따른 지위 상실과 경제적 박탈감 등의 위기에 직면하여 주로 자기들이 속한 직종 노동자의 이익을 고수하기 위해 집단적인 저항으로 나아간 사실에서 알 수 있듯이 노동계급의 이익을 실현하려는 의지가 부족하였다. 이로 말미암아 노동계급의 통합이 달성될 수 없었다. 따라서 총파업은 성공하지 못했으며 이는 곧 생디칼리즘 운동이 실패했음을 의미한다. 그러므로 마르크시즘이 과학적이고 현실적이며 미래지향적임에 비해, 프랑스의 생디칼리즘은 전근대적이며 유토피아적이다라는 것이었다.[3] 이에 비해, 자유주의 사가의 주장에 의하면 생디깔리스트 지도자가 혁명 노선에 주

3 • René Garmy, *Histoire du Mouvement Syndical en France des Origines à 1914*, vol. I (Paris, 1934), pp. 293–294 : 한 때 프랑스 공산당의 대변인이었던 르네 가미는 생디칼리즘을 노동귀족의 운동이라고 비판하였다. 그렇지만 그는 숙련노동자와 비숙련노동자를 구분하지 않고 뭉뚱그려 파악하는 오류를 범했다.

• Paul Mazgai, *The Action Française and Revolutionary Syndicalism* (Chapel Hill, North California, 1979) : 특히 제 2차 인터내셔널에 참석했던 마르크시스트들은 생디칼리즘을 '아나르코 생디칼리즘(Anarcho–Syndicalisme)' 즉 '쁘띠 부르주아 무정부주의'의 한 형태라고 비난하였다.(B. H. Moss, "The Politcal Origins of Revolutionary Syndicalism," *IRSH* (1973), pp. 379 388. 참조)

된 관심을 기울였던 반면 일반 노동자는 개혁적 파업에 주력했기 때문에 노동계급의 통합이 이루어지지 않아 총파업은 성공하지 못했으며, 그 결과 수공업자 내지 숙련노동자의 전근대적인 저항 이데올로기인 생디칼리즘은 실패하고 말았다는 것이다.[4] 이외에도 사상적인 측면의 연구는 아나키즘적 전통에 선 학자[5]와 프루동주의적 전통에 입각한 학자[6]에 의해 시도되었는데 이들은 생디칼리즘을 아나키즘과 프루동주의가 산업화에 직면하여 각기 변형된 모습이라고 파악하기도 하였다.

이들 기존 연구자들은 목적에 있어서는 차이가 있었지만, 생디칼

4 이와 같은 입장에 토대를 둔 저작은 다음과 같다.
J. W. Scott, *Syndicalism and Philosophic Realism* (London, 1919) ; James Joll, "An Estimate of Anarchism´s Role," in Robert Hoffman (ed.), *Anarchism* (New York, 1970) : Joll은 생디칼리즘과 반근대주의(anti−modernisme)를 동일시하고 있다 ; Jean Montreuil, *Histoire du mouvement ouvrier en France* (Paris, 1947) : 몽트뢰이에 의하면 생디칼리즘은 노동자가 더 이상 소외되지 않고 부당한 대우를 받지 않는 사회를 향한 '맹목적인 열망의 표현' 에 불과하다고 주장하였다 ; Robert Goétz−Girey, *La Pensée syndicale française−Militantes et théoriciens* (Paris, 1948) : 괴쯔−지레는 생디칼리즘이 노조 귀족주의(aristocratisme syndical) 사상을 발전시켰다고 내세웠다 ; Michel Collinet, "Europe dans la Tradition ouvrière", *La Révolution prolétarienne* (sept. 1955) ; G. Lefranc, *Mouvement syndical sous la Troisème Révolique* (Paris, 1969) ; P. Stearns. *Revolutionary Sydicalism and French Labor* (New Brunswich, 1971) ; P. Stearns는 근대적인 저항으로 분류하는 기준을 차알스 틸리(E. Shorter and Charles Tilly, "The shapes of strikes in France, 1830−1960", *Comparative Studies in Society and History,* vol. 13, no. 1 (1971), pp. 60~86)에게서 원용하였다. 틸리는 전근대적인 저항의 특징으로서, 단기간 지속하며, 기계화되지 않은 사회를 반영하며, 개인주의적이며 그리고 아주 격렬한 자발적인 저항이라고 규정하였다. 이러한 기준은 산업화의 진전이 지역마다 크게 달랐던 이 당시 프랑스의 경우에 적용하기가 어려운 것이다. 그러나 근대적인 저항과 전근대적인 저항을 구분하는 것은 기록을 거의 남기지 않았던 일반 노동자의 저항의 성격을 파악하기 위한 유용한 분석틀임에는 틀림없다.

5 아나키즘적 입장에서 생디칼리즘을 파악한 연구는 다음과 같다.
- George Woodcock, "Syndicalism, the Industrial Expression of Anarchism," in Leonard I. Krimerman and Lewis Perry (ed.), *Patterns of Anarchy* (Garden City, 1966), pp. 38~42.

리즘의 기원을 규명하고 이를 전개과정상의 특징으로 연결시키려 했다는 점에서 공통점을 가지고 있다. 그래서 이들은 자연히 연구의 관심을 생디칼리즘의 초기 국면인 1890년대의 이른바 '총파업(la grève générale) 국면'에 집중시켰다. 그 결과 투쟁 전략이 총파업 국면에서 20세기 초의 '직접행동(l'action directe) 국면'으로 넘어가면서 지속적으로 변화를 겪었다는 사실을 경시하였던 것이다. 또한 1890년대의 총파업 국면은 생디깔리스트 지도자가 총파업 사상을 내세우면서 생디칼리즘을 주로 이념적으로 발전시켰던 시기였기 때문에 이 기간에 대한 연구는 지도자의 사상을 탐구하는 데 치중하게 됨으로써 생디칼리즘을 주로 하나의 사상 체계로 파악하는 데에 그친 것으로 보인다.

이러한 사상사적 측면에서의 연구와 더불어 운동사적인 측면에서도 끊임없는 연구가 계속되어 왔다. 20세기로 접어들면서 개혁적 총파업과 일상 파업[7]이, 의회나 정당 등의 매개 기구를 거치지 않고 정부나 고용주와 직접 투쟁함을 의미하는 직접행동으로 간주되면서 생디칼리즘에 이론적으로 수용되자 노동자의 실제적 투쟁이 생디칼리즘 이념의 전면에 부각되었다. 따라서 생디칼리즘에 대한 운동사적인 측면에서의 연구는 주로 직접행동을 중심으로 전개되었다. 직접행동에 대한 평가는 그 동시대의 비판에서부터 시작하여 약 반세기 동안 대체로 부

6 프루동주의적 전통에 서서 생디칼리즘을 파악한 연구는 다음과 같다.
- Lucien Febvre, *Une question d'influence : Proudhon et la syndicalisme contemporaine* (Paris, 1919).
- E. Berth, "Le Centenaire de Proudhon," *Le Mouvement Socialiste* (janvier 1909), pp. 45~55.

정적인 입장에 머물렀다. 비록 당시에는 대부분의 노동자 회의나 노동계급 언론이 직접행동을 찬양하였고 특히 그 실질적(pratique) 성격을 강조하기는 했지만,[8] 직접행동에 관한 비중있는 연구는 주로 개량적 생디칼리스트,[9] 정치적 사회주의자,[10] 그리고 영국의 노동운동 사가[11] 등 그 비판자에 의하여 이루어졌다. 이들 비판자는, 일반 노동자가 소수 지도부의 강요로 인해 직접행동에 가담했기 때문에 직접행동이란 '시끄러운 소수(minorité bruyante)' 의 외침에 불과하였으며 직접행동을 통한 노동계급의 통합은 달성될 수 없었다고 주장하였다. 그렇지만 이들은 노동계급의 통합과 그에 따른 총파업의 성공 여부에만 초점을 맞추게

7 원래 부분파업은 총파업(grève générale) 이외의 모든 파업을 지칭하는 의미로 쓰였다. 즉 총파업이란 자본주의 체제의 붕괴를 가져올 정도의 파업인 혁명적 총파업을 의미했기 때문에 부분 파업은 개혁적 총파업, 지역적 총파업 그리고 일상 파업 등을 가리켰던 것이다. 그러나 20세기로 접어들면서 혁명적 총파업이 현실적으로 불가능함이 드러나자, 총파업은 개혁적 총파업 내지 지역적 총파업을 가리키게 되었다. 이 여파로 부분 파업은 주로 일상 파업(grève quotidienne)을 뜻하게 되었던 것이다 : J. A. Estey, *Revolutionary Syndicalism* (London, 1913), pp. 80~85참조.

8 André Marchal, *Le Mouvment syndical en France* (Paris, 1935) 참조.

9 개량주의적 입장에서 직접행동을 비판한 사람은 다음과 같다.

- Celestin Bouglé, *Syndicalisme et Démocritie* (Paris, 1908).
- Louis Meyer, *La Crise du Synidicalisme* (Paris, 1909) : 심지어 루이 메에는 과격 소수파가 노동자로 하여금 직접행동에 가담하도록 강요하기 위해 폭력배를 조직했다고 주장하였다.
- E. Dolléans, *Le Caractère religieux du socialisme* (Paris, 1906), pp. 22~23 : 에두아르 돌레앙은 파업, 특히 총파업을 강조하는 것은 광신적이었다고 주장하면서 직접행동을 비판하였다.

10 의회를 통한 정치활동에 몰두했던 사회주의자가 직접행동을 비판한 경우는 다음과 같다.

- Gaston Gros, *Le contrat collectif et syndicalisme* (Rouen, 1910), pp. 42~43.
- Chesquière Compère-Morel, *L'action syndical* (Lille, 1911), p. 21 : 꽁뻬르-모렐(Compère-Morel)은 1909년 한 해 동안 5,572개의 작업장에서 발생했던 1,025회의 파업에서 각 작업장마다 평균 350일의 작업일수가 낭비됨으로써 노동자에게 부당한 고통이 야기되었다고 주장하였다.
- Jacques Rennes, *Syndicalisme français* (Paris, 1948).

되어 통합 과정에서 노동자가 투쟁의 결과 얻어낸 실질적 이득을 제대로 파악할 수 없었다.

이러한 한계를 극복하기 위해 직접행동 국면에 주목하면서도 노동계급의 통합 과정에서 이루어진 투쟁의 구체적인 성과를 고려하여, 생디칼리즘의 성격을 파악하고자 처음으로 시도한 사람이 쟈끄 쥘리아르(Jacques Julliard)였다. 그는 이 당시 파업 성공률은 50%를 상회하였으며 이러한 사실을 노동운동의 지도자뿐만 아니라 일반 노동자도 알았다고 하면서[12] 생디칼리즘을 최소한도로 정의한다면 이는 곧 노동조합주의에 직접행동을 가미한 것이라고 주장하였다.[13] 쥘리아르 역시 주된 관심을 직접행동 국면에 기울였기 때문에 생디칼리즘이 프랑스의 혁명 전통에 뿌리를 두면서[14] 그 투쟁 전략을 지속적으로 변화시켜

11 생디칼리즘 운동이 영국에 파급될 것을 우려하면서 직접행동을 비판했던 대표적인 저작으로는 Arthur Clay, *Syndicalism and Labor* (London, 1921), p. 107를 들 수 있다.

12 Jacques Julliard, "Théorie syndicaliste révolutionaire et pratique grèviste," *Mouvement Social,* no. 65 (1968), 55~69 참조.

13 Jacques Julliard, *Clemenceau, briseur des grèves : L'Affaire de Draveil Villeneuve-St.-Georges* (Collection Archives, 1965), p. 81.

14 프랑스의 생디칼리즘이 '협동조합적 노조사회주의(cooperative trade socialism)'의 연장임을 처음으로 인정한 사람은 레옹 블룸(Leon Blum)이며 버나드 모스(B. H. Moss)도 이러한 입장을 받아들였다. 루이 르빈(Louis Levine)이나 막스 켈조(Marx Kelso)도 프랑스 노동운동의 연속성을 강조하고 있다.

- Leon Blum, *Congrès ouvriers et Socialistes.* 2 vols. (Paris, 1901).
- Louis Levine, *Syndicalism in France* (New York, 1914).
- Maxwell Kelso, "The Inception of Modern French Labor Mouvement : A Reappraisal," *Journal of Modern History,* No. 8 (Juin, 1936).
- B. H. Moss, *The Origins of French Labor Movement* (Berkeley, 1967).

온 사실을 명확히 분석하지는 못하였다. 그러나 쥘리아르의 연구가 생디칼리즘 운동의 구체적인 성과에 관심을 기울였다는 점에서 하나의 전환점의 역할을 담당하였음은 분명한 사실이다. 또한 그것을 계기로 생디칼리즘에 관한 연구가 이데올로기적 편견에서 탈피하여 객관성을 띨 수 있는 토대가 마련되었다고 하겠다.

그리고 1970년대부터는 계량사나 사회사의 도움으로 파업에 대한 구체적인 통계 자료가 본격적으로 이용됨으로써, 생디칼리즘 운동이 다각적이고 총체적으로 파악될 수 있게 되었다.[15] 그래서 60년대 말까지 대부분의 연구가 노동계급 상층부에만 관심을 집중시켰다는 한계[16]를 극복하고 전국 노조조직이나 지도자 뿐만 아니라 일반 노동자

15 이와 같은 입장은 주로 영미계통의 학자가 주류를 이루었다.

- M. P. Hanagan, *The Logic of Solidarity ; Artisans and Industrial Workers in Three French Towns 1871~1914.* (Urbana, 1980).
- J. W. Scott, *The Class Workers of Carmaux* (Cambrige, 1974).
- E. Shorter and Tilly, *Strikes in France 1830~1968* (Cambrige, 1974).
- Louis Charles, *The Rebellious Century* (Cambrige, 1974).
- Michelle Perrot, *Les ouvriers en Grève, France, 1871~1890,* vol. 2 (Paris, 1974).

16 노동운동 지도자와 전국노조조직을 주로 다룬 저작은 다음과 같다.

- Robert Goétz-Girey, *La Pensée syndicale francaise, Militants et Théoriciens* (Paris, 1948).
- Felicien Challayé, *Syndicalisme révolutionnaire et syndicalisme réformiste* (Paris, 1909).
- Gaétan Pirou, *Proudhonisme et Syndicalisme révolutionnaire* (Paris, 1910).
- Jean Maitron, *Le Mouvement anarchiste en France, vol. I. Des Origines à 1914* (Paris, 1975) : 생디칼리즘의 기원을 밝히기 위해서는 필독서임.
- Vol R. Lorwin, *The French Labor Movement* (Havard Uni., 1966).
- Robert Brécy, *La gréve générale en France* (Paris, 1969).
- Georges Lefranc, *Le Mouvement Syndical sous la Troisième République* (Paris, 1967) : 노동총동맹의 활동과 그 지도부 그리고 분파적 대립에 대한 아주 유용한 연구임.
- Edouard Dolléans, *Histoire de mouvement ouvrier, 1875~1914* (Paris, 1914).

의 투쟁이나 구체적인 파업에까지 연구 범위를 확대시킬 수 있었다.

본고에서는 이와 같은 새로운 연구 경향들을 수용하여 1890년대에서 1910년에 걸친 생디칼리즘[17]의 전개과정상의 특징들을 파악해 보고자 한다. 이를 위해 우선 필요한 것은 투쟁 전략의 변천을 지도부의 노선 변화를 중심으로 살펴보는 일이다. 여기에서는 생디칼리즘 운동에 실제 가담하지 않았으며 그것에 아무런 영향력을 행사하지 못했던 이론가의 사상이 아니라 투쟁에 직접 가담하면서 노동계급 언론에 기고하기도 했던 생디깔리스트 지도자[18]의 사상이 그 대상이 된다. 이어서 변천된 투쟁전략이 실제 투쟁에서 어떻게 적용되었는지를 살펴보기 위한 구체적인 사례로서 노동계급의 통합을 주도하는 임무를 맡았던 '소수의 활동가(minorite agissante)' 로서의 직접행동파 생디깔리스트가 전국 노조조직의 지도부를 차지했던 건축산업과 지도부를 차지하지 못했던 철도 산업의 경우를 검토하기로 하겠다. 이러한 연구 작업에는 당시의 파업에 대한 여러 가지 통계 자료 파업가담 인원, 파업 성

17 생디칼리즘은 그 명칭에 붙어있는 이즘(isme : 이념)이라는 어미에도 불구하고 운동 및 행동 철학의 성격을 띠고 있는 것으로 일반적으로 이해되고 있다 : F. F. Ridley, *Revolutionary Syndicalism in France* (Cambridge Univ. Press), p. 3 참조

18 대표적인 생디깔리스트 이론가로서 베르드(E. Berth), 라가르델르(H. Lagardelle) 그리고 소렐(G. Sorel) 등을 들 수 있는데, 이들은 '신 학파(Ecole Nouveau, Sorelian Syndicalistes)' 라고 불리웠다. 이들의 이론을 총체적으로 파악한 학자는 쥘르 레비(Jules Levey)이며 특히 죤 스탠리(John Stanley)는 소렐의 철학을 올바로 파악하고 있는 것 같다.

- Jules Levey, *The Sorelian Syndicalists : Edouard Berth, Georges Volois and Hubert Lagardelle* (Ph. D. Columbia Univ., 1970).
- John Stanley, *The Sociology of Virtue : The Political and Social Theories of Georges Sorel* (Berkeley, 1981).

공율, 파업 지속 일수 그리고 파업 횟수 등 가 이용되어 노동자가 저항에서 얻은 성과의 의미를 파악하는 데 도움을 줄 것이다. 물론 저항의 성격을 보다 완전히 이해하기 위해서는 노동자의 생활 세계가 탐구되어야 하겠지만, 이는 또 다른 문제 제기로서 그 해명은 다음 기회로 미루기로 하겠다.

혁명적 총파업에서 직접행동으로

총파업 사상은, 1887년 몽뤼송(Montluçon)에서 개최된 '전국노조연맹(Fédération Nationale des Syndicats)' 회의에서 처음 거론된 이래 파리 꼬뮌의 붕괴로 초래된 혁명 사상의 공백을 메우는 데 중요한 역할을 담당하였다.[19] 1892년에는 '전국노동거래소연맹(Fédération Nationale des Bourses du Travail)'[20]이 설립됨으로써, 이른바 생디칼리즘의 총파업 국면이 전개되기에 이르렀다. 이 당시 전국적인 노조 조직의 상층부를 장악함으로써 생디칼리즘 운동의 지도적 위치에 오른 알르망주의자들

19 Phil H. Goodstein, *The Theory of the General Strike : From the French Revolution until World War I* (Ph. D. Thesis, University of Colorado, 1981), p. 92.

20 파리 자치시 의회는 1887년 '노동거래소(Bourse du Travail)'를 설립함으로써 공화국에 순종하는 노조 조직을 만들어 내고자 하였다. 그 이후 많은 노동거래소가 설립되게 되었는데, 그 어느 것도 시의회 평화의 도구가 되지는 않았다. 1892년에 여러 노동거래소가 결집되어 전국노동거래소연맹이 탄생하게 되자, 연맹은 오히려 총파업을 통해 자본주의 체제를 타파한다는 혁명 사상을 적극 내세움으로써 생디칼리즘의 주요 조직으로 자리잡게 되었다 : Anthony S. Baker, *Organisation for Revolution* (1968), p. 453.

(Allemanistes)[21]과 아나키스트들(anarchistes)[22]은 노조를 통해 노동자를 조직함으로써 총파업을 성공시킬 수가 있다고 주장하였다. 그 대표적인 노조 지도자였던 뻴루띠에(F. Pelloutier)의 다음 주장에 초기의 총파업 사상이 잘 드러나 있다.

「 *노동자는 총파업을 통해 생산 활동을 전면적으로 중단하여 상품 생산이 그 핵심인 자본주의 경제를 마비시킴으로써, 자본주의 경제 제도에 바탕을 둔 자본주의 체제를 쉽게 붕괴시킬 수 있다. 반면 '부분파업(grève partiale)' 은 노동자의 이익에 도움이 되지 않기 때문에 바람직하지 않고, 또한 혁명 수단인 총파업이 제한된 목적을 위해 오용되어서는 안되므로 '개혁적 총파업(grève générale réformiste)' 역시 발생되어서는 안된다. 오히려 노조의 일상적인 기능은 노동자로 하여금 총파업으로 달성될 미래 사회를 예비하기 위해 그들의 도덕 의식을 고양시키는 일이어야 한다.*[23] 」

21 알르망주의자들은 한때 브루스주의자가 주도한 '사회주의노동자연맹(Fédération Ouvrier Socialiste)' 에 속했으나 브루스주의자가 의회를 통한 정치활동에 몰두하자 그것에 반대하면서 연맹으로부터 탈퇴하였다. 그리하여 그들은 정치적 중립과 총파업 사상을 내세우면서 1891년에 '혁명적 사회주의노동당(P.O.S.R.)' 을 창설하였다. 그들은 곧 전국노동거래소연맹의 주요 지도자가 되었는데, 연맹 총서기인 뻴루띠에를 제외하고는 12명의 대표가 모두 알르망주의자였다 : Anthony S. Baker, *ibid.*, p. 455.

22 아나키스트도 알르망주의자와 1980년대 초기의 생디칼리즘을 주도했으나 그들이 본격적으로 생디칼리즘에 가담한 것은 1980년대 중엽 이후부터였으며 점차 생디칼리즘의 주도권을 장악해 나갔던 것이다. 이는 생디칼리즘이 '아나르코 생디칼리즘' 이라 불리는 결정적인 계기가 되었다.

- Jean Maitron, *op. cit.*, pp. 195~236, 249~259.
- B. H. Moss, *op. cit.*,

이 시기의 또 다른 노조지도자였던 브리앙(A. Briand)도 총파업이 일단 선포되기만 하면 자본주의 사회는 붕괴될 것이며 노동자는 단지 승리의 열매를 취하기만 하면 된다고 주장하면서 뻴루띠에의 견해에 공감을 표명하였다. 1892년 4월 마르세이유에서 개최된 전국노조연맹 회의에서는 이와 유사한 주장이 참석한 노동자 단체들 사이에 널리 유포되었으며, 마침내 브리앙이 제안한 총파업 지지(支持) 결의안이 압도적인 표차로 통과되었다.

이에 대해 노동당(P.O.F.: Parti Ouvrier Français)은 오히려, 한때 전국노조연맹을 주도했던 게드주의자(Guesdistes)[24]가 내세운 총파업 반대 결의안을 채택하게 되었다. 이에 반발하여, 총파업을 내세웠던 뻴루띠에와 브리앙은 자신들이 속해 있던 노동당으로부터 탈퇴하였다.[25] 이처럼 노동당이 전국노조연맹의 입장과 상반된 결의를 채택한 이후, 게드주의에 반대해 왔던 생디깔리스트 지도자는 총파업 사상을 생디깔리스트 조직의 중심 이론으로 받아들임으로써, 총파업을 반대하면서 노동운동을 장악하려했던 게드주의자의 기도에 제동을 걸어 그들로부터 생디칼리즘의 독립성을 확보하고자 노력하였다. 그리하여 이들 생디

23 Collette Chanbelland, "La grève générale : thème de la pensée de F. Pelloutier et d'A. Briand," *L'Actualité de l'Histoire*, no. 18 (mars 1957) 〔P. H. Goodstein. *op. cit.*, pp. 90~92에서 참조〕.

24 게드주의자들은 게드(Jules Guesde)와 그 추종자를 말하는데, 이들은 정치 권력의 장악을 통해서만이 사회주의를 달성할 수 있다고 주장하였으며, 자신들이 설립한 노동당을 중심으로 활동하면서 총파업 사상을 반대하였다 : B. H. Moss, *op. cit.*, pp. 138~140 참조.

25 *Compte rendu : 5éme congrès national des syndicats et groupes corporatifs ouvriers du France* (Marseilles, Imprimerie Nouvelle, 1909), pp. 46~49. 〔P.H. Goodstein, *op. cit.*, pp. 97~98 참조〕.

깔리스트 지도자는 1893년 7월 파리에서 전국노동거래소연맹과 전국노조연맹의 합동 회의를 개최하였고 거기에서 총파업 사상을 승인하고 총파업 위원회를 설치한다는 결의안을 통과시켰다. 나아가 이 회의에서는 총파업이 선포되기 위한 전제 조건으로 노동자가 총파업을 하겠다는 의식을 가져야 한다는 주장이 처음으로 채택되었다. 노동자의 의식으로부터 총파업은 자연적으로 발생된다는 것이다. 그렇지만 아직 아무도 노동자가 어떻게 그러한 의식을 가지게 되는지 구체적으로 설명하지는 못하였다.[26]

총파업에 대한 이러한 관점은, 총파업이 평화적이고도 합법적으로 전개된다는 뺄루띠에와 브리앙의 주장과 더불어 1894년 낭뜨(Nantes)에서 개최된 전국노조연맹 회의에서도 수용되었다. 이와 같은 총파업 지지 결정에 반발하여 게드주의자는 연맹의 회의장으로부터 일제히 퇴장함으로써 반대 의사를 노골적으로 표명하였다. 이로써 노동운동의 주도권을 장악하려했던 게드주의자의 기도는 커다란 타격을 받았고, 1895년 9월 리모즈(Limoges)회의에서 전국노조연맹이 노동총동맹으로 명칭을 바꾸고 새로운 헌장을 채택하게 되는 계기가 마련되었다.[27] 노동총동맹이 탄생한 이후로 뺄루띠에 등의 생디깔리스트 지도자는 총파업 사상을 보다 정교하게 발전시켰다. 특히 뺄루띠에는 총파

26 Robert Brécy, *La grève générale en France* (Paris : Etudes et Documentation Internationales, 1969), pp. 45~47.

27 E. Dolléans, *Histoire du Mouvement Ouvrier, 1871~1970* (Paris, 1967), p. 42 참조.
B. H. Moss, *op. cit.*, pp. 142~143.

업이 평화적으로 전개된다는 기존의 주장에서 탈피하여 다음과 같은 진일보된 견해를 피력하였다.

> *"일단 총파업이 선포되면 자본가와의 투쟁은 불가피하다. 왜냐하면 그들은 생필품이 바닥날 때까지 가만히 앉아서 기다리지는 않을 것이기 때문이다. 비록 노동자가 군대와 직접 충돌하거나 대규모의 폭동을 일으킬 필요는 없지만, 파업 선포 이후에는 자본가에 대해 공세를 취할 준비가 되어있어야 한다. 일단 선포된 총파업은 작업장별로 분산되어 진행되기 때문에 군대의 공격으로도 쉽게 진압되지는 않는다. 그리하여 노동자는 점차 이웃 작업장과 상점을 장악할 수 있게 되고, 이어서 곧 광부, 철도 노동자 그리고 가스노동자의 지지를 얻어 자본주의 경제를 마비시킴으로써 자본주의 체제를 붕괴시킬 수 있다."*[28]

이와 같이 그는 파업 선포 이후에 노동자가 효과적으로 투쟁함으로써 총파업이 얼마든지 성공으로 끝날 수 있다고 믿고 있었다. 따라서 총파업의 성공적인 완수를 위해 파업이 선포되기 이전에 미리 파업을 준비할 필요는 없다고 보았다. 설사 대규모의 기금을 모으려 하거나 생필품 공급을 위한 기구를 설립하려는 노력을 할지라도 위기에 처

28 Fernand Pelloutier and H. Girard, *Qu'est—ce que la grève générale?* (Paris, 1895) (Linda B. Young, *Mobilizing Food, Restarant and Cafe Workers in Paris* (Ph. D. New York University, 1981), pp. 12~20. 참조).

한 부르주아 정부가 그러한 기금과 생필품을 몰수할 것이며 더구나 총파업은 일주일 이내에 성공적으로 완수될 것이기 때문에 그런 노력은 무의미하다는 것이다.[29] 또한 빨루띠에를 비롯한 생디깔리스트 지도자는 늘 최종적인 사회혁명을 염두에 두었기 때문에 임금인상, 작업 시간 단축 그리고 근로조건 개선 등의 개혁을 얻어내기 위한 일상파업에 대해 아직도 부정적인 생각을 가지고 있었다. 그러한 사소한 문제는 노동자의 광범한 투쟁을 야기시키지 못할 것이며, 일상파업이 성공한다고 할지라도 임금인상에 따른 조그마한 이익으로는 파업 기간 동안 손실된 임금 총액을 보상받을 수 없다는 것이 그 주된 이유였다.[30] 특히 노동총동맹의 기관지인 『*인민의 소리*(*La Voix du Peuple*)』 편집장이었던 뿌제(E. Pouget)는 노동자가 빈약한 자금으로 시작하는 일상파업으로는 막대한 자금을 가진 자본가와 경쟁할 수 없다고 주장하면서 일상파업을 반대하고 있었다. 이들의 주장에 따르면, 노조의 일상적인 활동은 일상파업을 수행하는 것이 아니라 총파업을 준비하기 위해 잡지, 강연 그리고 대중 집회 등을 활용한 선전 활동으로 노동자를 교육하고 조직화하는 일이어야 했다.[31]

주요 생디깔리스트 지도자가 부분파업을 배제한 이와 같은 총파업 사상을 내세우고 있는 가운데, 많은 사회주의자와 아나키스트가 총

29 *Ibid.*
30 *Ibid.*
31 *Ibid.*

파업 사상에 대해 긍정적인 입장을 취하게 되었다. 그 중 노동총동맹 내에서 지도부를 차지하게 되었던 알르망주의자와 아나키스트는 물론 블랑키주의자(Blanquiste)[32]도 총파업을 호의적으로 수용하면서 노동총동맹에 가담하였다. 무엇보다도 아나키스트가 생디칼리즘에 가담한 사실은 생디칼리즘이 발전하게 된 중요한 계기가 되었다. 대부분의 아나키즘적 생디깔리스트는 뻴루띠에나 브리앙처럼 1890년대 초기에는 총파업을 통하여 평화적으로 혁명을 성공시킬 수 있다고 보았다. 그러나 그들도 점차 총파업이 선포된 이후 노동자가 자본주의의 붕괴를 단지 피동적으로 기다리기만 하면 되리라는 생각이 당시의 정치적, 사회적 그리고 경제적 상황에는 적절하지 않다고 생각하게 되었다. 그리하여 그들은 현실의 변화에 대처하기 위해서는 총파업을 통하여 무장 폭동을 야기시킴으로써 혁명의 돌파구를 마련해야 한다고 주장하였다.[33] 즉 일단 총파업이 선포되면 정부가 처음에는 주저하다가 마침내 노동자를 위협하여 총파업을 분쇄하려고 할 것이고, 그렇게 되면 노동자는 공장을 장악하고 사회를 지배하기 위해서 공개적으로 저항하게 되리라는 것이다.[34] 총파업을 선포한 이후 어떻게 투쟁할 것인가를 밝힌 이러한 견해는 어떻게 총파업이 자본주의의 붕괴를 초래하게 되는가를

32 블랑키의 추종자인 블랑키스트들은 정치 권력을 장악함으로써 사회주의를 달성할 수 있다고 보면서도, 총파업이 자본주의를 해체시키는 유용한 무기가 될 수 있다고 주장하였다. 이처럼 그들이 총파업을 수용하게 되자, 그 일부는 노동총동맹에 가담하기도 하였다.

33 P. H. Goodstein, *op. cit.*, p. 108.

34 *Ibid.*

설명하지 못하였던 빨루띠에나 브리앙의 견해보다 더욱 진일보하였다. 그러면서도 아나키즘적 생디깔리스트는 여전히 총파업이 자발적으로 발생될 것이라는 점을 강조했다. 그것은 미리 선포되거나 예견될 수 없는 것이며 부르주아 사회의 모순과 새로운 사회를 건설하려는 노동자의 의지로부터 저절로 발생된다는 것이다. 이와 같이 총파업은 미리 선포될 수 없으며 자발적으로 발생하나, 일단 선포된 이후에는 자본가와 투쟁할 필요성이 있음을 지적한 이와 같은 총파업 사상은, 1890년대 중엽 이후 노동총동맹에서 아나키스트의 영향력이 증대함에 따라 생디칼리즘 사상의 근간을 이루게 되었다.[35]

그와 같은 총파업 사상의 발전과 더불어 총파업 국면에서 생디깔리스트들이 의회를 통한 정치 활동과 정당 가입을 거부한 사실은 생디칼리즘 운동을 특징지우는 주요한 한 요소가 되었다. 그들은 "자본가는 국가의 주인 노릇을 하고 있으므로, 의회는 자본가가 원하지 않는 여하한 입법도 강요할 수 없다. 그러므로 노동계급의 해방이라는 과업은 노동자 자신에 의해서 완수되어야 한다."[36]고 주장하였다. 또한 그들은, 노동운동을 장악하려는 사회주의 세력이 각양각색의 분파들로 분열되어 있다는 사실에서 알 수 있듯이 정치 활동은 단지 분열을 유발하여 노동계급을 약화시킬 뿐인데 비해 노조 활동이야말로 정치적·종교적 신념을 초월하여 노동계급을 결집시키는 역할을 한다고

35 *Ibid.* p. 110.
36 *Le père Peinard* (7 août 1896), *op. cit.*, p. 3.

주장하였다. 이상의 이유로 인해 생디깔리스트가 정치활동을 반대하면서 총파업을 통한 사회 개혁으로 자본주의 체제를 타파하려 했으나, 당시에 정치적으로 사회주의 노선을 택하고 있던 블랑키주의자가 총파업을 수용하면서 노동총동맹에 적극 가담한 사실에서 알 수 있듯이[37] 총파업 국면에서는 생디칼리즘과 정치적 사회주의는 명백히 구분되지 않았다.

그러나 20세기로 접어들면서 생디칼리즘의 조직과 이론은 커다란 변화를 겪게 되었다. 1902년에 노동총동맹은 노동거래소연맹과 결합하여 동명(同名)의 노동총동맹으로 확대 개편되면서 급격히 성장하기 시작했다. 이러한 조직상의 변화와 더불어 1903년이 되면 이른바 생디칼리즘의 '직접행동 국면' 이 본격적으로 시작되었다. 직접행동[38]이란 노동자가 의회나 정당 등의 중간 기구를 거치지 않고 직접 정부나 고용주에 대항하여 전개하는 모든 종류의 투쟁을 뜻하지만, 이 당시에는 주로 파업 활동을 지칭하는 의미로 사용되었다. 그리하여 1890년대에 아나키즘과 알르망주의의 도움을 받아 성장했던 생디칼리즘은 20세기로 접어들면서 투쟁전략의 측면에서 볼 때 초기와는 아주 판이한 성격

37 M. Rebérioux, *op. cit.*, p. 3.

38 직접행동은 총파업과 일상 파업 이외에도 불매 운동(boycottage), 태업(sabotage) 그리고 라벨(label) 등을 포함하지만, 이 당시에는 일반적으로 파업을 지칭하는 의미로 쓰여졌다 : Louis Levine, *op. cit.*, pp. 122~123.
직접행동이란 용어는 빼루띠에에 의해 1897년에 처음 사용되었다. 그렇지만 이 당시 빼루띠에가 이 용어를 사용한 의도는 부분파업을 옹호하려는 데 있지 않고 의회나 정당을 거치지 않은 직접적인 선전 활동을 강조하려는 데 있었다.

을 드러내었다. 이제 생디깔리스트 지도자는 자발적인 총파업을 가만히 기다리는 대신에 일상파업에 노동자를 참여시켜 총파업을 준비하고자 했던 것이다.

그렇다면 생디칼리즘이 직접행동 국면으로 방향전환을 하게 된 이유는 무엇일까? 우선 당시의 정치 상황이 생디깔리스트들에게 어떠한 영향을 미쳤는지를 살펴보면 중요한 단서를 찾게 된다.

1898년 극우익이 유대인인 드레퓌스 대위를 반역죄로 몰아 기소하려 하자 대다수의 좌익 계열이 극우익의 선동을 분쇄하기 위하여 기소 반대 운동을 일으켰고 마침내 드레퓌스가 석방되는 사건이 있었다. 이에 노동총동맹의 총서기였던 그리퓌엘르(V. Griffuelhes)는 "정부와 사법기관에 압력을 가하여 드레퓌스를 석방시킬 수 있었던 원동력은 정당이나 의회를 거치지 않은 대중의 직접적인 저항이었다"[39]라고 주장하면서 이 사건을 직접행동의 첫 실례로 들었다. 또한 파리 꼬뮌 학살의 책임자였던 갈리페(Gallifet) 장군이 각료로서 자리잡고 있었던 부르주아 정부에 사회주의자인 밀레랑(Millerand)이 입각하였고, 정부의 노동운동 탄압정책을 의회에 있는 사회주의자들이 지지하였으며 그리고 1899년 선거 결과 우익이 다수를 차지하였던 파리 시의회가 노동거래소에 대한 재정 지원을 거부한 사실 등을 생디깔리스트는 주목하고 있었다. 이 모든 사건은 생디깔리스트에게 사회주의 및 정치 활동에 대

39 V. Griffuelhes, "L'action syndicaliste," *Mouvement socialiste,* vol, 4 (Paris, 1908), p. 23.

한 혐오감을 심어주기에 충분하였고[40] 노조의 자율적인 직접행동에 깊은 관심을 갖도록 유도하였다. 결국 생디깔리스트가 직접행동으로 나아가게 된 주요한 원인의 하나가 당시의 정치 상황에 대한 불신감이라 할 수 있을 것이다.

또한 이 당시의 통계 자료를 검토해 보면 생디깔리스트가 왜 주로 개혁적 총파업 내지 일상파업의 형태로 직접행동을 지지하게 되었는지를 보다 분명히 알 수 있다. 각주 41)에 제시된 통계에서 나타나듯이 1898과 1899년 사이에 파업 횟수는 두 배 이상 증가되었으며 완전히 실패로 끝난 파업의 비율은 전반적으로 하락하였다.[41] 따라서 일상파업은 실패할 수밖에 없기 때문에 쓸모가 없다는 빼루띠에의 주장은 재고할 필요가 생기게 되었다. 물론 노동자가 파업 시에 내세운 요구 사항을 성취할 가능성이 50% 이상이라는 것을 알고 있었는지는 통계자료로만 확인할 수 없다.[42] 그러나 이와 같은 파업 실패율 감소 추세가 적어도 생디깔리스트 지도자에게 영향을 미쳤음은 사실은 분명하다. 당시 그리퓌엘르는 '노동국(Bureau du Travail)'에서 편찬한 통계 수치를 인용하면서 일상파업의 유용성을 주장하였다.[43] 그는 1890년에서 1901년까지의 자료를 통해 파업 도중에 상실한 임금 총액보다 파업으로 쟁취한 임금 총액이 더 많았음을 알게 되었던 것이다.[44] 이처럼 생디깔리스트가 일상파업을 이론적으로 수용하게 된 데는 실질적인 경제적 이득에 대한 고려가 가장 큰 작용을 하였다.

생디깔리스트 지도자들이 일상파업을 받아들인 또 다른 주요한 동기로는 노동자들의 일상파업이 이미 기정사실(既定事實)화되고 있었

40 Linda B. Young, *op. cit.*, pp. 17～18.

41 파업수의 증가와 더불어 1899년의 파업 실패율은 전년도의 46%에서 37%로 하락하였다. 또한 1890년에서 1898년에 이르기까지 평균 실패율은 46%였다 아래에 제시된〈표 1〉은 이 당시 발생된 모든 파업에 대한 통계 수치인데, 파업의 성패여부를 알려주는 데 유용하다. (구체적인 요구사항의 성과는 주 50)을 참고하라.)

〈표 1〉

년도	A	B	C	D	E	F	G	H
1890	313	118,941	82	64	161	27%	21%	52%
1891	267	108,944	91	67	106	34%	26%	40%
1892	261	48,538	56	80	118	22%	31%	47%
1893	634	107,133	158	206	270	25%	32%	43%
1894	391	54,576	84	129	178	21%	33%	46%
1895	405	45,801	100	117	186	25%	29%	46%
1896	476	49,851	117	122	237	52%	26%	50%
1897	356	68,875	68	122	166	19%	34%	47%
1898	363	82,065	75	123	170	20%	33%	46%
1899	739	176,772	180	282	277	24%	38%	37%
1900	902	222,714	205	360	337	23%	40%	37%
1901	523	111,414	114	195	214	22%	37%	41%
1902	512	212,704	205	360	337	23%	38%	37%
1903	577	123,151	122	222	223	22%	39%	39%
1904	1,026	271,097	297	394	335	29%	38%	33%
1905	830	177,666	184	361	285	22%	43%	34%
1906	1,309	438,466	278	539	490	21%	41%	38%
1907	1,275	197,961	236	490	522	21%	38%	41%
1908	1,023	99,042	185	324	564	17%	30%	53%
1909	1,025	167,492	217	385	423	21%	38%	31%
1910	1,502	281,425	307	598	597	20%	40%	40%
1911	1,471	230,646	216	529	681	15%	36%	46%

A : 파업자　　B : 파업자수

C : 성공한 파업수　　D : 부분적으로 성공한 파업수

E : 실패한 파업수　　F : 성공한 파업의 비율

G : 부분적으로 성공한 파업의 비율　　H : 실패로 끝난 파업의 비율

(출전 Linda B. Young, *ibid*,. p. 20.)

42 J. Julliard는 노동자가 그들의 파업목표를 달성할 가능성이 50% 이상이었음을 알았을 것이라고 주장했다 : J. Julliard, *op. cit.* 참조

다는 점을 들 수 있다. 이것은 당시 '인민의 소리' 편집장이던 뿌제(E. Pouget)가 어떻게 직접행동 이념을 받아들였는가를 살펴보면 잘 알 수 있다. 뿌제는 일찍부터 자본주의 체제와 투쟁하기 위해서는 효과적인 행동이 필요하다고 주장한 점에서 뻴루띠에와 다소 차이를 보였다. 1897년에 그는 "일상적인 저항의 도구로서 '태업(sabotage)' 과 '불매운동(boycottage)' 을 이용해야 한다"[45]고 주장하였다. 1897년 노동총동맹 회의에서는 태업과 불매운동을 찬성하는 결의안이 통과되는 과정에서 결정적인 역할을 담당하기도 하였다. 그렇지만 그는 그때까지 일상 파업을 비효율적이라고 생각하였고[46] 태업이나 불매운동은 다만 일상파업에 대한 대안이라고만 판단하고 있었다. 그러나 이후 일상파업이 일반화되어 가자, 그는 이를 기정사실로 인정할 수밖에 없었다. 그리하여 그는 1899년 3월에 발생했던 건축노동자들 특히 파리의 굴착공에 의한 파업을 높이 평가하면서, 자본가 계급의 이익을 저해하는 어떠한

43 Griffuelhes, *op. cit.*, p. 21.

〈표 2〉 (F : 프랑)

	임금 손실 액	임금 이득액
성공한 파업의 경우	120,000 F	700,000 F
타협으로 끝난 파업의 경우	600,000 F	1,300,000 F
실패로 끝난 파업의 경우	600,000 F	
합　계	1,320,000 F	2,000,000 F

44 Griffuelhes, *ibid.* p. 26 참조

45 *Le Père Peinard* (3～10 octobre et 14～21 novembre 1897)

46 *Ibid.*

47 *Ibid.* (26 febrier 1899).

행동도 노동계급의 이익에 부합된다고 주장하기까지 하였다.[47] 나아가 1900년 2월에 쓴 글에서 그는 다음과 같이 일상파업을 옹호하고 있다.

> *"파업 횟수가 증가한다는 사실은 노동자의 저항 의식이 점증한다는 증거이다. 노동자는 일상파업을 통해 자본가에 대한 적대감을 생생히 보여주고 있다. 일상 파업으로 사회 개혁을 달성할 수는 없지만, 그것은 혁명을 위한 훈련장으로서의 역할을 충분히 할 수 있다. 그것은 노동자에게 아나키즘의 원칙인 개별적 투쟁의 중요성을 가르쳐 주었다.[48]"*

이상에서 생디칼리스트 지도자가 총파업을 준비하는 수단으로서 일상파업을 수용하게 된 데는 실제 투쟁에서의 경험이 중요한 요인으로 작용하였음을 알 수 있다. 그러면 어떻게 총파업이 일어나는가, 이에 대해 직접행동파 생디깔리스트의 입장을 가장 잘 보여주는 것이 뿌제와 빠또(Pataud)의 견해이다.

> *"혁명수단으로서의 개혁적 총파업은 아직 구체적인 목표를 갖고 있지 않으나 자본주의 사회에 대한 저항의 표시라는 점은 분명한 사실이다. 또한 정부측이 이를 탄압하려 할 때는 얼마든지 혁명으로 발전할 수도 있다.[49]"*

48 *Ibid.*
49 P. H. Goodstein, *op. cit.*, p. 118.

따라서 이들은 자본주의 체제 내에서 임금인상, 작업 시간 단축 그리고 근로조건 개선 등과 같은 개혁을 얻어내는 것이 유용함을 인정하면서, 이러한 일상적 요구 사항을 위한 투쟁이야말로 그들의 의무라고 주장하였다.[50] 사실, 이 당시 노동총동맹이 추진했던 주요 투쟁 목표는 개혁적 총파업을 달성하는 데 집중되어 있었던 것이다.[51] 게다가 노동총동맹은 개혁적 총파업이 정부로 하여금 개혁을 허용하도록 압력을 가하기 위한 목적으로 사용되는 것이라고 간주하면서 그것을 공식적으로 인정하게 되었던 것이다.[52]

이처럼 투쟁전략의 변화로 인해 이제 일상 투쟁을 통해 주요 산업 부문의 조직 노동자에게 계급의식을 함양시켜 그들로 하여금 총파업에 가담하게 하는 것이 생디칼리즘 운동의 중요한 과제로 부각되었다.[53] 일반적으로 계급의식이란 공통적인 계급적 상황에 처한 개인들이 그와 같은 사실을 인식하는 것, 나아가 자기 계급의 공통된 계급이익을 인식하는 것 그리고 자신들의 계급이익이 타계급의 계급이익과 적대 관계에 있음을 간파하고 자기계급의 이익을 실현시키기 위한 공동의 투쟁 과정에 기꺼이 참여하려는 의지라는 세 요소를 전제로 한다.[54] 이 당시 노동자 사이에서 자본가 계급에 대한 적대감이 생겨났음은 당연하다고 하겠지만,[55] 문제는 어떻게 노동자로 하여금 동질감을 갖게 하고 나아가 공동의 투쟁 과정에 참여하려는 의지를 갖게 하느냐에 있었다. 다시 말해서 어떻게 노동계급을 실질적으로 통합하느냐가 총파업을 성공시키기 위한 가장 중요한 과제가 되었던 것이다.

이 당시 노동총동맹은 전국노동거래소연맹의 지부와 노동연합 및

50 *Ibid.*, pp. 124~127.

51 다음의 〈표 3〉에서 알 수 있듯이 1899년부터 1913년 사이에 발생된 파업에서 제기된 요구 사항의 구체적인 성과를 알게 해 준다. 무엇보다도 임금 문제가 사실상 압도적인 비중을 차지하고 있음을 알 수 있다.

〈표 3〉

요 구 사 항	파 업 발생수	전체파업 중의 비율(%)	성공한 비율(%)	실패한 비율(%)	타협한 비율(%)
가. 임금문제					
임금인상	7,714	59.9	17.5	36.4	46.1
임금인하 반대	576	4.2	28.3	35.9	35.7
도급료 인상	273	2.0	24.9	27.8	47.2
도급료 인하 반대	129	0.93	20.9	45.0	34.1
소 계	8,692	63.0			
나. 노동자의 권익 문제					
해고노동자의 재고용	1,725	12.5	14.5	55.1	30.4
감독관(혹은 노동자) 해고	1,344	11.8	17.3	52.0	30.7
노조 승인	145	1.0	13.1	42.4	44.5
노조 연합	346	2.5	19.6	34.8	45.6
소 계	3,851	27.8			
다. 작업환경 문제					
작업시간 연장 금지	2,138	15.5	15.9	36.4	50.6
도급제도 확대적용 금지	270	2.0	13.0	38.1	49.0
작업 규율	504	3.6	15.4	37.5	47.0
범칙금	324	2.3	15.1	39.2	45.6
작업조건	116	0.84	25.9	37.0	37.0
소 계	3,352	24.0			
법 률 문 제	46	0.33	13.0	17.4	69.6
총 계	13.805		19.8	41.6	38.6

※요구사항의 총비율은 모두 합쳐서 100%를 넘는데 그 이유는 한 파업에서 다양한 요구사항이 제기되었기 때문이다.

출전 : S.T.A.T : Direction du Travail, *Statistique des grèves et recours à conciliation, 1899~1914,* 15 vol. (Paris, 1900~1915) (P. N. Stearns, *op. cit.*, pp. 123~124)

52 *Ibid.*, p. 127.

53 원래 총파업이란 모든 산업부문의 조직 노동자가 가담하게 되는 파업을 의미했으나, 1984년 낭트에서 개최된 전국노동거래소연맹 회의에서는 모든 산업 부문의 노동자가 파업에 가담하기란 불가능하므로 경제가 집중된 자본주의 사회에서는 철도, 부두, 광산 그리고 식료품 등 주요 산업 부문에서의 총파업만으로도 자본주의 체제를 타파하기에 충분하다고 주장하였다.

전국노조연맹의 지부로 구성된 이원적(二元的) 형태를 취하고 있었다. 1902년 이후 노동총동맹의 투쟁은 전국노조연합 및 전국노조연맹을 중심으로 전개되었는데, 이들은 각기 노조의 집합체였고 노조는 개별 노조원으로 구성되었다. 이러한 조직은 각 단계에서 거의 완전한 자율성을 향유하고 있었다. 즉 전국노조연합 및 전국노조연맹은 노동총동맹 내에서, 각 노조는 전국노조연합 및 전국노조연맹 내에서 그리고 노조원은 노조안에서 제각기 자율성을 누리고 있었던 것이다.[56]

이와 같은 연립주의(fédéralisme)적 조직으로 어떻게 노동계급을 통합시킬 수 있을까? 마르크시즘에서 '소수 혁명가(minorité révolutionnaire)'의 역할이 강조되고 있듯이, 생디칼리즘에서도 노동자 대중을 이끌게 될 '활동적 소수(monorité agissante)'의 역할이 매우 중요하게 취급된다.[57] 투쟁전략에 있어서 '활동적 소수'의 역할이야말로 생디칼리즘 이론의 핵심이라 할 수 있다.[58] 즉 '활동적 소수'가 중심이 되어 일반 노동자

54 Michael Mann, *Consciousness and Action among the Western Working Class* (The Macmillan Press, 1913), p. 13 ; cf) Ralf Miliband, "Barnave : A Case of Bourgeois Class Consciousness," in Mészaros (ed.), *Aspects of History and Class Consciousness* (R.K.P., 1971), pp. 22~23. 참조

55 물론 모든 노동자가 자본가에 대한 적대감을 의식했다고 할 수는 없다. 비록 착취 행위가 존재한다고 할지라도 노동자가 그것을 의식하지 못하는 경우가 있기 때문이다. 건축산업을 예로 들면, 도급제(tâcheron) 또는 하청제의 적용을 받는 경우에는 노동자가 착취 행위를 별로 의식하지 못한 것으로 보인다. 그러나 그 외에 대부분의 건축 노동자는 자본가 계급에 대해 적대감을 의식했던 것이다 : Raymond Joran, *Organisation Syndicale dans l'Industrie du Bâtiment* (Paris, 1914) 참조.

56 E. Pouget, *La Confederation Generale du Travail* (Paris, 1908), p. 4 (Patric de Laubier, *Essai d'interprétation du syndicalisme révolutionnaire en France de 1894 à 1914,* Mémoire, Université de Paris (1962), pp. 67~69.)

의 통합 작업뿐만 아니라, 지도부와 일반 노동자와의 간격을 극복하여 노동계급을 통합시킨다는 것이다. 생디칼리즘은 알르망주의자와 아나키스트가 노조에 들어와서 '활동적 소수'의 역할을 하면서 노동운동을 주도하려고 노력함에 따라 발전하게 되었다. 그렇지만 1890년대의 생디깔리스트는 혁명적 총파업만을 인정하고 개혁적 총파업은 부인하였으나, 실제 노동자는 개혁적 총파업에 몰두하고 있었다. 이처럼 생디칼리즘 운동은 처음부터 지도부와 일반 노동자가 투쟁 전략 측면에서 괴리된 상태에서 출발하고 있었다. 또한 1890년대에는 하나의 단일 산업부문 내에서조차도 다양한 직종에 속한 노동자들의 이해 관계가 극복되지 않아 노동자들이 통합되지 못했기 때문에 생디칼리즘 운동은 '직종별 노조주의(syndicalisme de métier)'를 넘어서지 못했던 것이다. 그러나 생디깔리스트 지도자는 일반 노동자의 개혁적 총파업을 점차 인정하는 방향으로 나아가게 되어 직접행동 국면에 이르러서는 이론적으로 개혁적 총파업을 수용하게 되었다. 이와 더불어 생디칼리즘 운동은 다양한 직종에 속한 노동자의 이해관계를 극복하여 노동계급을 통합할 목적으로 '직종별 노조주의' 대신에 '산별 노조주의(syndicalisme industrielle)'를 내세울 수밖에 없었던 것이다.

57 마르크시즘에서 '소수 혁명가'란 노동 계급에게 혁명의식을 불어 넣는 노동 계급 외부의 지식인 집단을 의미했다. 그러나 프랑스에서 '활동적 소수'는 1830년대 이래의 전투적 노동자를 의미했는데, 생디칼리즘의 초기에 이르면 노동자 출신인 아나키스트와 알르망주의자가 그 역할을 떠맡았다. 이들은 처음에는 혁명을 설파하였으나 투쟁 전략의 변천으로 인해 점차 혁명보다는 노동 계급의 통합을 주된 목표로 삼게 되었다 : Patric de Laubier, *ibid.*, pp. 106~108 참조.

58 J. A. Estey, *op. cit.*, p. 88.

건축 노동자 파업

1890년대의 생디칼리즘은 직종별 노조주의에 그 바탕을 두고 있었다. 직종별 노조주의는 직종별 노조로 전국노조조직을 결성하여 노동계급의 통합을 달성한다는 목표를 가지고 있었다. 이것은 초기의 생디깔리스트가 노동자를 전국적으로 조직하기만 하면 노조의 기능에 의하여 자동적으로 노동계급의 통합이 달성되리라고 생각하였던 데에 기인하는 것이다. 그러나 이 당시 전국 노조조직이었던 전국노동거래소연맹과 노동총동맹은 연립주의적 형태를 취하고 있었다. 따라서 투쟁은 각 직종별 노조에 소속된 수공업자 내지 숙련노동자에 의해 이루어졌는데,[59] 이들은 노동계급 전체의 이익보다는 자신들이 속한 직종의 노동자 이익을 우선시하였다.[60] 이처럼 노동자의 전국 조직 결성이 곧 노동계급의 통합을 가져다 주지 못했기 때문에 초기의 생디칼리즘 운동은 같은 직종에 속한 노동자의 이익 추구에 머무르게 되어 연립주의적 조직의 한계를 극복하지 못했던 것이다.

그러나 20세기로 접어들면서 개혁적 총파업과 일상파업이 생디칼리즘에 이론적으로 수용됨에 따라, 노동총동맹은 노동계급을 통합하기 위하여 다양한 직종 출신의 노동자로 구성된 산별노조로 전국 노조

59 숙련공이 저항의 중심이 되었음을 가장 생생히 보여주는 연구로 Hanagan의 박사학위논문을 들 수 있다. Hanagan은 이 시기에 산업화의 속도가 크게 달랐던 프랑스의 세 도시를 비교 검토하면서, 세 도시 모두 산업화의 진전에 관계 없이 수공업자가 노동계급의 저항운동을 주도하였다고 주장하였다 : M. P. Hanagan, *op. cit.* 참조.

조직을 형성하여 노동계급을 통합하고자 하는 산별 노조주의를 적극 내세우게 되었다. 그리하여 노동총동맹은 더 이상 직종별 노조를 받아들이지 않고 기존의 직종별 노조에 소속된 노동자를 산별노조에 가입시키려 시도하였다.[61] 특히 1902년 노동총동맹과 전국노동거래소연맹의 통합으로 동명의 노동총동맹이 탄생한 이래, 노동총동맹은 산하 노조조직으로 하여금 산별노조주의를 추진하도록 촉구하였다. 그렇지만 이를 뒷받침할 만한 구체적인 조치는 취하지 못하였다. 이러한 상황 가운데서 건축산업 노동자는 자신들의 전국 '건축산업노조연맹'의 결성을 추진하게 되었다.

1906년 5월에 발생한 파업을 계기로 건축산업에서 전국산별노조연맹을 형성하려는 움직임이 본격적으로 시도되었다. 파리의 경우 파업은 건축산업에서 집중적으로 발생하였다. 5월 11일에는 센느 현에서 19만 5천명의 노동자가 파업에 가담 중이었는데 그 중 90% 이상이 건축 노동자였다. 파업은 5월 말에 이르러서 쇠퇴하게 되었지만,[62] 건

60 노동계급의 통합이 생디칼리즘 운동의 초기에 이루어지지 않았음은 이 당시 가장 적극적으로 투쟁했던 건축산업 노동자의 경우에 분명히 알 수 있다. 우선, 파리 미장공(maçon) 노조는 1883년에 형성되었는데 1894년에는 4개의 개별 노조로 분열되어 있었다. 파리 목공의 경우는 1901년에 가서야 직종 연맹인 전국목공연맹을 결성하였지만, 그나마 그것은 꼬뮌 직후 형성된 원래의 노조와는 적대적이었다. 소목공의 노조는 다소 유리한 상황에 있었는 바, 1888년~1890년 사이의 모든 건축노조회의에 참석하였으나, 이것도 1883년에 개량적 성향을 가진 노조가 형성되었기 때문에 역시 경쟁에 직면하였던 것이다. 페인트공 노조도 마찬가지로 분열되어 있었다. *Associations Professionnelles ouvrières,* vol. 4 (Paris, 1889~1904), pp. 48~52. (W. E. McMechan, *The Building Trades of France 1907~1914 : An Exploration of Revolutionary Syndicalism* (Ph. D. Uni. of Michigan, 1975), pp. 186~188에서 참조.

61 Val R. Lorwin, *The French Labor Movement* (Havard Univ., 1966), pp. 24~25.

축노동자는 파업 결과 전국 산별 노조 조직만이 총파업을 성공시킬 수 있다는 중요한 깨달음을 얻게 되었다. 이처럼 1906년의 파업은 조직의 관점에서 볼 때 건축 노동자를 통합하는 데 직접적인 영향을 미칠 수 있었다. 그리하여 이듬 해 건축산업의 직종별 노조연맹 대표와 노동총동맹 위원회(Comité Confédéale)의 협의회에서 '전국건축산업노조연맹(Fédéation Nationale des Travailleurs de l'Industrie du Bâtiment de France et des Colonies)' 의 결성안이 128대 10으로 채택되어 마침내 전국건축산업노조연맹이 탄생하게 되었다.[63] 새로이 탄생된 전국건축산업노조연맹은 산별 노조뿐 아니라 직종별 노조도 받아들였으며 또한 각 노조의 자율성을 인정하는 연립주의적 조직 형태를 취하고 있었다.

이렇게 하여 생겨난 전국건축산별노조연맹은 혁명을 포기하지 않는 한도 내에서 개혁을 추구할 수 있다고 주장하였으나, 1907년 내내 연맹 지도부는 혁명의 추진에는 거의 관심을 기울이지도 않았다. 특히 연맹 총서기였던 니꼴레(Nocolet)는 점차 직종별 노조가 비효율적임을 깨닫고 연맹 정책으로 산별 노조주의를 내세웠다. 그렇지만 노조원의 숫적 증가에만 몰두한 나머지 노동계급의 통합을 통하여 총파업을 성공시킨다는 산별 노조주의의 근본적인 목표는 소홀히 하였다.[64] 물론

62 W. E. McMechan, *op. cit.*, pp. 347~35.
1960년 5월 파업에서 노동자가 8시간 노동제를 요구하였으나, 그 요구는 끝내 관철되지 못하였다 : V. R. Lorwin, *op. cit.*, p. 45.

63 W. E. McMechan, *op. cit.*, pp. 338~357.

64 W. E. McMechan, *ibid.*, pp. 383~386 참조.

양적인 측면에서 본다면 1908년에 연맹 소속 노조(syndicat) 수는 280개였고 노조원수는 3만 5천명에 달하였다. 이러한 연맹의 양적인 팽창과 더불어 건축산업 노동자는 일차대전 이전에 고용주와 정부에 대해 가장 적극적으로 저항하였다. 그러나 건축산업에서의 파업은 연맹지도부의 주도에 의한 것이라기보다는, 주로 자율성을 누리고 있던 직종별 노조 단위로 이루어졌다. 이같이 건축노동자의 투쟁은 여전히 직종 지향적이었던 것이다.[65]

이러한 사실은 1908년의 건축노동자 파업에서도 뚜렷이 노정되었다. 그 해 5월 파리 근교의 '드라베이으' (Draveil)에서 발생된 채석공 파업으로부터 시작되었다.[66] 파업은 곧 인접 도시로 확산되어 나갔으며 그 영향은 파리에도 미치게 되어 당시 진행 중이던 지하도 건설이 중단되기까지 하였다. 이에 '꼬르베이으' 의 시장이 노동자와 고용주 측 사이에서 중재를 시도하였으나 고용주 측은 채석공 노조와의 협상을 거부하였다. 고용주측의 이러한 비타협적인 태도는 노동총동맹에 대한 직접적인 도전으로 인식되었다.[67] 파업이 계속되는 가운데 드디

65 *Ibid.*

66 '고용주들의 합동회사(Sablières de la Seine)' 가 1906년에 설립된 이래로 고용주 측의 이익은 400% 증가되었으나, 노동자의 실질 임금은 인상되지 않았다. 이에 채석공은 시간당 70 상띰을 줄 것, 도급제를 폐지할 것 그리고 야간작업의 경우 시간당 1프랑을 줄 것 등을 요구하면서 파업을 시도하였던 것이다. 파업은 곧 이웃에 있는 비뉴(Vigneux), 빌뇌브-생-조르쥬 그리고 빌느브-르-르와(Villeneuve-le-Ro)i로 급격히 퍼져 나갔다.
J. Julliard, *Clemenceau, Briseur de Grèves* (Paris, 1965), pp. 36~43 참조.

67 *Ibid.*

어 6월 2일 2명의 노동자가 사망하고 여러 명이 부상당하는 첫 번째 충돌이 발생하였다. 그 결과 노동총동맹은 끌레망소(Clemenceau) 내각을 "암살자의 내각(gouvernement d'assassins)" 이라 부르면서 격렬하게 비난하였고, 파업 지역 특히 빌뇌브-생-조르쥬(Villeneuve-St.-Georges) 지역의 노동자는 크게 분노하게 되었다. 게다가 아나키즘의 영향을 받은 채석공 노조와 파리에 자리잡고 있던 전국건축노조연맹에서 파견된 지지자들이 희생당한 노동자의 장례식을 치르기 위해 운집하였던 노동자를 자극하였다.[68] 그렇지만 노동총동맹의 총서기였던 그리퓌엘르와 『*인민의 소리*』 편집장였던 모나뜨(P. Monatte)는 총파업을 선포하는 문제에 대해 신중을 기하고 있었다. 그 이유는 파리의 몇몇 주요 노조 특히 가스, 수송 그리고 전기 노조가 총파업 선언에 반대하고 있었기 때문이다. 건축노조연맹도 일단 다가오는 하원의 청문회에서 있을 수상 끌레망소의 반응을 기다리기로 결정하였다.[69] 그러나 6월 11일 하원에 나타난 끌레망소는 파업 가담자들이 폭력을 유발시켰다고 주장하는 등 책임회피적인 자세로 일관함으로써 노동자를 크게 실망시켰다.

이처럼 정부와 고용주 측이 비타협적인 자세를 취하자, 건축노조연맹의 서기인 니꼴레는 발포사건에 항의하기 위해 7월 30일로 예정된 건축노동자의 24시간 총파업을 선언하였다. 그렇지만 이러한 건축노조연맹의 총파업 선언에 대해 노동총동맹 내에는 분열이 일어났다. 총

68 *Ibid.*, pp. 55~60.
69 *Ibid.*, pp. 64~65.

파업 결행 시기에 의문을 제기한 그리퓌엘르와 뿌제는 "건축노동자 파업에 가담하는 것은 노조의 이득을 무산시켜 버릴, 실패할 수밖에 없는 총파업으로 노동자들을 몰아 넣을 것" 이라고 주장하면서 건축 노동자 파업을 승인하지 않으려 하였다. 반면, 부께(Bousquet), 레비(Lévi), 이브또(Yvetot) 그리고 빠또[70] 등은 건축 노동자의 총파업에 찬성하면서 자신들은 토목공 파업에 가담할 것이며, 정부가 간섭한다면 24시간 총파업으로 대처하겠다고 주장하였다. 그러나 노동총동맹 집행부가 파업으로 인해 초래될 정부의 탄압을 두려워했기 때문에 이 주장은 채택되지 않고 있다가 빌뇌브 생 조르쥬의 충돌 사건 이후에야 받아 들여졌다. 마지막으로 모끌랭(Maucolin)은 "고용주로 하여금 작업장을 닫게 하는 것이 혁명인가" 라고 반문하면서 "그 경우 우리는 굶주릴 것이므로 고용주측과 타협해야 한다"[71]고 주장하였다. 이처럼 드라베이으 파업에 대한 노동총동맹의 입장은 불분명하였고, 마찬가지로 건축노조연맹의 정책도 일관성을 상실하고 있었다. 그러나 노동총동맹 지도부는 투쟁을 회피하고 있다는 인상을 주게 되어 노동총동맹 내에서 지도적 위치를 상실하게 될까봐 두려워서 건축 노동자 파업을 지지하지 않을 수 없었다. 급기야 노동총동맹은 지도부의 분열에도 불구하고 건축 노동자 파업을 승인하게 되었던 것이다. 이러한 상황 가운데 7월 30일

70 당시 부께는 전국 식료품노조연맹의 서기, 레비는 노동총동맹의 재무 담당관, 이브또는 전국 노동거래소연맹의 서기 그리고 모끌랭은 센느 노조의 서기였다.

71 Archives de la prefecture de police b/a 1652, 1908년 6월 12, 18, 20일의 보고서 (W. E. McMechan, *op. cit.*, p. 567에서 재인용)

에 토목공(terrassier)이 중심이 된 4천 여명의 파리 노동자가 교외선을 타고 가서 드라베이으에 집결하였다.[72] 노동자는 곧 빌뇌브 생 조르쥬의 대로에서 바리케이트를 설치하기 시작하였다. 30일 오후 5시 경에 발생한 충돌은 총 · 칼 등의 무력이 동원되는 대규모의 충돌로 비화되었으며 마침내 바리케이트가 점령되었다. 그 와중에 4명의 노동자가 사망하고 노동자 100명과 69명의 군인이 부상당하였으며,[73] 이어서 대결의 장은 파리로 확산되었다.

이런 상황 속에서 노동총동맹과 이에 소속된 주요 연맹의 지도자는 8월 3일로 예정된 24시간 총파업을 선언하였다. 그러나 8월 1일 검거 선풍이 일어나 노동총동맹과 연맹의 주요 지도자가 투옥되었으며, 선언된 총파업은 별다른 성과 없이 끝났다. 그리하여 잔류 노동총동맹 위원회가 8월 2일에 소집되어 임시 지도부가 선출되었는데 임시 총서기에는 개량주의자 뤼께(Luquet)가 선출되었고, 노동총동맹 기관지인 『*인민의 소리*』의 편집장에는 뿌제 대신 개량주의자 띨(Thil)이 선출되었다. 건축노조연맹도 이와 유사한 변화를 겪었다.[74]

이와 같은 1908년 여름 사건 이후, 동년 10월의 노동총동맹 마르세이유 회의에서 광부 노조, 철도 노동자 노조 그리고 인쇄공 노조 등

72 토목공은 날품팔이꾼에 가까운 산업 프롤레타리아로서 19세기 후반에는 거의 파업에 가담하지 않았으나, 1898년 이후 주로 임금인상을 요구하면서 건축노동자 중에 가장 적극적으로 투쟁하였다.

73 J. Julliard, *op. cit.*, pp. 85~94.

74 *Ibid.*, pp. 101~104.

개혁을 공식적으로 내세운 전국노조연맹들이 노동총동맹의 표결 방식에 이의를 제기하였다. 이 당시 노동총동맹 내에는 개혁을 내세운 노조연맹들에 속한 전체 노조원의 숫자가 혁명을 천명한 노조연맹들에 속한 노조원의 수보다 더 많았다. 그러나 개혁을 내세운 노조연맹에 소속된 노조의 수가 혁명을 천명한 노조연맹에 소속된 노조의 수보다 상대적으로 더 적었기 때문에 노조의 수만 본다면 개혁을 내세운 측이 더 적었다. 따라서 개혁을 내세운 전국노조연맹들은 각 노조당 한표씩 허용하는 현행 투표 제도가 그들에게 불리함을 깨닫고 소속 노조원 전체의 숫자에 비례하여 투표권을 갖게 되는 비례대표제를 주장하게 되었던 것이다. 그러나 주요 생디깔리스트 지도자들이 아직 구금 상태에 있어서 영향력을 행사할 수 없었음에도 불구하고 이들 개량파의 비례대표제안은 383 대 741로 부결되고 말았다. 그 결과 노동총동맹은 1차 대전 직전에 이르기까지 혁명 노선을 공식적으로 표방할 수 있었던 것이다.[75]

그렇지만 노동총동맹의 지도부는 혁명을 천명하면서도 개혁을 달성하는 데 주력하고 있었다. 이와 같은 언행의 불일치는 건축노조연맹의 지도자들에게도 마찬가지로 적용될 수 있었다. 그래서 1908년 여름의 파업 이후 새로이 연맹 서기가 된 빼리까(Pericat)는 노동총동맹의 마

75 Georges Lefranc, *Histoire du Mouvement Syndical Français* (Paris, 1937), pp. 235~246.
이 당시 투표권이 불균등하게 배분된 대표적인 경우로서 전국철도노조를 들 수 있다. 전국철도노조는 55,000명의 노조원을 보유하고 있었는데, 3,000명의 노조원을 가진 출판연맹과 동일한 수의 투표권을 가지고 있었다(Patric de Laubier, *op. cit.*, p. 109 참조).

르세이유 회의에서 혁명 노선을 재천명하였지만,[76] 실제로는 개혁적 총파업을 성공시키기 위해 노동계급을 통합시키는 작업에 진력하고 있었다. 이러한 언행의 불일치 현상이 생겨난 이유를 살펴보면 무엇일까?

먼저 노동총동맹의 지도부가 혁명을 천명했던 주된 이유는 다음과 같다. 첫째, 그들은 혁명이 언젠가는 가능할 것이라고 기대하였으며,[77] 둘째, 프랑스처럼 다양한 혁명 전통을 가진 나라에서는 혁명 노선이야말로 노동계급을 통합할 수 있는 가장 효율적인 이데올로기라고 판단하였기 때문이다. 셋째, 1908년 이후 적극적인 선전 활동에 들어간 에베르주의자(Hévéristes)의 격렬한 반군국주의(antimilitarisme) 선전 활동의 위세에 눌려서 개혁을 추구하자는 주장이 크게 약화되었다는 점을 들 수 있다.[78]

그러면 이상과 같은 요인으로 인해 혁명을 내세우면서도 개혁을 추구하는 데 진력한 주된 요인은 무엇일까? 첫째, 그들은 말로만 혁명을 내세우는 차원을 넘어서서 실제 혁명을 목표로 하는 파업을 감행할 경우 초래될 탄압을 두려워하고 있었다는 점을 들 수 있다. 둘째, 이들의 이율배반적 태도는 개혁적 파업이 이론적으로 수용됨에 따라 정당화될 수가 있었기 때문이다.

이와 같은 지도부의 언행불일치에다가 우리는 직종별 노동자들

76 J. Julliard, *op. cit.*, p. 126.
77 Victor Griffuelhes, "Romantiste révolutionnaire," *Mouvement Socialiste*, séries 3 (1908), pp. 293~295. (P. H. Goodstein, *op. cit.*, pp. 140~141에서 재인용)
78 Louis Levine, *op. cit.*, pp. 170~174 참조.

사이의 연대성의 저조와 연맹 지도부와 일반 노동자들 사이의 괴리를 1909년의 건축 노동자 파업을 통해서 알아 볼 수 있다. 1909년 8월 초에 파리의 미장공(maçon)이 파업을 시작하였다. 그들은 건축연맹 내의 다른 직종 노조와 공동보조를 취하지 않았으며, 연맹의 파업 기금 갹출에도 동참하지 않았다. 이 당시 연맹서기인 뻬리까가 건축산업 노동자 중에서 수적으로 압도적인 비중을 차지하였던 미장공들[79]이 연맹을 탈퇴할까봐 두려워한 나머지 이러한 개별적 행동을 마지못해 인정한 점에서도 알 수 있듯이, 연맹은 개별 노조에 대한 영향력에 있어서 명백한 한계점을 노출시켰다. 그럼에도 불구하고 일주일도 안 되어 벽돌공(briqueteur), 제철공(metallurgiste) 그리고 소목공(menuisier)이 미장공 파업에 가담하게 되어 파업 인원수는 1만 8천명으로 증가하게 되었다. 미장 직종 중에 단지 석공(tailleur de pierre)만이 파업에 가담하지 않았으나, 그들도 결정적인 순간에는 언제든지 동참하겠다고 약속하였다. 그러나 건축 노동자의 파업은 연맹의 지시를 받지 않고 직종별로 독자적으로 전개되고 있었다.[80] 실제 경찰과의 물리적인 충돌은 별로 없었으며 미장공이 고용주 측과 협상하려는 노력이 파업 기간 동안 계속되었다. 협상의 초점은 도급제(tâcheron)[81]폐지 여부였는데, 미장공 노조 대표가 정부의 탄압을 두려워했기 때문에 결국 타협이 성사되었다. 임금 인상을 요구하면서 파업을 계속하려 했던 소목공, 제철공 그리고 파리 교외의 미장공조차도 10월 말까지는 대부분 작업장으로 복귀하였다. 이처럼 1909년에 이르러서도 건축 노동자는 노동자 전체의 계급이익을 위해서가 아니라, 여전히 자기들이 속한 직종 노동자의 이익을 위해 투쟁하고 있었다.[82] 이것은 노동계급의 통합 노력이 별다른 성과를 거두지 못했음을 말해주는 것이다.

79 아래 〈표 4〉는 1906년 당시 건축산업의 활동 인구를 나타내주고 있다. 특히 미장공의 비중이 상당히 컸음을 알 수 있다.

〈표 4〉

	총활동 인구	자가고용 노동자(%)	고용주(%)	노동자(%)	실업자(%)
목수(charpentier)	87,982	39.5	20.1	44.1	6.1
목재가공노동자(scieur de long)	20,926	45.5	19.8	34.7	9.0
소목장이(menuisier)	151,220	32.3	19.2	48.5	7.0
마루공(parqueteur)	986	21.6	12.0	66.4	15.2
제철공(charpente en fer)	5,920	—	1.6	95.4	0.8
제련공(métallurgiste)	53,944	13.8	19.1	67.1	8.2
석공(tailleur de pierre)	40,766	28.0	14.3	57.7	10.4
장식공(ornamaniste)	1,146	6.4	7.8	85.9	7.5
토목공(térrassier)	74,740	0.4	7.8	91.8	0.1
전기 · 가스공(monteur−électricien)	621	8.1	6.4	85.5	4.7
연관공 · 지붕공(plombier−zingeur)	9,779	27.4	16.6	56.0	0.2
페인트공(peintre)	67,482	17.0	18.2	64.0	9.4
미장공(maçon)	286,628	20.3	14.7	65.0	5.2
건물파괴공(démolisseur)	784	1.8	15.1	83.2	4.8
플라스틱공(palatrier)	23,226	33.5	17.9	48.6	15.3
시멘트공(cimentier)	4,987	9.7	14.6	75.6	8.6
기 타	29,480	20.6	14.2	66.3	15.6
총 합 계	915,540	23.5	15.9	60.7	7.0

출전 : France, *S.G.F.* vol. 26 (W. E. McMechan, *op. cit.* p. 909.에서 재인용).

80 W. E. McMechan, *ibid.*, p. 585에서 재인용.

81 도급제란 작업 분량에 따라 임금을 지불하는 것이다. 노동자는 자기에게 할당된 것을 재빨리 하고 다른 작업을 착수하려 하였다. 그렇지만 작업을 더 할당받는다고 할지라도 노동자 개인이 받는 임금 총액은 도급제가 적용되지 않는 경우보다 별 차이가 없었다. 도급제는 고용주가 노동자를 착취하기에 매우 용이한 제도였다. 건축산업에서 도급제의 적용을 받는 작업의 비율은 굴뚝 제조공의 경우 60%, 미장공의 경우 50%, 석공의 경우 30% 그리고 벽돌공과 다른 미장공의 경우 50%에 달하였다 : Raymond Joran, *L'Organisation syndicale dans l'Industrie du Bâtiment* (Paris, 1914), pp. 150~152.

그렇다면 그 원인은 어디에서 찾을 수 있을까 ? 그 무엇보다도 먼저 생디칼리즘의 이론적인 한계가 지적되어야 한다. 생디깔리스트는 노동자가 노조를 통해 활동적 소수의 주도로 직접행동을 실천할 때 노동계급의 통합은 달성된다고 주장하였다. 1900년에 개최된 노동총동맹 회의에서 "노조는 살아있는 유기체이므로 노동자가 노조를 통해 직접행동에 가담하게 될 때 노동계급의 통합은 저절로 달성된다"[83]는 결의가 채택되었다. 이 결의에 따르면 각 단계의 노조 조직이 아무리 분권적인 연립주의적 형태를 취하고 있을지라도 그 각각은 자동적으로 노동계급의 이익을 위해서 활동하게 된다는 것이다. 이 당시 생디깔리스트들은, 1890년대의 직종별 노조주의 하에서는 각 직종별 노조가 전국 산별노조조직에 통합되어 있지 않았기 때문에 노동계급의 통합이 이루어지지 않았다고 믿었다. 그리하여 전국 산별노조조직의 결성이야말로 노동계급의 통합을 가져다줄 것이라고 주장하였다. 이러한 주장에 편승하여 건축산업에서 전국건축산업노조연맹이 1907년에 조직되었다. 그러나 이러한 조직상의 통합이 곧바로 노동계급의 통합을 가져다 준 것은 아니었다. 이에 연맹 지도부는 통합에 실패한 이유가 전국건축산업노조연맹 내에 직종별 노조와 산별 노조가 혼재되어 있었기 때문이라고 주장하면서 산별 노조주의를 연맹 정책으로 내세우게 되었으나, 그 목적을 달성하지 못하였던 것이다.[84]

82 *Le travailleur* (10 novembre 1909), p. 3.
83 *Le Libertaire* (18 Janvier 1903). 참조.

그러면 산별노조주의가 성공하지 못했던 주된 요인은 무엇일까? 건축산별노조연맹에서는 노동총동맹에서와 마찬가지로 활동적 소수였던 직접행동파 생디깔리스트가 연맹의 지도부를 차지하고 있었다.[85] 이들은 1907년 전국건축산업노조연맹이 성립된 직후 산별 노조주의를 내세웠으나, 조직의 양적인 팽창에만 몰두하였기 때문에 산별 노조주의의 근본 목표인 노동계급의 통합을 소홀히 하였다. 그리고 1908년 여름의 사건에서 알 수 있듯이 노동총동맹 지도부와 마찬가지로 연맹 지도부 역시 정책에 있어서 일관성을 상실하고 또한 언행의 불일치 현상을 노출시킴으로써 한계점을 드러냈다. 이와 같은 '활동적 소수'의 역할의 한계로 인해 산별 노조주의의 추진은 주로 노조에 속한 노조원 개개인에게 달려있게 되었다. 따라서 이들 노동자가 당장 실현될 가능성이 없어 보였던 계급의 이익을 위해서라기보다는 자신들의 이익과 직결되었던 직종 노동자의 이익을 위해서 투쟁하였음은 당연한 현상

84 다음 〈표 5〉는 산별 노조주의의 외관상 추진 현황을 보여준다. 여기서 알 수 있듯이 직종별 노조를 산별 노조로 전환시키기 위해서는 산업화가 더욱 진전되어야만 했다.

〈표 5〉

년 도	1910		1911		1912		1913		1914	
노조의 종류	M	I	M	I	M	I	M	I	M	I
노 조 수	225	124	184	130	156	132	140	133	120	138

M : 전국건축산별노조연맹에 속한 직종별 노조

I : 전국건축산별노조연맹에 속한 산별 노조

출전 : *Rapport de la fédéraion* (Bourderon, 1912), (Paris, 1914) (H. McMechan *op. cit.*, p. 16 참조)

85 이 당시 건축연맹의 주요 지도자는 대부분 직접행동과 생디깔리스트였다. 대표적인 경우가 Nicolet, Bourdron, Rousselot, Clement 그리고 Péricat등이다.

이었다. 이처럼 활동적 소수의 역할의 한계로 인해 노조가 유기체적 역할을 제대로 하지 못함으로써 건축산업에서 산별 노조주의는 실패하게 되어, 1890년대 이래로 지속되어 온 노동계급의 통합이란 목표는 1909년에 이르러서도 여전히 달성되지 못하였다.

철도 노동자 총파업

1880년까지만 해도 철도 노동자 사이에서는 '상조회(Société de secours mutuels)' 이외에는 별다른 결사 운동이 없었다. 그러나 1880년대 중반 이후 점차 노조 조직이 형성되기 시작했는데, 그 중 가장 중요한 노조는 1885년에 탄생된 '기계공 · 기관사 총연맹' (F.M.C. ; Fédération générale française professionnelles des Mécaniciens et chauffeurs des Chemins de fer)과 1890년에 창설된 '전국철도노조' 였다.[86]

이러한 노조 조직이 있었음에도 불구하고, 1800년대 후반에는 철도 산업에서의 노사관계가 비교적 원만하였다. 그러나 1900년부터 교통량이 급증함에 따라 작업량은 크게 증대되었으나 물가 상승에 비추어 실질 임금이 하락하게 되자 사정이 달라졌다. 1900년에서부터 1910년에 이르는 동안에 가격 지표가 14~20%로 증가하였으나, 임금 수준

86 Guy Chaumel, *Histoire des Cheminots et de Leurs Syndicats* (Paris, 1948), p. 39.

은 이에 훨씬 못미쳤던 것이다. 특히 비숙련 철도 노동자의 경우 명목 임금의 인상에도 불구하고 실질임금 수준은 생계비에도 못미치는 열악한 형편에 있었다.[87] 그렇지만 고용주 측은 1910년 6월까지 실질 임금의 인상을 전혀 고려하지 않았다. 따라서 철도 노동자는 회사의 태도에 대해 반감을 갖게 되었고, 상당수의 노동자가 노조에 가입함으로써 임금 문제의 해결을 꾀하고자 하였다.[88]

그런데도 전국철도노조 지도부는 '연금법(loi de la pension)'의 통과 문제에만 관심을 기울이고 있었다. 이들이 연금법안의 통과를 목표로 삼은 것은 노동자를 위해서라기보다는, 전국철도노조 내에서 그들이 장악하고 있던 지도권의 정통성을 계속 내세우기 위해서였다. 그렇지만 전국철도노조의 지도자를 제외하고는 어느 누구도 연금법에 대해 관심을 갖지 않았다.[89] 심지어 연금법안의 통과 여부조차도 전국철도노조의 지도부에 의한 노력의 결과라기보다는 당시의 정치적 상황에 의해 좌우되고 있는 형편이었다. 즉 연금법안은 1908년에 다시 제기되었는데, 그 이유는 공공업무상이던 바르뚜(Barthou)가 최근에 전국철도노조에 가담한 서부 노선 노동자의 불만을 완화시키려는 데 있었다.

87 F. Caron, "Essai d´Analyse Historique d´une Psychologie du Travail : Les Mécaniciens et chauffeurs de Locomotives du Réseau du Nord de 1850 à 1910," *Le Mouvement Social*, 50 (janvier~mars 1955), pp. 22~23.

88 *Ibid.*, pp. 3~40.

89 Yves Guyot, *Les chemins de fer et la Gréve* (Paris, 1911), pp. 25~27. (L. S. Ceplair, *The Education of A Revolutionary Labor Union Minority : The French Railroad Workers and the CGT 1890~1922* (Ph. D. Uni. of Wisconsin, 1973)

이런 이유로 인해 노동자는 연금법안의 통과에 대해 만족스러운 반응을 보이지 않았던 것이다.[90]

이와 같이 점차 전국철도노조 지도부와 일반 노동자와의 괴리 현상이 심화되어가자, 지도부는 자신들이 지지하는 온건파로 전국철도노조 위원회를 개편시켰다. 특히 전국철도노조 서기인 게라르(Guérard)는 그를 지지하는 13명의 노동자를 위원회에 소속시켰는데, 심지어 그 중 1명은 철도 노동자도 아니었다.[91] 이처럼 주도권 유지에 급급한 지도부가 노동자들의 입장을 대변하는데 소극적인 태도를 취하자, 고용주 측은 1910년 7월까지 실질 임금을 인상하기 위한 아무런 조처도 취하지 않았다. 한마디로 전국철도노조 지도부는 경제적으로 위기에 처한 노동자의 불만 해소를 위한 효과적인 방안을 제시해 주지 못했던 것이다. 이에 지도부는 일반 노동자와의 심화되는 괴리 현상을 완화시킬 목적으로 계급투쟁을 선전용으로 내세웠으나 별 성과가 없었다.

이런 상황 하에서 가장 강력한 노조 중의 하나로 등장한 것이 북부 조선 노조였다. 1907년 이후, 북부 조선 노조는 노동자의 경제적 상태가 악화됨에 따라 등장한 '활동적 소수' 의 주도하에 놓이게 되었다. 이들은 노동자의 불만을 대변하면서 노동계급의 이익을 극대화시키기 위해 점차 결집하게 되었다.[92] 이들의 가장 큰 과제는 노동자의 불만을

90 *Ibid.*

91 E. Dolléans, *Histoire du Mouvement Ouvrier*, vol. 2, 1871~1936 (Paris, 1948), p. 177.

92 Alexader Renault, *Le Syndicalisme dans les Chemins de Fer* (Paris, 1910). p. 17. (Ceplair, *op. cit.*, pp. 16~19)

총파업으로 연결시켜 정부나 고용주로 하여금 개혁을 용인하도록 압력을 가하는 일이었다. 이를 위해 그들은 노동계급을 통합할 필요성을 절감하게 되었고, 선전 활동을 통해 노동자의 의식을 진작시키고자 하였다.[93] 그러나 이 당시 전국철도노조의 지도부를 장악하고 있던 온건 다수파는 자본가의 온정에 기대를 걸면서 노동자의 투쟁을 촉구하는 활동적 소수파의 선전 활동을 저지하려 했다.[94] 이러한 온건 다수파의 반응에 대해 활동적 소수파는 노동계급의 통합이 전국 노조 조직을 벗어나서는 불가능함을 알았기 때문에 통합을 위해서는 전국철도노조의 지도부를 장악하는 것이 급선무임을 깨닫게 되었다. 점차로 그들은 전국철도노조를 주도하던 온건파 지도부를 설득하려 하지 않고 오히려 그들을 대신하여 지도부를 장악하려고 기도하였다. 그 결과 그들은 전국철도노조 내에서 온건파 지도부와 주도권을 장악하기 위한 투쟁에 진력하게 되었다.[95]

이와 같이 노조 내부에서 주도권 투쟁이 벌어지고 있는 가운데 정부의 정책이 철도 파업을 촉발시키는 요인으로 작용하고 있었다. 노동총동맹과 끌레망소 내각은 1905년부터 프랑스에서 발생한 수많은 파업으로 인해 격렬하게 투쟁하게 되었다. 투쟁 양상은 1908년 여름에 건축 노동자 파업을 계기로 절정에 이르렀으며 이어서 1909년의 체신

93 *Ibid.* (L. S. Ceplair, *Ibid.*)
94 활동적 소수인 직접행동파 생디깔리스트가 전국 노조 조직의 지도부를 차지했던 산업 부문으로서 건축, 금속, 항만, 우편 등을 들 수 있다.
95 Alexander Renault, *op. cit.*, p. 25. (L. S. Ceplair, *op. cit.*, p. 98)

및 통신(P.T.T ; poste, télégraphe, téléphone)노동자의 총파업으로까지 연결되었다. 이때 정부가 의회의 지원을 얻어 강경진압책을 취하자, 통신노동자의 파업은 별 성과 없이 끝났다. 이제 정부는 철도 노동자의 불만 사항에 관심을 기울이게 되었고, 정부가 철도 노동자 연금법안을 제출했을 때 상원과 하원이 모두 승인하였다. 이에 더해 1909년에는 강경책을 취했던 끌레망소를 대신하여 유화 정책을 표방하는 브리앙이 수상이 되었다. 브리앙은 노조에 가입한 노동자가 전체 노동자 중에서 다수를 차지하지는 않는다는 사실[96]을 잘 알고 있었다. 그래서 그는 급속한 산업 발전과 그에 따른 지속적인 국가 번영만이 사회 평화의 열쇠라는 점을 확신하면서, 노동자를 프랑스 경제 체제 안으로 통합시키기를 원했다.[97] 브리앙의 이러한 사회평화 정책에 대한 생디칼리즘의 중요한 도전이 바로 1910년 철도 총파업으로 구체화되어 나타났다.

제 21 차 전국철도노조 회의가 시작되기 6일 전인 1910년 4월 10일, 경찰은 소뜨빌 레 루앙(Sotteville-les-Rouen)에서 철도 노동자의 평화적인 시위에 발포하여 40여명을 부상시켰고 많은 시위자를 체포하였다.[98] 체포된 노동자의 석방을 촉구하기 위해 법무부에 파견된 대표

96 1906년 현재 노동총동맹 가입자는 30만명 정도였는데 이는 전체 560만 산업노동자와 비교할 때 미약한 숫자였으며 또한 83만명의 조직노동자에 비해서도 상대적으로 소수였다.

97 Georges Michon, *La préparation à la guerre : la loi de trois ans (1910~1914)* (Paris, 1935), pp. 9~11.

98 *Voix du peuple* (17 avril 1910) (L. S. Ceplair., *op. cit.*, p. 103. 참조)

단이 아무런 성과 없이 돌아온 것이 계기가 되어, 전국철도노조 회의에서는 파업위원회의 결성과 전국철도노조의 개편을 주장한 소수파의 의견이 받아들여졌다. 그러나 조직이 개편된 이후에도 온건다수파가 여전히 전국철도노조의 주도권을 장악했으므로 실질적인 권력 변동은 없었다.[99] 그 동안 온건 다수파는 자신들이 전국철도노조와 중앙파업위원회를 통제할 수 있다고 확신하면서 노동자의 지지를 노리는 단순한 목적으로 개혁에 관심을 갖게 되었다. 4월 25일 전국철도노조 위원회는 주 6 일 노동제, 모든 노동자에 대한 연봉 1,800프랑의 최저임금제 적용, 1일 10시간 노동제, 연금법의 소급 적용 등을 토의하기 위해 고용주 측에 서한을 발송하였다. 이에 대해 고용주 측은 별 반응을 보이지 않다가 드디어 7월 11일에 『*토론지(Journal des Débats)*』에다가 당시 공공업무상이던 밀레랑에게 보내는 공개장을 게재했다. 그 내용은 회사마다 사정이 다르며 일개 노조 조직에 불과한 전국철도노조가 노동자 전체의 이름으로 교섭할 권리가 없다는 것이었다.[100] 이 공개장은 전국철도노조에 대한 직접적인 도전으로 인식되었으며 전국철도노조 위원회는 7월 17일에 다시 소집되어 고용주 측의 주장을 반박하는 답신의 초안을 작성하였다. 그러나 파업의 결정권을 위임받았던 중앙파업위원회가 7월 31일 소집되었으나 정작 그들은 파업 결정을 회피해 버렸다.[101] 이렇게 우유부단한 태도를 취했던 온건 다수파는 이제 통합

99 *T.V.F.* (Tribune de la voie de Ferrè) (21 juillet 1911) (L. S. Ceplair, *ibid.* pp. 105~106. 참조)
100 *L'Humainté* (13 Juillet 1910) (L. S. Ceplair, *ibid.*, p. 109 참조)

사회당의 기관지인 『*뤼마니떼*(*L'Humanité*)』를 파업을 위한 공식적인 기관지로 만들 것을 제의하였다. 그 목적은 앞으로 발생할 철도 노동자의 파업을 노동총동맹의 수중으로부터 벗어나게 하여 자신들과 유사한 개혁적 입장을 취하고 있었던 사회주의자의 영향 하에 두려는 데 있었다.

이러한 상황에서 새로이 대두한 중요한 현상은 1898년의 철도 총파업 당시 냉담한 반응을 보였던 기계공(mécanicien) 및 기관사(chauffeur)들이 낮은 임금 수준에 불만을 품고 투쟁적으로 되어가고 있었다는 점이다. 사실 어떠한 철도 파업도 기계공 및 기관사의 참여 없이는 성공하기가 극히 어렵다고 할 수 있다. 왜냐하면 회사측과 정부가 파업 시에 대부분의 작업을 군인이나 다른 직종 출신의 노동자에게 맡길 수가 있었지만, 수천 명에 달하는 기계공 및 기관사 같은 숙련 노동자는 도저히 다른 사람으로 대체할 수 없기 때문이다. 기계공 · 기관사 총연맹은 8월 3일부터 사흘간 개최된 회의를 통해 전국철도노조가 파업을 선언할 경우 가담한다는 결정이 내렸다.[102] 이로 인해 파업의 성공 가능성은 한층 증대되었던 것이다.

철도 총파업은 공교롭게도 북부 노선 회사가 1910년 10월 8일 최저 임금을 5프랑으로 결정한다고 발표함과 동시에 발생하게 되었다.

101 S. N. *Compte Rendu du 22 Congrès National, les 2~5 août 1911* (Paris : Société Ouvrière d'Imprimerie, 1912), pp. 14~16 (L. S. Ceplair, *ibid.*, p. 110.)

102 Guy Chaumel, *Histoire des Cheminots et de Leurs Syndicats* (Paris 1948), pp. 99~103.

이 조치는 단지 5프랑 이하를 받았던 작업장 노동자에게만 적용되었으며, 그 이상의 임금을 받았던 노동자에게는 25상띰의 인상만이 허용되었다. 그래서 5프랑 이상을 받았던 노동자는 임금인상에서 이득을 본 사람은 저임금 노동자뿐이라는 점과 초과 근무 시간 노동제의 폐지에 분개하여 거세게 항의하였다. 그리하여 첫 충돌이 10월 8일 오후 2시에 라 샤펠(La Chapelle) 정거장에서 벌어졌다. 파업은 자발적으로 일어났고, 즉각 이웃에 있는 라 플렌느(La Plaine) 정거장에 파급되었다.[103] 이러한 상황에서 전국철도노조를 실제로 주도하고 있던 행정총서기 르노델(Renaudel)은, 파업위원회가 10월 15일로 총파업 날짜를 정했기 때문에 이 파업을 끝내도록 파업 중인 노동자에게 촉구하기 위하여 북부 노선으로 갔다. 그러나 오히려 10월 9일에 열린 북부 조선 노조 회의에서 2명의 반대와 1명의 기권에도 불구하고 북부 노선의 파업 찬성안이 통과되었다.[104] 다음 날인 10월 10일에 북부 조선 노조위원회가 아미앙에서 소집되어 10월 11일에 전 북부 노선에 파업을 공식적으로 선포하기로 결정하였다. 그리하여 파업은 전북부 노선으로 확산되었고, 점차 국철(réseau d'Etat) 노동자까지도 파업에 가담하였다. 생 · 라자르(St.Lazare)와 바띠뇰(Batignolles)에서 온 3천명의 노동자도 파업에 가세했으며 또한 1,800명의 야간작업 노동자도 이에 합류하였다. 특히 기계

103 *L'Humanité* (6 août 1910) (L. S. Ceplair, *op. cit.*, p. 111.) : 5프랑 이상을 받았던 노동자만이 파업에 가담한 것은 아니다. 단지 그들의 파업은 철도 총파업으로 나아가는 계기가 되는 데 불과했던 것이다.

104 *L'Humanité* (9 octobre 1910) (*Ibid.*, p.120)

공과 기관사 등의 숙련노동자가 파업에 참여했기 때문에 북부 노선 철도망은 사실상 11일까지 마비되었다.[105] 결국 전국철도노조의 온건 다수파는 대부분의 철도 산업에 자발적으로 확산되고 있는 것처럼 보였던 파업 운동을 공식적으로 인정할 수밖에 없었다.

이렇게 자발적으로 발생된 파업에서 쟁점이 되었던 문제는 주로 임금인상, 연금법의 소급 적용 그리고 회사측의 고압적인 태도에 대한 일반 노동자의 불만 등이었다. 노동총동맹의 지도부는 철도 노동자를 격려하고 다른 산업 부문의 노조에 대해 파업에 동참하도록 촉구는 하였지만, 더 이상의 조치는 취하지 않았다. 당시에는 건축노동자가 파업을 하고 있었으나, 그들의 파업은 노동총동맹의 연대 파업 촉구와는 관계 없이 독자적으로 진행되고 있었다. 비록 우편노동자가 철도총파업에 5천 프랑을 지원해 주기도 하였지만,[106] 전반적으로 다른 산업 부문의 호응은 미흡하였다. 그렇지만 전체적으로 약 5만명의 철도 노동자가 파업에 가담하고 있었다. 전국철도노조의 전략에 따르면 숙련노동자의 가담으로 인해 파업이 전국적으로 확산될 경우, 총파업의 성공 가능성은 충분하다는 것이었다. 그러나 파업은 지역적 성격이 강하였다. 파업은 특히 북서부 지방에서 강렬하게 진행되었는데, 이는 대부분의 소수파 지도자가 이 지역 출신이었던 것과 무관하지 않았다.[107] 그럼에도 불구하고 파업이 일단 현실로 나타나자 소수파의 역량은 한

105 J. P. Grandvallet, *La Vérité sur la Grève des Cheminots* (Paris, 1911), pp. 17~21.

계가 있음이 입증되었다. 게다가 전국철도노조의 온건파 지도자는 파업에 실질적으로 가담하지조차 않았다. 파업은 10월 13일에 이미 북부 노선에서조차 쇠퇴의 징후를 나타냈으며, 점차로 북서부의 철도 교통이 복구되고 있었다. 같은 날 100여명 이상의 용의자가 체포되었으며 회사 측은 거의 모든 투쟁적 노동자를 해고시켰다. 17일까지는 대다수 노동자가 작업장에 정상적으로 복귀하고 말았다.[108]

이리하여 1910년에 발생된 철도 총파업은 실패로 돌아가고 말았다. 이 사건을 계기로 직접행동 생디칼리즘이 큰 타격을 받고 이듬해부터 새로운 개혁주의(Néo-Réformisme)로 나아가게 되었다는 점에서 철도 총파업은 일차대전 이전까지의 프랑스 생디칼리즘에 있어서 하나의 분수령이 되었다. 그렇지만 철도 총파업의 최종적인 결과는 그렇게

106 Granvallet, *op. cit.*, p. 17.
1910년 철도 총파업의 지역별 가담자를 살펴보면 다음의 〈표 6〉과 같다.
〈표 6〉

노 선	파업자 수	파업지역의 노동자 수	참 가 율
동부(Est)	3,028	19,077	15.8%
남부(Midi)	3,455	10,987	3.15%
북부(Nord)	15,809	37,123	42.7%
파리 · 리용 · 지중해(PLM)	4,597	25,276	18.2%
파리 · 오를레앙(P-O)	1,143	13,457	8.5%
국철(Etat)	15,127	34,391	43.9%
보조노선	362	2,370	15.3%
계	43,521	142,681	30.5%

출전 : *Statistique des Grèves* (1910), pp. 554~556. (L. S. Ceplair, *op. cit.*, p. 129.) : 이 당시 활동적 소수파는 기계공과 기관사가 가담했기 때문에 이 정도의 숫자만으로도 충분히 총파업을 성공시킬 수 있다고 생각하였다.

107 L. S. Ceplair, *op. cit.*, p. 138.

108 A. Renault, *op. cit.* (L. S. Ceplair, *op. cit.*) 참조.

나쁜 것만은 아니었다. 철도 노동자는 마침내 5프랑의 최저임금을 받게 되었는데, 이것은 노동자가 지난 17년 동안이나 요구해 오던 것이었다. 이 인상조치는 공공업무상인 밀레랑이 10월 15일 발표한 것인데, 고용주측도 파리에 거주하는 모든 노선의 노동자가 하루 5프랑의 최저 임금을 받게 될 것이라고 발표하였다.[109] 비록 임금인상 조치가 파업에 대한 반응으로서가 아니라, 회사 측의 선의에서 나온 것처럼 보였을지라도 철도 노동자의 집단적인 힘이 처음으로 실세화되었다는 사실은 의심할 여지가 없었다. 철도 노동자가 이제 만만치 않은 세력임이 입증되었던 것이다.

이상에서 살펴보았듯이 1900년 이후 철도 노동자의 생활 형편이 악화됨에 따라 활동적 소수파의 가장 큰 과제는 일반 노동자 사이의 불만을 직접행동을 통해 총파업으로 전환시켜 정부나 고용주로 하여금 개혁조치를 취하도록 압력을 가하는 일이었다. 그들은 자신들이 주도하여 노동계급을 통합하기 위해서는 전국철도노조의 지도부를 장악하는 것이 급선무임을 깨닫게 되었다. 그리하여 그들은 고용주나 정부의 자비심에 기대를 걸고 있던 온건 다수파와 전국철도노조 내에서 주도권 다툼에 몰두하게 되어 계급 통합이라는 원래의 목표를 소홀히 하였다. 그 결과 1910년의 철도 총파업은 활동적 소수파의 주도에 의해서라기보다는 오히려 자발적으로 발생하였다. 특히 기관사, 기계공 등

109 *Paris Journal* (16 octobre 1910) (L. S. Ceplair, *ibid.*, *p.* 118)

의 숙련 노동자가 파업에 가담한 것도 소수파의 주도에 의해서가 아니라, 자발적인 동기에서였다. 또한 작업장이 파리를 비롯한 대도시에 집중되어 있었던 건축산업에 비해, 작업장이 전국에 골고루 분산되어 있었던 철도 산업에서는 지역 간의 노동자 통합도 매우 중요한 과제였는데 이것도 결실을 거두지 못하였다.

맺음말

지금까지 1890년에서 1910년 사이의 생디칼리즘의 전개 과정을 투쟁 전략을 중심으로 살펴보았다.[110] 그 내용을 대체로 다음과 같이 요약할 수 있을 것이다.

1890년대의 생디칼리즘은 총파업 국면으로 특징지워지고 있다. 이 총파업 국면의 초기에 뻴루띠에를 비롯한 생디칼리스트 지도자는 일시적이고 전면적인 총파업이 발생하면 자본주의 체제는 저절로 붕괴할 것이라고 주장하였다. 1893년에 개최된 전국노동거래소연맹과 전국노조연맹의 합동 회의에서는 처음으로 노동자가 총파업을 하겠다

110 생디칼리즘의 요체는 총파업 내지 직접행동 그리고 총파업을 통한 사회혁명으로 달성될 생산자 사회의 건설로 대별해 볼 수 있다. 생디깔리스트 지도자들이 투쟁 전략은 지속적으로 발전시켜 왔으나 미래의 생산자 사회에 대한 청사진을 뚜렷이 제시하지 못했다. 그들은 생산자 사회를 생산자로 구성된 노조(생디까)를 기본 단위로 하면서 생산 및 분배 등의 모든 기능이 자율적으로 이루어지는 '연립주의적 사회' 로 설명하는 데 그치고 있다.

는 의식을 가져야 한다는 점이 지적되기도 했으나 아직 이에 대한 효과적인 방안은 제시되지 못한 형편이었다. 1890년대 후반의 생디칼리즘 사상은 총파업 선포 이후 어떻게 투쟁할 것인가를 중심으로 발전되었지만, 여전히 총파업은 일주일만에 끝날 것이기 때문에 미리 그것을 준비할 필요는 없다고 생각되었다. 이 당시의 생디깔리스트에게는 부분파업 역시 노동자의 정력을 낭비하는 쓸 데 없는 일로 간주되었다.

그러나 20세기로 접어들면서 생디칼리즘은 조직의 확대와 더불어 투쟁 전략에 있어서 일대 변화를 겪게 되었다. 1902년에 노동총동맹이 통합된 이후 가맹 노조의 수는 급증하였으며 노동총동맹 내의 전국 산별 노조 조직을 중심으로 투쟁이 전개되었다. 이와 함께 이론적인 측면에서도 종래의 총파업 국면과 성격을 달리하는 직접행동 국면이 시작되었다. 이제 생디깔리스트는 의회나 정당이라는 매개 기구를 거치지 않고 고용주측과 정부에 대한 모든 직접행동, 그 중에서도 특히 개혁적 총파업과 일상파업을 혁명의 일환으로 간주하면서 받아들이게 되었다. 이 시점에서 무엇보다 중요한 사실은 노동총동맹이 1차 대전 이전에 이미 개혁적 총파업에 몰두하였다는 점이다. 이제 직접행동 생디칼리즘의 핵심은 일상 투쟁의 경험을 통해 계급의식을 고취시켜 노동계급을 통합함으로써 총파업을 성공시키는 것이었다. 여기서 총파업이 혁명으로 발전하느냐, 하지 않느냐의 문제는 현실적인 중요성을 상실하게 되었고, 개혁적 총파업 및 일상 파업과 같은 실제적인 투쟁이 생디칼리즘 이념의 전면에 부각되게 되었다.

결론적으로, 이상에서 살펴보았던 투쟁 전략의 변천과 건축산업 및 철도 산업에서의 파업을 중심으로 생디칼리즘의 주요 특징을 정리하고자 한다.

첫째, 생디칼리즘은 자발적인 성격을 띠었다. 생디칼리즘의 노조 조직은 연립주의적 구성을 하고 있었다. 이러한 조직 하에서 노동계급의 통합을 주도하는 임무를 떠맡았던 활동적 소수가 제 기능을 다하지 못했기 때문에 노동자의 저항은 노동자 개개인의 의사에 달려 있었다. 그러므로 노동자는 당장 실현될 가능성이 없어 보였던 노동계급 전체의 이익을 위해서 저항하는 대신 실제 자신의 이익과 직결되었던, 자신이 속한 직종의 노동자의 이익을 위해서 투쟁하였다. 그리하여 그들은 연맹 지도부의 지시를 받지 않고 직종별로 자발적인 저항을 하게 되었던 것이다.

둘째, 생디칼리즘은 실질적 성격을 띠었다. 총파업 국면에서 노정된 직종별 노조주의의 한계를 극복하기 위하여 직접행동 국면에 이르면 산별 노조주의를 노동총동맹 및 주요 연맹의 강령으로 받아들여 추진하였음에도 불구하고 산별 노조주의가 실패하여 총파업이 성공하지 못했다 할지라도, 투쟁 전략이 총파업 국면에서 직접행동 국면으로 넘어가면서 지속적으로 변천하게 된 주된 요인이 노동자들의 경제적 이득 추구였으며 그리고 이 당시에 발생한 수많은 파업들에서 노동자들이 내세운 주된 쟁점이 임금 문제였음을 감안할 때, 생디칼리즘 운동은 실질적 성격을 띠었다고 볼 수 있다.

셋째, 생디칼리즘은 개혁적 성격을 띠었다.[111] 일반적으로 생디칼리즘은 '혁명적 생디칼리즘' 이라고 호칭되어왔지만, 이는 총파업 국면에서 생디칼리즘이 총파업 사상을 중심으로 발전해왔던 사실과 노동총동맹이 1차 대전 이전까지 지속적으로 혁명노선을 천명하였던 데에 주로 기인한다. 비록 총파업 국면에서는 생디칼리즘이 지도부의 혁명적 총파업 사상을 중심으로 발전해왔지만, 일반 노동자가 개혁에 몰두했다는 사실은 생디칼리즘이 이미 개혁적인 성격을 배태하고 있었음을 말해준다. 또한 직접행동 국면에 접어들면서 투쟁전략이 변천됨으로 인해 개혁적 총파업과 일상 파업이 이론적으로 수용되었으며, 생디깔리스트 지도자는 말로는 혁명을 내세우면서도 실제로는 개혁을 달성하는 데 주력하고 있었다. 이처럼 총파업 국면에서 잠재되어 있던 개혁적 성격이 상황이 변화됨에 따라 직접행동 국면으로 접어들면서 생디칼리즘 운동의 전면에 대두하였던 것이다. 따라서 기존 자유주의 사가의 주장처럼 생디깔리스트 지도부는 혁명적이었으나 일반 노동자가 개혁적이었기 때문에 노동 계급의 통합이 성공하지 못하여 생디칼리즘이 실

111 계급의식이란 일반적으로 공통적인 계급적 상황에 처한 개인들이 그와 같은 사실을 인식하는 것, 나아가 자기계급의 공통된 계급 이익을 인식하는 것 그리고 그들이 계급 이익이 타계급의 계급 이익과 적대 관계에 있음을 간파하고 자기계급의 이익을 실현시키기 위한 공동의 투쟁 과정에 기꺼이 참여하려는 의지를 발전시키는 것을 의미한다. 다시 말하자면 계급 적대감을 의식하는 것과 자계급을 실질적으로 통합시키는 것이라고 할 수 있겠는데, 이러한 의미에서의 계급투쟁은 반드시 혁명적일 필요는 없다. 이에 비해 마르크스주의적 의미에서의 계급의식은, 위에서 말한 요건 이외에 자기계급이 전체 사회 및 역사 과정 속에서 처해있는 객관적 위치를 인식하는 것 즉 사회혁명 주체로서의 역사적 역할 인식을 포함하는 것이다. 따라서 마르크스주의적 계급의식을 따른다면 계급투쟁은 혁명적이다. 그러나 생디칼리즘에 가담한 노동자는 앞서 말한 의미의 계급의식에 바탕을 두고 계급투쟁을 수행했기 때문에, 그들의 저항이 혁명적이었다고 보기는 어렵다. 이처럼 생디칼리즘은 계급투쟁을 지향했으면서도 개혁적 성격을 띨 수 있었던 것이다.
Michael Mann, *op. cit.*, 참조 / Ralf Miliband, *op. cit.*, 참조.

패했다는 견해는 받아들일 수 없다고 하겠다.

한마디로 말해서 생디칼리즘은 자발적, 실질적 그리고 개혁적 성격을 지녔으며, 현실 상황의 변화에 대처하기 위해 지속적으로 자기변신을 꾀했던 노동계급[112]의 저항 운동이었다.

112 1890년대 총파업 국면에서의 생디칼리즘은 분명히 수공업자 내지 숙련노동자의 소시민적 이데올로기로부터 출발하였다. 그러나 20세기로 접어들면서 건축산업에서는 산업 노동자인 토목공이, 철도 산업에서는 비숙련 노동자가, 각기 투쟁에 적극 가담한 사실에서 알 수 있듯이 산업 노동자도 생디칼리즘 운동에 점차 가담하게 되었던 것이다. 그러므로 마르크스주의 사가의 주장처럼 생디칼리즘을 수공업자 내지 숙련노동자의 집단적인 전근대적 저항운동에 불과했다고 단정지을 수는 없다. 오히려 생디칼리즘은 20세기를 전후하여 산업 자본주의로 나아가는 프랑스 사회에서 노동계급이 자기들의 권익을 보호하기 위해서 일으켰던 저항 운동이었다.

3 레닌의 노동정책과 노동자관리(1917~1921)

_ 이 정 희

3

레닌의 노동정책과 노동자관리(1917~1921)

이 정 희

머리말

노동자관리(Workers' Control), 즉 노동자자주관리의 문제는 러시아의 전체주의적 사회주의의 실패 이후에 서구 노동운동에서 거론되기 시작하였다. 그 이유는 현실 사회주의의 실패 요인에 관해 국가권력과 사회의 자율성의 문제가 마르크스주의 이론상에서 논의되면서 이것이 가장 하부 생산장소에서 노동규율, 노동윤리, 생산방식, 경영권에 관한 새로운 문제들에 대한 구체적인 해답과 직접 관련되어 있다는 사실을 발견하였기 때문이다.

그러므로 러시아 혁명사 연구에서 노동자관리의 문제는 넓게 보아 두가지 측면에서 관심의 대상이다. 첫째는 러시아 혁명에서 노동자

대중의 의식 변화와 사회주의적인 성격을 규명하는데 있어서 이 쟁점이 얼마나 깊은 관련을 가질 것인가라는 점, 둘째는 러시아 혁명에서의 경험과 모델이 일차세계대전을 전후하여 서구 각국에서 대두한 조직자본주의와 함께 생산통제권을 둘러싸고 벌인 진보적인 노동계급과 기업주들간의 갈등과 대립에 대해 어떤 시사점을 줄 것인가라는 문제와 밀접한 관계가 있다고 본다.

> 「 *생산에 관한 노동자들의 관리의 문제가 진실로 사회주의적 좌파들의 어휘의 일부가 된 것은 바로 일차대전 때부터이다. …단지 무정부주의자나 생디칼리스트의 저술 속에서가 아니라 대중적인 현상으로 나타난 것은 비로소 이 때부터였고, 그것은 레닌주의 교리의 깊숙한 중심에 뿐만 아니라 사회민주주의 개념 속에까지 파고들었기 때문이다.*[1] 」

노동자관리의 개념이나 이론적인 가치가 오늘날 사회 경제적인 변혁에 미친 영향에 대한 깊은 연구는 아직도 초보적인 수준에 머물고 있으나 이에 대한 관심은 앞으로 더욱 커질 듯이 보인다. 왜냐하면 최근의 마르크스주의적 이념의 최대의 관심사 중의 하나는 국가권력의 문제, 국가와 사회와의 관계, 노동자조직의 민주화의 문제에 쏠려 있기 때문이다. 그러므로 노동자관리는 "러시아 10월혁명이 과연 사회

1 C. Sirianni, "Workers′ Control in the Era of World War I : A Comparative Analysis of the European Experience," *Theory and Society*, 9:1 (1980) p. 29.

주의적 혁명이냐?"라는 근본적인 질문과 함께 "다른 길로의 가능성이나 그 대안이 무엇이냐?", "혁명 속에 숨겨져 있는 제 사회 세력들 사이의 갈등이 무엇이냐?"라는 문제를 다시 규명하고 또한 여러 조류의 혁명운동을 심층적으로 탐구하는데 결정적인 단서를 제공한 것으로 보인다.[2] 알려져 있는 바에 의하면 1917년 러시아 혁명에서 노동자자주관리운동은 '노동계급이 직접 모든 결정을 행하거나 자신들 스스로 지배할 수 있다고 느끼는 기구를 통해서 지배하는 경우'를 말한다. 보다 이론적으로 정의하자면 생산수단과 직접생산자가 분리되지 않으며 생산과정의 결정이 직접생산자의 참여 하에서 이루어지고 노동규율이 생산자의 자율적인 방식으로 실천됨으로서 가능한 한 최대의 자치권이 보장되는 민주적이고도 정의로운 생산 및 경영의 방식을 의미한다. 따라서 노동자자주관리는 사회주의적 생산양식이 달성해야 할 궁극적인 생산관계의 중요한 요소를 내포하고 있다는 것이다.[3]

1917년 혁명과 내전시기의 노동자관리운동이나 자주적 노동조합에 관한 이야기들은 러시아혁명 해석에 관해서나 사회주의적인 새 사회의 모델에 관해 너무도 많은 시사점을 보여주고 있음에도 불구하고

2 이정희, "1917년 러시아혁명과 노동계급의 정치의식" 오주환 외 『*혁명, 사상, 사회변동*』(1991) pp. 149－181.

3 M. Brinton, *The Factory Committee and Workers' Control,* (Monreal, 1975)서론 ; 이와 같은 주장은 10월혁명 이후 볼셰비키 당내에서 민주파인 집단의 중심세력이었던 콜론타이 역시 집요하게 주장하던 바였다. A. Kollontai, *The Workers, Opposition in Russia,* (Chicago, 1921) ; C. Sirianni, *Worker's Control and Socialist Worker's Democracy : The Soviet Experiences,* (London, 1966) 참조.

오랫동안 베일에 싸여져 있었다. 그것은 근본적으로 계급투쟁의 역사보다도 국가권력의 형성에 더 역점을 두고자 한 스탈린 시대의 역사서술 탓이었지만 그 책임은 비단 스탈린주의자들에게만 국한된 것은 아니다. 과거 마르크스주의 이론가들의 대부분이 실제 사건에 관한 논쟁에 익숙하지도 않고 사료발굴에 편파적이었으며 또한 역사서술 방법론에 빈곤했기 때문이라고도 한 점은 이미 지적한 바 있다.[4]

10월혁명은 볼셰비즘의 의지와 도시 산업노동자운동이 결합하여 성사되었기 때문에 1917~23년까지의 러시아의 정치 · 경제투쟁에는 여러 가지의 복합적인 사상, 정서, 전통이 뒤섞여 있었다. 그러므로 미래의 새 사회질서에 관한 논쟁 중 생산, 경영의 방식에 관한 주제는 당과 노동자들 사이의 가장 실제적인 갈등의 초점이 되리라는 것은 당연하다. 이 논쟁 때문에 수천 명이 죽거나 투옥되었고 제거되었다. 1917년 혁명 동안에 노동자들 사이에서는 확실히 조직적으로 당과 밀접한 관계를 맺으면서 혁명의 투쟁에 종사하던 수많은 투사들이 있었고 많은 노동자들이 볼셰비키가 약속한 구호에 매력을 느껴 이질감 없이 동맹관계에 들어갔던 것이 분명하다. 어느 의미로 이들 노동계급이야말로 1917년에 상층부의 권력이나 정치변동을 훨씬 넘어서는 사회변화와 혁명을 수행한 자들이었다. 그러나 "왜 혁명 이후에 이들 노동대중과 볼셰비키가 분열하게 되었을까?", "사유재산몰수에 기여한 이들이

4 이정희, "러시아 10월 혁명에서 노동자관리 운동 : 그 정치 이념적인 의미," 『*인문연구*』, 영남대인문연구소(1994.2) 15:2, pp. 117－163.

그 다음의 과제, 즉 새 생산양식을 만들어내는 과정에서 어떻게 대립하게 되었을까?"라는 물음들은 매우 심층적인 연구를 요하는 문제들이다. 1917~23년간의 러시아의 상황은 지금까지 구질서의 정치적 권력의 기반과 사유재산권을 부수는 측면에서는 많이 서술되어 왔으나 새 생산관계를 만들어 낸다는 관점에서는 소홀히 다루어져 왔다. 생산계급과 권력의 관계를 말해 주는 가장 핵심적인 논제는 바로 노동자자주관리와 자주노동조합에 관한 문제들이라고 보며, 이를 검토하기 위해서는 먼저 레닌의 이념적인 근거와 노동정책 배경에 관한 분석이 필수적이라 본다.

역사가들 중에는 서방 보수적 사가들(L. Schapiro, Buynan, Sorenson, Kaplan 등)뿐만 아니라[5] 진보적인 성향의 사가들(M. Brinton, P. Avrich, C. Bettelheim, I. Deutscher 등)조차[6] 1917~23년간의 혁명의 역사와 레닌의 이념 속에서 이미 전체주의적 공산주의의 모든 기본적인 요소가 발견된다고 주장한다. 그러나 이에 반해 W.로젠버그(W. Rosenberg)와 J.말러(J. Maller)

5 L. H. Schapiro, *The Origin of Communist Autocracy : Political Opposition in the Soviet State, First Phase, 1917~21* (London, 1966) ; J. Buynann, *The Origin of Forced Labour in the Soviet State 1917~21* (Baltimore, 1967) ; F. L. Kaplan, *Bolshevik Ideology and the Ethics of Soviet Labour, 1917~20 : The Formative Years*(New York, 1968) ; J. Keep, *The Russian Revolution : A Study in Mass Mobilization* (London, 1976) ; J B Sorenson, *The Life and Death of Soviet Trade Union : 1917~28* (Cambridge, 1983) ; T. F. Remington, *Buliding Socialism in Bolshevik Russia ; Ideology and Industrial Organization, 1917~21* (Pittsburg, 1984). 이들은 혁명 직후 내전기 동안에 레닌이 노동정책면에서 독재적인 노동정책을 실시함으로서 볼셰비키가 이미 내포하고 있는 전체주의적인 성향을 드러내었다고 비판하는 대표적인 보수주의 사가들이다.

는 이념적인 대립과 갈등보다는 극도의 궁핍과 경제적인 전략이 사회주의 실패의 더 큰 요인이 되었다고 본다.[7] 이들 사회사가들에 의하면 좌파들은 그들의 예리한 논의에도 불구하고 혁명과 내전기에 레닌체제가 당면한 그 엄청난 경제적인 고통과 러시아 정치문화의 후진성이 낳은 현실적 배경을 과소평가하고 있다는 것이다.[8] 지금까지 서구사가들이 혁명 이후 내전 시기의 사회적인 갈등을 소홀히 다룬 데에는 스탈린주의 역사서술에 그 주된 책임이 있다. 즉 소련의 역사서술은 산업관리나 노동자자주관리에 관해서 오래 전에 그것이 구체화된 바와 같이 미리 구상된 하나의 모델에서 생긴 것처럼 설명하였고 여기에 들어맞지 않은 사건들은 체계적으로 기억에서 지우거나 각색시켜 버렸기 때문이었다.

소련에서 노동자관리 운동에 관한 연구는 1920년대의 판크라토바(Pankratova)의 공장위원회와 볼셰비키와의 협력관계에 관한 연구를 기점

6 M. Brinton, *The Factory Committee and Workers' Control* (Monreal, 1975) ; P. Avrich, *Kronstadt in 1921* (New York, 1974) ; C. Bettelheim, *Class Struggle in the USSR, The First Period ; 1917~23* (New York, 1978) ; I. Deutscher, *Soviet Trade Union : Their Place in Soviet Labour Policy* (London, 1950) ; S. A. Smith, *Red Petrograd ; Revolution in the Factories, 1917~18* (Cambridge, 1983)이들은 10월 혁명에서 볼셰비키와 도시노동자들 사이의 상호적인 연합의 성격을 분석하면서 노동자들의 생산에의 개입이 분명히 처음에는 레닌의 구도에서 비롯된 것이 아닌 자생적인 것이라고 주장하였다. 이와 같은 사실은 내전기 동안의 볼셰비키와 노동대중과의 눈에 보이지 않는 갈등의 근본적인 원인이라고 설명한다.

7 W. G. Rosenberg, "Russian Labour and Bolshevik Power after October," *Slavic Review*, 442, (1985), pp. 213—56., "Workers and Workers' Control in the Russian Revolution," *History Workshop*, no. 5, (1978), pp. 89—97.

8 S. Malle, *The Economic Organization of War Communism, 1918~21* (Cambridge, 1985) ; M. Dewar, *Labour Policy in the USSR, 1917~28* (London, 1956)참조.

으로 완전히 중단되었다가 1960년대부터 겨우 재개되었다.[9] 스쩨파노프는 노동자관리에 관한 해석을 크게 두 가지로 나누어 지적하고 있는데, 첫째는 개별적인 경제적인 요구를 위한 투쟁을 노동자관리로 보는 관점으로서 셀리츠키, 이뜨낀, 째르마노프와 볼로부예프가 이에 해당된다. 두 번째 부류는 정치적 권력투쟁과 연결해서 보려는 해석이다.[10] 특히 스비디로프와 코발렌코는 특히 정치적 조직상의 활동, 볼셰비키의 구도, 10월 봉기를 위한 정치적 행동을 강조하면서 노동자관리 운동의 역할을 설명하였다. 이에 스쩨파노프는 다음과 같이 비판하였다.

「 *러시아 노동자의 생산개입은 1871년 파리 꼬뮌 이후 세계 최초의 투쟁이었고 2차대전 이후 유럽에 확산시킨 직접적인 계기가 되었기 때문에 단순히 경제투쟁이나 정치봉기의 수단으로 보는 것은 옳지 않다. 오히려 그것은 자본주의 체제 그 자체에 대한 도전과 사유재산 제도관계의 파괴를 위한 목적으로 진전된 것으로 보는 것이 타당하다.* (Stepanov: 233) 」

9 1960년대의 괄목할 만한 연구는 Ignatsenko, Silant´iev, Egorova, Gaponenko, Ivanov, Lupkin, Mal´kov, Smirnov, Itskin, Selnitskii, Tsernomaz에 의해서 이루어졌다. 그러나 이들의 연구는 많은 기초 자료의 발굴에도 불구하고 그 개념정의가 모호하고 그저 우회적이고도 피상적으로 논의하거나 아니면 독단적으로 결론을 맺음으로서 만족할 만한 성과를 거두지는 못하고 있다. 이에 비하여 Stepanov는 노동자관리운동의 연구가 갖는 최대의 약점이 이론과 개념의 정의면에 있다는 사실을 솔직히 시인한 바가 있어 주목된다. 그러나 1980년대에 와서 페레스트로이카 이후의 역사연구에 있어 새로운 접근 방법의 필요성을 인정한 Volobuev조차도 과거 그의 연구에서 노동자관리에 대한 레닌의 태도를 매우 미화함으로서 과연 러시아사가들이 어느 정도로 연구접근법에 있어 새로운 개혁의 성과를 거둘지는 아직 암담하다.

10 Z. V. Stepanov, "K voprosy o rabochem kontrole nad proizvodstvom i raspredeleniem," *Istoriia SSSR*, no. 1, (1967) pp. 233－4.

스쩨파노프는 1917년 10월까지 모든 계급의식적인 투쟁이나 대립, 조직상의 활동에는 반드시 노동자관리가 그 목표로 설정되어 있다는 사실을 지적하였다.[11] 스쩨파노프에 이어서 최근 민쯔는 종래 해석의 틀에서 부족한 부분을 인정하면서 노동자관리운동이 심지어 농민층의 사회변화를 위한 움직임에 준 도움을 지적하였다.[12] 토카레프와 베레자 역시 노동자관리 활동의 개별적인 국면에 관한 지나치게 확장된 설명보다는 노동자관리 그 자체의 의미의 명확성을 찾아내는 작업의 중요성을 인정하고 있다.[13]

그러나 이와 관련해 이들 소련의 역사서술들은 노동자관리에 대해 취한 매우 복합적이고도 이중적인 태도를 취했던 레닌에 대해서는 언급을 전혀 회피하고 있다. 이상에서 보듯 노동자관리의 이론적인 문제에 관한 한 소련에서는 사료발굴의 단계 이상에서는 아직도 문제제기의 수준에 머무르고 있다. 이 모든 논의를 검토하기 위해서 먼저 레닌 자신이 노동자자주관리와 노동조합의 조직에 관해 어떻게 구상된 모델을 갖고 있었을까라는 문제에 대해 그의 직접적인 저술 속의 주장

11 제 1차수도 페트로그라드 공장위원회총회에서 결정한 정관 27항을 보면 노사분쟁에 관한 진정서가 제출되면 맨 먼저 공장위원회가 소비에트나 노동조합을 통해서 진상규명 활동과 노동자 이익을 대변하는 활동을 벌였다는 사실이 드러난다.

12 I. I. Mints, et als., *Fabrichno-zavodskie komitety Petrograda v 1917 godu, Protokoly*, (Moskova, 1979) 는 공산당의 공식적인 입장을 대변한 대표적인 최근의 책이다.

13 Tokarev, *Narodnoye rabochestvo nakarune velikoi oktsyabr'skoi sotsialisticheskoi revoliutsii*, (Moskova, 1965).; Vereza, *Iz istorii bor'bi proletariaty Ukraine za vosstanovleniya rabochego kontrolya v period podgotovkii Dzovteneboi revoliutsii*, (Kiev, 1957)참조.

을 통해 물어 보자. 그의 정책은 과연 마르크스적 이론에 의거한 수미일관한 것이었을까, 아니면 상황에 따라 임시방편으로 만든 것일까를 살펴볼 것이다. 뿐만 아니라 그때 그때의 상황과 사건은 어떤 것이었고 이에 접하여 어떤 굴절과 갈등을 겪었으며 이에 어떤 방식으로 대처하였는지를 알아보자. 또 노동자들로부터 어떤 방식으로 저항과 반발을 받았으며 또한 이로 인해 당내에 심한 분열이 일어났을 때 레닌이 입장이 무엇이었는지, 또 그 동기와 목적은 무엇이었고 어떤 효과를 거두었는지를 검토할 것이다. 또 우리는 볼셰비키와 레닌의 구도가 합당한 것일까라는 결과론적인 질문보다도 어떤 배경에서 당과 노동자계급이 분열하였을까라는 점과 이것이 전체주의로의 전환에 어떤 영향을 미쳤을까를 분석할 것이다. 이런 일련의 물음들이 10월혁명의 성격이나 그 속에 감추어져 있는 복합적인 사회적 세력간의 갈등의 모습을 보다 정확하게 파악하는 데 도움이 되리라 본다.

1917년 혁명에서 보인 레닌의 노동자관리에 대한 입장

2월혁명 직후 '노동자관리'에 관한 노동자들의 최초의 요구는 그 자체만으로도 혁명성을 내포한 것이었다고 볼 수 있다. 이것은 1917년 4월 2일 수도 페트로그라드 군수산업이 공장위원회 대표회의의 조사위원회가 특히 포탄 부문 노동자들의 발의에 의해 공장위원회에게 가장 진보적인 기능을 요구하는 규정을 결의하는데서 시작되었다.[14] 그 결의 내용에 의하면 노동자들이 공장위원회를 통하여 모든 생산경영을 직접적으로 감시, 감독해야 한다는 요구가 그 핵심이었다. 2월혁명의 폭풍 속에서 권력의 공백기에 발생한 이같은 요구는 이미 합법적인 절차에 의해서 경제적인 요구로만 만족하려던 서구식의 노동조합주의의 원리와는 판이하게 다른 모습이었다.[15] 레닌은 노동자들의 이같은 과격한 움직임에 당황한 나머지 마르크스적인 해석을 붙이기 위하여 안간힘을 썼다. 이렇다 할 만한 볼셰비키 지도력의 증거도 없으면서 레닌이 4월 테제 속에서 내세운 최초의 자주관리 구호는 즉흥적인 것이었다.[16] 그는 혁명의 목표와 구호로 '토지, 빵, 평화'로 내세우면서

14 A. M. Pankratova, *Fabzavkomy Rossii i bor´ba za sotsialisticheskuiu fabrku,* (Moskva, 1923) pp. 12－13. 이 규정 중 가장 중요한 것이 5－7항이었는데 이에 의하면, 5항 1조, 공장위원회에서 모든 공장 내규에 관한 지시들, 즉 노동시간, 임금, 고용, 해고, 휴일 등에 관한 규정을 결정해야 하고 이를 공장 경영주에게 알린다. 2조, 전 경영주들은 공장위원회의 동의하에 집무해야 한다. 공장위원회는 노동자들에게 모든 결정사항을 알려야 한다 .3조, 공장위원회의 관리활동 중에는 모든 정보, 생산, 예산, 수지에 관한 세부 품목들에 관한 문서들을 공개하는 일이다.

15 기업주와 노동자 사이의 최초의 합의문은 1)1일 8시간 노동제 2)공장위원회조직 인정 등이 주된 것이었는데 노동조합은 1907년에 처음 합법화되었다가 1912년까지 활동하다가 당국의 탄압에 의해 소멸되었다가 1917년에 다시 부활하였지만 이미 1917년에 육체노동자들에게는 공장내의 공장위원회에서 더 큰 관심과 행동의 중심이 되었다. 2월 이후 공장주들이 피신하고 직장폐쇄의 위기에 몰리자 공장위원회는 이를 막기 위한 자주관리를 즉흥적으로 실시하였으나 임시정부도 노동조합도 볼셰비키도 이를 막을 수가 없었다.

16 그러나 이것이 미숙련공들에 의한 무정부적인 움직임은 결코 아니었고 오히려 대기업소속 금속부문 숙련공들에 의해 주도된 것은 사료 상에서 나타난다. Selnitskii, *Massy v bor´ba za rabochii kontrol, mart－iiul´1917g.* (Moscow, 1971) pp. 199－202, 표 2, 3 참조 ; Shkliarevsky, *The Russian Revolution and Organized Labour,* Ph. D. Diss. of Virginia Univ., (1985) pp. 123－64. S. Smith, pp. 176－89 ; "Materialy k istorii rabochego kontrolya nad proidstvom," *Krasnyi Arkhive,* 103 (1940), p. 109.

도시노동계급에게 '빵' 이란 공장의 직접경영을 의미하는 것이라고 천명하였다. 4월 테제 중 8항에서 그는 다음과 같이 말하였다.

> *우리의 즉각적인 과제란 사회주의의 도입이 아니라 사회적인 생산과 산물의 분배를 소비에트의 통제 하에 두는 것이다.*[17]

동시에 레닌은 은행과 신디케이트에 관한 소비에트의 통제가 사회주의의 단계에 속하는 것이 아니라 과도기에 속하는 것이고, 이것 없이는 경제의 붕괴를 막을 수 없기 때문이라 하였다. 7월에 소비에트가 임시정부와 대등한 지위를 가지고 이중 주권의 상태에 있으면서도 경제적인 회복이 전연 이루어지지 않고 노동자들의 반감이 더욱 커져가자, 레닌은 기민하게도 소비에트에 구체적인 의미를 부여할 필요성을 느꼈다. 그는 다음과 같이 말하였다.

> *우리는 지금 과도기의 단계가 아니라 전연 새로운 형태에 와 있다. 소비에트는 이미 국가의 형태를 갖추고 있으며 이는 사회주의를 향한 첫 단계이다. 혁명은 소비에트를 창출하였고 어떤 사회주의 혁명도 이것 없이는 불가능할 것이다. …소비에트는 부르주아국가를 위한 것은 아니며 사회주의로의 직접적인 전환을 위한 것도 아니다. 이는 바로 권력*

17 V. I. Lenin, Collected Works, 6:32, 24:22.(4th Version, London, 1964)

을 장악하기 위해서 만들어진 것이다. …두려움이야말로 가장 큰 적이다. 모든 권력은 소비에트에게 주어져야 한다. 왜냐하면 소비에트가 할 일은 모든 토지를 국유화하고 그리고 모든 은행과 기업들을 관리하는 것이다. 그렇지 못하면 부르주아지의 역습을 받을 것이며 곧 파리 꼬뮌과 같은 상태에 빠질 것이다.[18] 」

그는 2월혁명을 부르주아 단계로 보지 않고 곧바로 사회주의혁명을 위한 준비단계로 보았기 때문에 노동자들이 이를 성취하기 위해서 산업을 경영, 관리할 수 있는 권력을 쟁취할 것을 촉구하였다. 5월 이후에도 그는 줄기차게 노동대중이 자치기구를 통해 산업 경영권을 가질 것과 전 인민의 보편적 노동의 의무를 강조하였다.[19] 이때 그는 국가에 의한 통제에 대해서는 매우 비판적인 태도를 보였다.

「 *경제적 붕괴와 대파국에 직면하여 농촌에서도 곡물생산 및 수송체제가 막힐 것이다. 이는 정부도 부르주아 기업도 결코 복구할 수 없다.*

18 레닌이 공식적으로 노동자관리를 지지한 것은 5월 30일−6월 3일 사이의 제 1차 공장위원회 대표자회의에서 였다. M. Dewar, p. 7, V. I. Lenin, *Collected Works*, V., 20 : 377, 제6차 볼셰비키 전당대회 7.26−8.3 ; 제7차 전러 볼셰비키당 대표회의, 1917.4.24−9, *CW.*, 24 : 241−3.

19 7월 26일 이후의 '소비에트권력' 의 구호는 종전, 노동자관리의 구호와 마찬가지로 볼셰비키의 인기상승의 무드에 결정적으로 기여하였다. 특히 이중관리에서 자주관리에의 요구는 노동자들로 하여금 공장 내에서의 개입뿐만 아니라 정치문제에로의 개입까지 불러일으켰다. Dewar, p. 11, *Oktsiabr´skaia Revoliutsiia i Fabzavkomy*, 2:66 ; 8월 7일 제 2차 수도 공장위원회 대표회의에서 노동자관리에 관한 결의문을 채택하자 임시정부는 결국 공장위원회를 탄압하기로 결정하였다. 이로서 이중주권이라는 불안정한 연합체제가 무너지게 되었다.

효과적인 생산과 분배는 노동자관리일 뿐이다.…전 민주적 인민의 협력 하에 국가권위에 의한 산업 통제의 제안은 애매모호하고 불확실하다.…이는 쁘띠부르주아적인 성향을 의미한다. 현재 임시정부는 사회주의 정당의 입각에도 불구하고 산업관리 면에서는 아무것도 한 것이 없다. 이는 정부가 남부 광산지역에서 노동자가 아니라 자본가 편을 드는 것으로 보아 명백하다.[20]

레닌은 노동자관리와 노동조합주의를 명백히 구분 지으면서 후자를 마르크스적인 전통에서 벗어난 쁘띠부르주아적인 성향이라고 규정 지었다. 즉 국가통제라고 해도 경영의 역할을 여전히 자본주의적인 기업주의 손에 맡기는 한 경제복구는 여전히 불가능하며 노동의 소외는 해결되지 않는다고 하였다. 그러므로 노동자관리가 진실로 실현되려면 권력이 소비에트에 주어지지 않으면 안된다는 것이었다. 우리가 레닌에게서 가장 극적으로 이상주의적이고도 유토피아적인 이념을 발견할 수 있는 것은 바로 이 부분이다. 즉 그는 정치권력과 산업경영의 관계를 분리해서 생각할 수가 없다고 여기고 프롤레타리아가 직접 경제를 관리하기 위해서는 프롤레타리아의 민주적인 정치기구의 창설이 필요하다고 주장하였다.

20 위의 책, *CW.* 24:556—7, "Speech at the First Conference of Shop Committee"

「 *자본주의 문화는 이미 대량생산, 공장, 철도, 수송, 전신 등을 창출하였기 때문에 또 국가의 기능이 대부분 격감 단순화되어 단지 기록, 감독의 정도로 줄어들었으므로 자본주의적 생산설비 기초 위에서 평범한 노동자의 임금만으로도 그 기능을 수행할 수 있다.*[21] 」

이같은 단순한 발상 위에서 그는 다시 계속하였다.

「 *그러므로 필요한 것은 오직 구시대 관료기구를 해체하고 부르주아지의 임시내각을 소비에트로 대치하기만 하면 된다.… 소비에트 질서 하에서 노동자 · 농민은 경험에 의해 금방 관리 및 회계의 기술을 배우게 되고 관리의 권한을 이양받을 것이다.*[22] 」

1917년 들어서서 러시아의 노동조합은 외형적으로는 유사이래 처음으로 괄목할 만한 성장을 보였다. 그러나 노조는 처음부터 제 정당의 영향력 하에 놓여 있었기 때문에 언제나 내부분열과 정치세력들의 간섭에 시달렸다.[23] 노동자들은 노조에서보다 공장위원회에서 좀 더 자유로운 활동을 행할 수 있었고 빵과 버터를 추구하는 경제주의적 투쟁만으로는 이미 현실성을 상실하게 됨에 따라 노동자들은 노동조

21 Lenin, *CW.*, 3rd. 21:399

22 앞의 책 21:402-3, 21:147-48.

23 I. Deutscher, 위의 책, (London, 1950), pp. 13-7.

합의 활동에 그다지 큰 관심을 두지 아니하였다. 그보다는 경제적 관리권한을 얻어내기 위한 투쟁에 더 큰 관심을 기울였고, 이를 위해 비합법적인 직접행동에서 더 많은 것을 얻을 수 있다는 인식을 오랫동안 투쟁경험에서 얻었기 때문에 공장위원회와 더욱 밀착하였으며 이의 자치적 권한을 확장하는 목표에 몰두하였다(Rosenberg, 1987, AHR. 296－326). 특히 수도 페트로그라드의 뿌띨로쁘공장을 선두로 한 기계, 금속 부문에서의 자율적인 성격은 극도로 강하여 타 공장위원회의 본보기가 되었다.[24] 노동자들의 자주관리를 위한 도전은 이중주권의 기초를 부수고 온건사회주의자들을 영향력을 추락시키는 데에 결정적으로 기여하였다. 8월 7~12일 제 2차 수도공장위원회 대표회의에서 노동자들은 공장위원회와 노동조합의 활동과 목표를 완전히 분리할 것을 결의하였고 볼셰비키에 의해서 하향식으로 조직되는 것도 원치 않았다. 노동자들은 노동관리에서 가장 중요한 부분인 고용과 해고의 권리를 요구하였다.[25] 이 회의에서는 노동자들과 레닌의 노동자관리에 대한 시각의 차이가 조금씩 나타났다. 그는 노동자들의 완전한 자율권의 요구에 당황하였다. 이에 대한 대응으로 레닌은 매우 조심스럽게 노동관리를 소비에트의 권한하에 둔다고 강조함으로써 소비에트 상층부가 다수 노동대중들로부터 신임을 잃어가고 있음에도 불구하고 여전히 '소

24 *Putilovetsy v Trekh revoliutsiiakh : sbornik materialov po istorii putilovetskogo zavoda, ed., by I. I. Gaza* (Leningrad, 1933)를 참조하라.

25 *Rabochii kontol'v promyshlennykh predpriatiakh Petrograda*, 1917－18gg., *Sbornik Dokumentov*, T. 1,2, (Leningrad, 1947) 이하 RKDok로 칭함.

비에트권력' 이란 구호를 활용하였다.(Kaplan, 88)

1917년 여름 동안 러시아 경제가 더욱 비참한 상태에 빠져들고 농촌에서 농민반란이 불붙기 시작하자 임시정부의 무능함이 더욱 폭로되었다. 정부는 서서히 우익군부와의 접촉 가능성을 기대하였고 극우파 군부는 혁명의 과정을 역전시킬 쿠데타를 모색하고 있었다. 그러나 불행히도 러시아에서는 우익의 백색 쿠데타를 뒷받침해 줄 유산자 층이나 관료층, 혹은 중산층의 연합전선이 존재하지 않았다. 노동자들의 계급적 결속과 적대의식은 이미 공고했기 때문에 쿠데타 구상은 초반부터 분쇄되고 말았다. 9월 이후 파업은 사상 최대의 것이었다.[26] 경제적인 절망감과 연립정부의 정치력에 대한 배신감에서 벗어나려던 도시노동자나 농촌의 대다수 농민들은 볼셰비키에게서 국면전환의 가능성을 찾고자 하였다. 9, 10월 내내 레닌은 소비에트권력의 구호 하에 봉기를 위한 절호의 기회를 포착하려 하였다.[27] 그러나 그는 선거나 투표에 의한 방식이 아니라 무장봉기와 시위에 의한 방법을 선택하였다. 그때에도 노동자관리에 대한 전략을 그는 이렇게 표현하였다.

> *노동자관리란 프롤레타리아가 권력을 장악하고 독재를 실시한 다음에 오는 것이다. 만일 권력이 없다면 노동자관리란 이용당할 뿐이며 프롤*

26 뿌띨로쁘공장의 1만명 중 실직자는 5천에 해당되었고 전 수도에서는 25만, 모스크바 주위 근교는 50만에 이르렀다.

27 A. Rabinowitch, *The Bolsheviks Come to Power : The Revolutin of 1917 in Petrograd* (New York, 1978), J. Keep., G. Shkliarevsky, 위의 책 참조.

레타리아독재 하에서라면 노동자관리는 전국적이고 전면적이다. 사회주의 체제하에서는 단일한 은행, 회계체계, 분배 수지균형이 이루어질 것이다.[28]

혁명 이전에 레닌이 부르주아 국가관리와 프롤레타리아 국가관리를 구별지음으로써 권력의 중요함을 강조했지만, 이때 노동자들은 그의 프롤레타리아 국가관리와 노동자관리 사이의 차이를 제대로 이해하지 못하고 있었다. 레닌은 위에서 보듯 그의 노동자국가에서 노동자관리를 회계의 기능, 사유재산의 몰수, 사보타주의 감시, 감독의 기능과 일치시키고 있을 뿐 결코 노동자관리를 노동자의 결정과 관련시키지 않았다.[29]

10월 동안 노동자들의 태도는 전적으로 공장위원회의 손에 달려 있었다. 공장위원회가 막강한 영향력을 행사하고 있는 가운데 노동자들의 자유방임적(libertarian) 요구는 극에 달하였고 볼셰비키도 이를 막아내지 못하였다. 그는 권력의 구호를 "All Power to Soviets!" 에서 "All Power to Workers and Poor Peasants"로 바꾸는 기민함을 보였다. 레닌이 공장위원회가 계급투쟁을 추진하는 기구로서 그처럼 유효적절함을 인정하면서도 "All Power to Factory Committees!"라고 하지 않는 것은 무엇일까? 이점을 노동자들은 전연 인식할 줄 몰랐다. 레닌에게 사회주의란 대량생산과 대규모 경제구조를 의미하기도 하였기

28 위의 책, *CW.*, 26:104-11, "Can the Bolsheviks Retain State Power?" 1917. 10.1.
29 Brinton, 위의 책, p. 13.

때문에 소생산이나 자치적인 생산자연합은 인정할 수 없었다. 그는 중앙의 기구나 조직된 전위대가 아니고서는 생산을 총괄 계획할 수 없다고 보기 때문에 궁극적으로 공장위원회의 권력이나 프롤레타리아의 자율권은 인정할 수가 없었다.[30]

그럼에도 불구하고 1917년 여름 동안 레닌이 유토피아적인 소비에트이론을 내세우고 국가관료제의 폐기론을 역설한 것은 무엇 때문인가? 첫째, 그것은 레닌의 권모술수나 속임수 전략에 기인한다기보다는 이념상의 단순함에서 비롯된 것으로 보는 것이 좀 더 타당하다.[31] 이 무렵 그는 아직도 장차 다가올 노동자관리와 사회주의적 생산 사이의 갈등은 전연 생각지 않았고, 혁명의 달성 이후에 노동계급은 부르주아지들의 기술과 경영의 기술을 쉽게 배울 수 있으리라고 낙관적으로 생각한 듯하다. 두 번째 원인은 1917년 당시 노동자대중의 혁명적인 열기에 레닌이 너무도 깊은 인상을 받았기 때문이 아닌가 여겨진다.[32]

10월 24일 봉기 직전에 소집된 제 1차 전러공장위원회 대표회의에서 무정부주의자 출신의 대표는 극소수이면서도 노동자 대중의 분

30 E. H. Carr, *The Bolshevik Revolution, 1917~23*, 3 vols, (New York, 1951—53) 2:80.

31 M. Liebman, *Leninism under Lenin,* (London, 1975) ; R. Barfield "Lenin's Utopianism; State and Revolution," *Slavic Review,* 30:1 (March 1971), 45—56.

32 R. Barfield, 위의 책, 그는 '국가와 혁명' 의 주요 핵심들 대부분이 3월 이전에 기술되었다는 사실을 지적하면서 단지 레닌이 기회주의적으로 유토피아적인 책을 썼다는 R. Daniels의 주장을 지나치게 편협한 시각이라고 비판한다. 또한 관료제에 대한 비판에서 레닌은 볼셰비키 내에서도 일찍부터 좌파였던 부하린과 의견이 유사하였고 대체로 레닌은 사상적인 변화에서 여러 차례에 유토피아적이고 좌파적인 순간을 거쳤다고 지적하였다. pp. 51—53.

위기가 매우 무정부주의적으로 쏠리는 데 기여하였다.[33] [34] 노동자관리를 실험하면서 수도의 과격한 노동자들의 직접행동은 점점 계급의식을 확산시키고 온건파정부의 위신을 완전히 추락시켰다. 결국 공장위원회는 10월 봉기에 직접 참여함으로써 볼셰비키가 자유주의정부를 몰락시키는 데에 결정적으로 기여하였다.[35]

신생 사회주의국가 수립과 노동자관리

1917년 10월 혁명 이후 내전이 발발한 1918년 8월 사이에 노동조직과 볼셰비키는 노동자관리 문제를 둘러싸고 막후에서 치열하게 경쟁하고 있었다. 노동자관리는 혁명의 주된 슬로건 중의 하나였기 때문에 레닌은 봉기 다음날 노동자관리에 관한 포고령을 내렸다.

> *프롤레타리아독재 하에서 노동자관리가 전면적으로 가능하고 가장 정확하게, 양심적으로 성취된다.*[36]

33 G. P. Maximoff, *Unkonwn Revolution* (New York, 1955), pp. 11−2.

34 *Oktsiabr′skaia Revoliutsia i Fabzavkomy*, 2:114. 이 회의대표자 구성은 총 137인 중에서 볼셰비키 86인, 사회혁명좌파 22인, 무정부주의자 11인, 멘셰비키 6인, 극좌파 6인, 비정당출신 4인이었다. 이 회의에서 볼셰비키와 무정부주의자는 공장위원회의 권한에 관해 이견을 보였으나 볼셰비키는 공장위원회가 반란의 기초조직임을 인정하였다.

35 Pankratova, 위의 책, *Fzk.* pp. 230−5.

36 Lenin, 위의 책, 21:259. "Will the Bolshevik Retain State Power?"

그런데 1917년 11월 8~27일 사이의 포고령 중에서 제5항이 장차 노동조직의 운명에 관한 중요한 문제점을 포함하였다.

> 『*제 1항. 모든 은행, 상업, 산업, 농업부문에서 일제히 노동자관리를 실시한다.*
>
> *제 2항. 노동자관리는 기업내의 노동자와 그 선출된 대표에 의해서 실시하며 활동을 지역 소비에트에 보고한다.*
>
> *제 5항. 선거대표의 결정은 고용주에게 구속력이 미치고… 그 결정은 단지 노동조합에 의해서만 무효화될 수 있다.*[37]』

실제에 있어서 10월혁명 직후에 노동자관리는 포고령과 별개로서 볼셰비키당의 규제 하에 있지도 않았고 공장위원회가 가장 막강한 영향력을 행사하고 있었을 뿐만 아니라 소비에트의 조직 내에서는 여전히 많은 정당의 대표들이 섞여서 볼셰비키는 핵심권력을 장악하지 못하고 있었다.[38] 이때의 권력의 유동성과 노동자들의 자주적인 행동이

37 앞의 책 26:264−5. 1917. 10.26−7, "Draft Regulation on Workers' Control," *SW.*, 6:410−11, 그런데 레닌의 지시령은 그로부터 10일 뒤에 다시 "General Introduction on Workers control in Conformity with the Decree of November 14" 에서 개정되어 나타났다. 이의 계기로서는 공장위원회 자체가 10월 봉기 전에 노동자관리에 관한 문서 "Practical Manual for the Implementation of Workers' Control of Industry"를 만들어 배포하였으며 노동자들은 전국적인 조직을 준비하기 위해 전러 공장위원회대표회의 소집을 계획하고 있었는데 이를 안 볼셰비키들은 경악하여 서둘러 새로운 포고령을 발포하였고 소집계획을 막아 버렸다는 것이다. Deutscher, 17 ; Brinton, 18 ; Limon, "On Lenine et le Controle Ouvrier," *Autogestion*, no. 4, Dec. 1967 참조.

38 R. Rucker, "Workers' Control of Production in the October Revolution and Civil War," *Science and Society*, 43:2, 1979, pp. 158−165.

레닌으로 하여금 심한 초조감을 느끼게 하였던 듯하다.[39] 그는 공장위원회의 자율적인 활동이나 별도 조직의 노력을 차단시킬 수가 없었다. 그렇기 때문에 그는 서둘러 개정된 포고령을 통해서 중앙집중적인 경제기구를 만들어야 한다고 역설하였다. 물론 이 기구는 궁극적으로 소비에트가 책임질 것이라고 못박았다.[40] 이에 각 공장위원회는 격렬히 반발하여 지역별, 전국적 차원에서의 조직을 연합하기 위한 시도를 하였으나 이미 전시 단위에서의 조직 와해와 고용주의 저항, 노동조합측의 냉담, 볼셰비키 측의 방해로 성공하지 못하였다. 더구나 볼셰비키는 이를 쁘띠부르주아적 이기주의라고 공격하였다(Panktatova, Fzk. 236-51). 레닌은 통제와 경영을 구별하여 설명함으로써 공장위원회 일반회원들을 실망시켰다.[41] 노동자관리의 최대의 성과이자 본질은 자생성이라고 볼 수 있다. 레닌 자신은 과연 이 문제를 잘 인식하고 있었을까? 혁명 직후 그가 채택한 중앙집중주의적인 경영 방식은 그 자생성과 모순되는 것이 아닐까? 우리는 흔히 자유주의자들이 비판하는대로 레닌이 처음부터 국가의 중앙집중주의적 기능을 계획하고 있었다는 것을 부인할 수 없다. 사실 볼셰비키 내에서 우파에 속한 이들은 자생적인 노동자관리를 불신하고 있었던 것이다. 그러나 레닌은 독일 사회주의

39 앞의 책. pp. 158-165.

40 T. H. Rigby, *Lenin's Government ; Sovnarkom, 1917~22,* (Cambridge, 1979) pp. 38-45 ; D. Limon, "Lenine et le Controle Ouvrier," *Autogestion*, no 4, (1967) 참조 ; *Pravda*, 1917. 11. 3.

41 Avrich, Anarchists, p. 162; Voline, *Nineteen-Seventeen : The Russian Revolution Betrayed* (New York, 1954) pp. 139-45. 이때 노동자자주관리를 위하여 무정부주의자들이 가장 격렬하게 저항활동을 벌였다는 사실이 지적되고 있다.

자들의 영향을 받아 사회주의 생산이란 중앙집중적 생산방식이라 여겼고 장차 노동대중 자신이 관리나 통제의 기능을 점점 더 많이 떠맡아야 할 것이고 관료집단이 점점 적게 떠맡아야 할 것이라는 생각을 갖고 있었던 것으로 보인다.[42] 그는 자발적이고도 본능적인 노동자관리의 위험성을 간과하지는 않았으나 당의 동료들처럼 그것을 불신하지는 않았다. 10월혁명 직후 그의 프롤레타리아독재의 개념은 수백 만의 대중을 모든 문제에 관한 정책에 끌어 들여야 하며 대중의 창의성과 고유한 경험에 의존하여야 한다는 점을 늘 강조하고 있었다. 이어서 그는 1월 24일 제 3차 소비에트대회에서도 노동자관리에 대한 믿음을 표시하면서 난국을 처리할 수 있으리라는 자신감을 표현하였다.

> 「 *노동자관리가 생산을 붕괴시킨다는 비난에 대해 우리는 한 가지를 잊고 있다. 노동자관리는 시간이 걸린다. 우리는 노동자관리에서 최고인민경제회의로 진전했다. 이를 통해 국유화가 실현되면 사회주의 경제 건설에 착수할 것이다.*[43] 」

그는 각 공장은 노동자관리위원회 지부를 만들고 이것을 상위지부, 전시지역관리위원회, 전러관리위원회의 순서대로 조직하며 중층, 상층

42 J. Chauvier, "Controle Ouvrier et Autogestion Sauvage en Russie, 1917−21," *Revue des Pays de l'Est*. 14:1, (1973), pp. 81−84..

43 Lenin, 위의 책, 22:215−6, Buynan, p. 15−6, "Lenin Reaffirms Workers' Control," 제 3차 전러 소비에트대회, 1월 24일.

부의 대표단에 노동조합 지도부 출신들을 파견하도록 지시하였다.[44] 이 기구는 다시 최고인민경제회의(Vesenkha) 하에 놓일 것을 선포하였다.[45]

1월 7~14일간의 제 1차 전러노동조합대회는 공장위원회와 노동조합의 관계, 노동조합과 신생국가와의 관계를 논의함으로써 후일 사회주의 러시아에서 노동계급의 위치와 체제의 성격을 결정짓는 중요한 계기가 되었다. 당내에서는 노동조합이 전계급의 이익을 위해 국가기구에 복종할 것을 요구하는 지노비예프와 노동조합을 국가기구에 합병하는 것이 시기상조라고 보는 로죠프스키, 그 중간의 입장을 취한 톰스키 사이에 의견이 분열되었다(Pervye, 97−128). 이때 레닌은 노동조합의 중립화나 국가기구화의 문제에 대해서 여전히 유보적인 태도를 취한 점이 눈에 띈다. 가장 큰 이유는 아마 1918년 초에도 여전히 전면적인 국유화를 미루고 있는 상황에서 당장 노동조합의 국가기구화는 생산성의 문제에 도움이 되지 않는다는 사실 탓이었다. 특히 파업의 권리는 뜨거운 감자와 같았다. 이미 국가는 임금과 노동시간, 보험과

44 이 전러관리위원회의 구성은 소비에트 대표 5인, 노동조합대표자 5인, 공학기술인 5인, 농업가 2인, 수도노조대표 2인, 전국노조연맹대표 1인과 공장위원회대표 5인으로 이루어졌다. 레닌은 공장위원회가 지속적으로 생산을 조직하는 데에 적합치 않다고 보고 위에서의 결정을 따르도록 강조하였다. Carr, 2 : 75.

45 1917년 12월 14일 창설된 이 기구는 최고정책수립기구로 등장하면서 문서상으로는 노동자관리위원회와 접촉하도록 되어 있으나 어떤 이유에서인지 노동자관리위원회 기구는 소집되지 않았다. 그 이유는 아마 12월 당시 아직도 지방에서의 자율적인 노동자직접관리 운동이 막강하였고 이중적인 구조가 존재하였기 때문이다. Buynan, p.8. 지방공장위원회의 막강한 권위에 관한 증거는 1월 제 1차 전러노조대회에서 로죠프스키의 비판과 불만에 찬 보고에서 잘 나타난다. *Pervyi vserossiski s"ezd professionalykh soyuzov, 7−14 yanvara 1918g.* (Moscow, 1918)이후 Pervye로 약함. pp. 369−70.

같은 중요한 문제에 관한 규제권을 장악하고 있었기 때문에 레닌의 입장은 애매모호하지 않을 수 없었다. 그에게 보다 중요한 업무는 생산성 증가의 문제였다. 둘째, 대다수의 중소기업과 사기업에서는 아직도 공장위원회가 생산관리권을 행사하고 있었고, 볼셰비키는 그 하부까지 침투할 수가 없었다. 다만 그는 당장 공장위원회의 자치 요구에 직면하여 보다 중앙집중적인 조직의 전통이 강하며 하부노동대중에게 덜 밀착되어 있다고 볼 수 있는 노동조합을 공장위원회와 대립시켜 생산규율과 생산조직의 역할을 노동조합에게로 옮기는 것이 유리하다고 보았다(Deutscher, 25). 그러나 이 무렵 제헌의회소집 문제를 둘러싸고 볼셰비키는 사회주의 우파와 권력투쟁을 벌여야 했는데, 이들 우파는 노동자관리와 소비에트권력을 단호히 거부했기 때문에 볼셰비키는 계속 공장위원회와의 동맹을 중히 여기지 않을 수 없었다.[46]

또 다른 한편에서 레닌은 소비에트기구를 통하여 은행과 국영기업이 국유화를 서두르고 공장위원회를 노동조합의 휘하에 두려는 시도를 벌였다(Brinton, 32)(Deutscher, 25). 이에 돈바스 주의 무정부주의자들과 모스크바의 철도노동자, 에카쩨리노다르의 항구노동자들은 격렬히 저항하였다(Maximoff, 12–13). 그러나 레닌은 생산관리를 다음과 같이 다시 정의 내렸다.

46 Lenin, V. I., *CW*, 26:429–30 "Bolshevik's Declaration at the Constitutional Assembly," 1918. 1. 18. 이 사건은 곧 제 3차 전러소비에트 대회를 개최하여 다시 노동자관리의 원칙을 재확인하였다.

「생산관리란 단지 기업을 노동자의 수중에 넘기는 것이 아니라 전인민 계급을 위해 경제를 조직하고 계획하며 생산성을 높이기 위해 노동규율을 강화시키는 노력을 포함한다. 노동자관리는 오직 전국적, 보편적 경제 하에서만 시행되어야 할 것이다…재정 상의 관리가 노동자관리의 하위기구가 결코 될 수 없다.[47]」

레닌은 아직 국유화계획에 관한 청사진을 갖지 않았으며 지방에서의 노동자관리 운동의 난립과 중앙기구의 취약성 탓으로 부르주아지의 저항보다도 노동자들의 저항으로 인한 생산의 붕괴를 더욱 두려워하였다. 그러므로 1918년 2월 포고령을 통해 프롤레타리아독재 하의 국가자본주의가 과도기가 될 수 있으리라 보고 사적인 소유주를 그대로 두려 하였다. 대신 자의적인 겸병과 몰수를 막으려고 하였고 이를 최고인민경제회의 관리하에 두려 하였다. 그러나 노동자들의 자생적인 기업몰수와 관리권의 행사를 막아낼 수가 없었다. 레닌은 매우 당황하였고 이에 대해서는 멘셰비키나 노동조합 측도 그와 입장이 같았다.

1917년 11월~1918년 6월까지 노동자에 의한 본능적이고, 보복적이며 무질서하였던 노동자관리와 사적기업, 사유재산의 몰수행위는 세계사에서 가장 처음으로 경험하였던 노동자권력의 직접체험이기도

47 *Ibid.*, 전국기구는 Vesenkha(Supreme Council of National Economy)를 의미하였다. 이 기구는 생산의 계획을 노동조합에 전달하고 그 지시를 노동자관리 위원회가 수행관리하는 것을 의미하였다.

하였다. 그러나 노동자들의 이 본능적인 계급투쟁은 전국적인 조정을 위한 노력이 결핍된 상태에서 수행되고 있었다. 지방에서의 즉흥적인 노동자관리는 예상과는 달리 특정한 성공을 거두지 못하였다.[48] 최초의 장애는 고용주들의 저항과 경영포기, 그로 인한 자원·연료보급 통로의 붕괴에서 비롯되었다. 노동자들은 관리임무에 관한 훈련도 심원한 경제지식도 없이 사회적 조직의 공백속에서 계속 자원과 힘을 낭비하기만 하였다(Chauvier, 1−5).

이 일련의 사태는 레닌으로 하여금 공장위원회에 의한 노동자관리를 쁘띠부르주아적이며 무정부주의적이고도 반혁명적인 생디칼주의라고 비난하기에 안성맞춤이었다. 우리는 이때부터 확실히 레닌의 사회주의의 이념은 생산성 증가를 제일 큰 목표로 삼는 생산주의적인 성향으로 변한 것으로 볼 수 있다. 1917년의 민중해방의 이념이 레닌의 사상 체계에서 완전히 사라진 것은 결코 아니었으나 소련의 정치사회체제의 기초가 오직 생산론적인 관점에 근거를 두는 시기가 이때부터 시작되었다고 볼 수 있다.

48 Vinogradov, *Workers´ Control, Past and Present*, (Moscow, 1973), pp. 65−66. 1918년 중반까지 공장위원회가 거의 5분지 3이상의 공장의 경영진으로 참여하고 있었다. Shliapnikov의 보고나 Buynan의 설명이 서로 극도로 상반되고 있는 것으로 보아 이들의 참여가 효과적이었는지는 간단하게 말할 수 없다. 왜냐하면 당시 기업들은 경제의 전반적인 붕괴와 내전으로 매우 어려운 상황에 처해 있었기 때문이다. 그러나 내부적으로 노동훈련의 효과와 노동자의 위신, 민주주의의 증진에는 큰 성과가 있었다. 다만 루간스크의 가르트만 기관차공장에서는 공장위원회의 노력으로 생산성이 4배 이상 올랐던 경우도 있다.

아마 제 1차대전 직후의 서구의 시대 자체가 과학기술 발달에 따른 조직자본주의에 의한 생산성이 급상승하던 시기였고 또 레닌 자신은 1919~21년의 상황에서 여전히 유럽의 혁명에 관한 가능성을 크게 믿고 있었기 때문에 경제적인 결정론과 해방론 사이의 갈등을 심각하게 느끼지 못한 것이 아닐까 추측할 수 있다. 경제적 파국과 내전에 직면하여 점차 레닌은 사회주의의 사활이 경제복구에 달린 것이라고 결론짓기에 이르렀다. 2월에 그는 토지국유화 선언을 하였다. 그러나 농민층이 이를 받아들일 리가 만무하였다. 레닌은 3월 3일 브레스트-리토브스크 평화조약 체결 이후 최고인민경제회의(Vesenkha)로 하여금 기술자경영인제를 도입하도록 지시하고 노동자관리란 상부결정을 하부에서 수행하는 것으로 정의내렸다.

「 *소비에트정부의 가장 중요한 과제는 정치가 아니고 경제이다. 경영이란 생산력을 높이고 생산, 분배에 대한 통제와 회계를 재조직함을 뜻한다.…지식과 기술 없이 사회주의로의 이행은 불가능하다.…사회주의는 자본주의에 비교할 만한 생산성을 높일 수 있는 의식적인 대중의 전진을 요구한다.…물론 자본주의적인 기술자를 다시 높은 보수를 주고 고용하게 되면 프롤레타리아 권력의 원칙에서 벗어나는 것은 틀림없다.…우익들이 조소할 것이다. 그러나 우리의 실수를 감추지 말고…민중을 속이지도 말자. 그 대신 공개적으로 후진성을 벗어나기 위해 무엇을 해야 할지를 논의하자.*[49] 」

그러나 레닌은 사회주의 하에서의 국가의 본질은 당과 주류적인 계급, 또 입법과 행정의 결합에 있는 것으로 보았기 때문에 사회주의 경제지휘를 위한 기구는 언제나 정치기구가 맡아야 한다는 점을 한 번도 의심한 적이 없었다. 그러므로 그에게는 국유화와 사회화는 동일한 것이었다. 그는 노동자, 농민 출신의 간부가 정부기구에 영입되어 이들이 과거의 전위부대를 대치한다는 것 자체로서 부르주아 국가와 달리 전연 새로운 성격의 사회주의 정부의 형태를 의미하는 것으로 여겼다. 레닌은 전시공산주의 체제 하에서도 국유화나 국가관리, 대규모의 산업기구 등의 창출보다도 정부기구가 생산통제를 시행할 것을 최우선시 하였다. 정치적인 통제권 없이 재산의 몰수, 노동자관리, 사유재산의 파기는 무의미하였다. 즉 레닌에게 노동자관리란 '노동자국가의 관리' 인가, '부르주아국가의 관리' 인가가 문제였다. 즉 경영권이 누구에게 있느냐가 아니라 경영자를 누구가 감시할 것인가가 문제였다. 따라서 당간부는 기업주를 감시할 수 있는 능력을 갖추어야만 하고 이들 엘리트 간부만이 결정 권한을 가져야 했다. 그러므로 혁명 이후 그는 노동자관리를 대치하기 위해서 노동자와 기업주가 공동관리하는 집단관리제와 자본주의적인 기업의 경영을 부분적으로 살리기 위한 방법으로 국가자본주의라는 노선을 택할 필요가 있다고 주장하였다. 부하린은 레닌의 이 사상을 다음과 같이 격렬히 비판하였다.

49 Lenin, *On Workers´ Control and the Mationalization of Industry*, (1970) pp. 142−3, "Immediate Tasks of the Soviet Government"

『 *국가자본주의는 독일의 경우에서 보듯이 가장 부패한 자본주의다.*[50] 』

그러나 레닌은 다음과 같이 응수하였다.

『 *국가자본주의는 쁘띠부르주아를 궤멸시키고 사유재를 파기하며 산업을 대규모화시키는 데 이바지하므로 일정기간 유익한 것이다.*[51] 』

따라서 레닌은 '국가자본주의'의 도입이라는 입장 하에 국유화 계획을 늦추고, 사유와 경영을 분리하고 행정적으로 기업을 감시하는 체제를 추구하였다.[52] 이 무렵 볼셰비키 내부에서는 국가자본주의 원칙을 둘러싸고 의견의 심한 차이가 나타났다. 그러므로 아래서부터의 압력이나 계급갈등, 전쟁, 정치적 통합의 필요성이 없었다면 혁명 직후에 채택한 전시 공산주의는 볼셰비키의 내재적인 이념이 아니었던 것이 틀림없다. 그와 같은 온건 성향의 국유화가 1918년 6월에 갑자기 급선회를 한 것은 독일과의 조약의 결과에 기인한다. 독일 측에서 선

50 Lenin, CW. 25:425, 26:103-4, Can the Bolsheviks Retain the Power?

51 그러나 1918년 러시아의 산업이 과연 국유화를 실시할 수 있을 정도로 집중의 정도가 높은 것일까에 관해서는 학자들의 답은 매우 부정적이었다. J. Malle, 위의 책 p. 37.표 2를 참조하라.

52 1918년 1월 국유화의 계획은 대기업의 경우, 특별히 노동자－고용주와의 관계가 악화된 경우만을 국유화하고 나머지는 그대로 두면서 행정적인 감시만 시도하였으나 국유화의 요구는 오히려 아래서부터 거세게 나왔고 중소기업의 경우는 자의적인 방법으로 기업이 몰수, 노동자관리가들이 직접 경영하는 것을 전연 원치 않았다. 1917－1918년 6월까지 81개의 기업이 SNK에 의해 몰수되었고 그중 30개는 기업의 승인, 25개는 재산몰수, 3개는 국가소유로, 2개만 국유화되었다. 그러나 이 경우도 볼셰비키들 사이에서는 노선상의 의견 분열이 매우 심하였다. 앞의 책, p. 56.

언한 양국 합자회사의 국유화 정책은 볼셰비키에게 재정적인 파산상태, 원료공급의 지연, 식량난 가중을 불러와 국유화의 범위를 다시 재고하게 만드는 계기가 되었다.

다시 제 4차 전러노조위원회의에서 레닌은 노동자자주관리와 국유화 사이의 타협안으로 '집단관리제' 를 제안하였다(Dewar, 34). 공장위원회는 노동조합에 합병되며 노동조합은 이 집단관리이사회에 파견할 대표를 지명할 권리를 가지며 기업의 경영위원을 2인으로 정하고 위에서 지명한 책임자 1인과 아래서 선출한 1인으로 구성하며 하부위원회는 주로 회계, 내규, 노동강화 등을 논의한다고 정하였다.[53] 볼셰비키 당내에서는 이미 공장위원회가 노동조합 하위에 놓여야 하며 노동자관리는 공식적으로는 사라져야 한다는 사상이 확산되고 있었다. 다만 아직도 레닌이 공장위원회를 완전히 폐지할 수 없었던 것은 지방에서의 노동자들의 저항과 생산성에의 하락을 두려워한 탓이었다. 브레스트-리토브스크 조약에 반발하는 의미로 최고인민경제회의 의장직을 사임한 오신스키는 제 1차 전러인민경제위원회(Sovnarkhozy) 대회에서 지나치게 전문기술자 출신의 관료를 도입한다는 이유로 집단관리제를 격렬히 비판하였다. 당시 오신스키의 다음과 같은 반박은 후일 노동자반대파의 사상적인 근거가 되었다.

53 Lenin, CW., 27:210-11, 212, 269, 268, 316-317. "The Immediate Task of the Soviet Government"

> *레닌의 집단관리제라는 것은 엄밀히 보아 사회주의적인 것이 아니며 프롤레타리아가 회계, 감독, 규율을 책임지고 부르주아 경영인이 의사결정과 재산권을 책임진다면 실질적인 기능은 부르주아에게 돌아갈 것이다. 국가사회주의가 차라리 사회주의적이다. 이것은 프롤레타리아, 즉 직접생산자에게 가장 중요한 기능인 의사결정권이 있음을 의미하기 때문이다.*[54]

그를 위시한 당내 좌파는 노동자관리가 실질적으로 노동자경영으로 전환할 것을 강조하지만 여기서 지적해야 할 점은 오신스키, 스미르노프조차도 노동자경영(Rabochie Upravlenie)과 노동자행정(Rabochie Pravlenie)의 의미를 구분하고 있으면서도 중앙기구의 조정의 역할, 계획생산의 필요성을 강조하고 있다는 점이었다.[55] 즉 중앙기구는 생산의 양, 가격을 지시하고 노동자들은 생산방식과 경영에 몰두한다는 것인데 이는 노동자반대파를 무정부주의자들—생디칼리스트들이라고 비

54 Osinsky, N., *Strolitel´stvo sotsializma* (Moscow, 1918), pp. 34–6. p. 75. 멘셰비키는 처음부터 노동자관리에 반대하는 입장을 가졌는데 다른 관점에서 국가관리를 주장하였지만 그것은 부르주아적 노동조합을 위한 국가관리로서 시대착오적인 발상에 가까웠다. 그것은 국유화도 아니고 사회주의적이지도 않았다. 오신스키는 더 나아가 볼셰비키의 국가관리+국유화+국가자본주의라는 것은 혁명적이지도 않고 구체제의 대안도 아니라고 지적하고, 또 볼셰비키는 노동자관리의 의미를 전연 모르고 있다고 비판하였다. 그는 10월 이전의 노동자관리라는 것도 사실은 형식상의 관리였으며 실제 내용 면에서는 관리가 아니라 비호, 경계, 감시에 지나지 않는 것이라 보았다. 그러나 10월 이후에는 신정부가 생산을 증가하고 계급의 승리를 확보하고 경영을 조직해야하는 문제에 봉착했기 때문에 레닌의 주장대로 경영에 부르주아를 참여시키는 것은 찬성하나 프롤레타리아의 직접 참여는 점차 확대하는 것이 시급하다고 보았다.

판 · 탄핵하는 당내 우파들의 주장이 전연 근거가 없음을 보여주는 부분이다.[56] 무정부주의자들은 중앙행정에서도 생산자 위원회의 대표들이 결정권을 가져야 한다고 주장하였다.[57] 당시 러시아 현실에 비추어 이것은 매우 공상적인 주장이었고 대신 경영위원회의 위원을 지명하는 것이 아니라 선출한다는 원칙수립에 기여하였다고 볼 수 있다.

한편 1919년 상반기까지 볼셰비키의 주장과는 달리 공장위원회에 의한 노동자관리가 생산성을 향상시킨 경우도 있었다.[58] 정부의 희망과는 달리 1919년 초에도 노동자관리는 55%나 되는 부분을 차지하고 있었다.[59]

제 1차 전러인민경제위원회(Sovnarkhozy) 대회는 일인관리제에 대한 레닌의 희망이 좌절된 사건이었고 노동조합이 경영에 개입할 수 있는 여지를 완전 배제하지 못함을 보여 주었다. 사회주의로의 전환이나 국유화로의 길은 1~2년 이상이 지난 후에야 준비가 가능하리라는 것이 명

55 이 용어는 레닌 자신도 이미 2월에 사용한 적이 있다. 노동자행정이란 그야말로 관료주의적인 발상으로 중앙에서 내린 지시를 노동자대표로 구성된 관료들이 수행한다는 것으로 언뜻 보아 '노동자주의' 인 것 같으나 내적으로는 노동자들 사이에 이미 선거권이 상실되고 지명된 대표제이기 때문에 모든 결정은 노동자들 사이에서가 아닌 외부에서, 위에서 정해지는 것으로 노동자주의와는 거리가 먼 것이었다. 노동자경영이란 이에 비해 직접 참여와 결정에 가담하는 것으로 묘사되나 생디칼주의자들의 노동자경영과도 구분되는 것이라 할 수 있다. Dewar, 34:1; Lenin, 위의 책, 23:250－1.

56 *Trudy I Vserossiskogo S"ezda Sovnarkhozov,* pp. 79, 343 ; Kanev, S., *Oktsiabr'skaia Revoliutsiia i krakh anarkhizma* (Moscow, 1974), pp. 23－7.

57 무정부주의자들은 제 1차 전러노동조합대회에서 그들의 주장을 참석자 482인 중에 찬성 4표를 얻었다. Brinton, 35－7 ; E. H. Carr, 2:86－7.

58 S. Lozovsky, *Rabochii kontrol'* (Petrograda, 1918), pp. 2－4.

백하였다. 그러나 볼셰비키가 활용할 수 있는 중간수준의 전문간부들이 압도적으로 부족함에 따라 국유화 자체는 아직 요원하였다.[60] 점차 노동조합을 국가의 기구로 만든다는 제안에 볼셰비키 대다수가 호감을 가지고 있는 동안에 노동조합측은 국가기구로 변화한다는 데에 여전히 전면 거부하고 있었다.[61] 1919년 1월 16~26일 제 2차 전러노조대회에서 국가기구화의 문제가 전연 언급되지 않았다는 것은 이 의제를 지연시키고자한 노동조합과 공장위원회의 의도를 엿볼 수 있다.[62]

6월까지 노동자관리는 대부분 사기업이나 자의적으로 몰수된 공장에서 묵인된 상태에서 그대로 존속되고 있었다. 신정부의 공식적 국유화는 문서상으로만 존재하였고 정부는 자의적인 노동자관리를 손댈 수가 없었다. 단지 레닌은 이를 국유화로 가는 동기유발용, 부르주아 억압을 위한 정치적 수단, 신노동조합의 과제를 위한 선전용으로 활용하기 위해 갖은 노력을 다했다.[63] 그러나 노동자관리의 혁명적인 성과

59 Vinogradov, V., 위의 책, P. 51 ; J. Malle, 〈표 3:1, 노동자관리의 참여도, 1918. 8〉를 참조하라.

60 정신노동자 : 육체노동자의 비율은 독일의 경우 1:5, 미국의 경우 1:8에 비하여 러시아의 경우는 1:15에까지 이르다는 점을 생각하여 볼 때 러시아에서 효과적인 노동훈련이란 거의 절망적인 상태였다. 당시에 믿을 만한 중간 수준의 간부들은 대부분 노조활동에 가담하는 이들이었기 때문에 볼셰비키 정부로서는 이들로부터 정치적인 중립을 보장받는다는 것은 매우 매력적인 일로 보이지 않을 수 없었다.

61 특히 철도노조와 섬유노조는 국가 기구화되어 비호 받는다는 것이 자율성을 상실하게 될지도 모른다는 우려를 강하게 나타내었다.

62 아직은 노조내에서 볼셰비키 당원은 절반이 되지 못하였는데 이들의 숫자는 매년 증가하였다. 볼셰비키는 당내 파벌이 생길 때마다 노조의 중앙집권주의의 욕구가 커져갔다. 당은 당원노조원을 침투 연루시켜 각종 정치회의, 기구에 끌어들이려는 노력을 필사적으로 하였다. J. Malle, 위의 책, 표 3:2를 보라.

가 지대하였다는 사실이 아직도 노동자들의 기억에 생생하였고 아직은 부르주아 기업주의 저항의 가능성이 크고, 반볼셰비키 정당과의 경쟁, 노동대중의 계급적인 적개심이 존재하였기 때문에 노동자관리를 공개적으로 비난하는 것은 결코 유리하지 않았다. 또 그 기능이 최고인민경제회의와 직접 충돌하지 않았기 때문에 레닌은 겉으로는 애매한 태도를 견지하고 있었다. 그러는 사이에 경제적 파국이 지속되어 노동자관리의 직접경영의 기회는 위축되고 있었다. 레닌은 전면적 국유화보다도 국가자본주의 노선을 내세우면서 노동자와 기술자에 의한 집단관리를 주장하고 노동자의 관리는 감시 감독 기능에만 머물 것을 강조하였다.[64] 그러나 노동자와 기업주 사이에 적대감이 여전히 존재하는 한 국가자본주의란 이론상의 구호에 지나지 않는 것이었다. 이런 상태는 무엇을 말하는 것일까? 그것은 아직은 볼셰비키당이 노동조합에서 주도권을 확보하지도 못하였고 노동조합 자체도 전국적인 수준에서의 자율적인 권한이나 조직망 그리고 기능과 권한에 관한 어떤 체계적인 이론도 갖추지 못한 상태에서 막연한 혼돈속에서 모두가 시간을 낭비하고 있다고 말할 수 있다. 그 사이 생산의 하락은 정치적 불안을 갖고 오기

63 Buynan, J., *The Origin of Forced Labour in the Soviet System, 1917—18 : Documents and Materials, (Baltimore, 1967)* pp. 27—43 ; Gladkov, *Natsionalizatsiia promyshlennosti v Rossii,* pp. 18—20; Silantiev, *Rabochii kontrol´ i sovnarkhozy,* p. 3 ; Ankudinova, *Natsionalizatsiia promyshlennosti v SSSR, 1917—20,* p. 33.

64 Stepanov, I., *Ot rabochego kontrolia k rabochemu upravleniiu v promyshlennosti i zemledelii,* (Moscow, 1918), pp. 239—40 ; Bettelheim, 위의 책, 1: 125—30.

마련이었는데 볼셰비키들은 이런 이유에서 노동자관리가 마르크스주의적이 아님을 공개적으로 선언하는 단서로 이용하였다.

> *노동자관리는 사회주의가 아니다. 노동자가 먼저 경영의 방법을 배우고 권위가 확립된 이후에야 사회주의가 가능하다* (제 6차 비상전러소비에트 대회, 1918. 11. 6–9).[65]

레닌은 생산을 향상시키기 위한 방법으로 임금차등, 성과급제, 기술자경영인제 도입 등, 경영의 합리화를 위해 소위 테일러주의를 도입하였다. 그의 노력에 대하여 일반노동자들은 심하게 반발하였고 결국 집단관리제의 제안은 좌절되었다.[66] 내전이 심화되는 시기인 1919년 8월에 볼셰비키는 서서히 노조원 내에서 과반수의 지지를 확보하는 데 성공하였다. 이 무렵의 기업의 경영진을 출신별로 비교한 자료를 보면 공장위원회 출신이 20%, 노조원이 3.1%, 고급기술자출신이 29.6%, 중급기술자 출신이 22.6%, 정부기구내의 관료 10.5%, 기타 14%으로 나타난다.[67] 여기서 알 수 있듯이 노동조합원의 경영이사회의 영입은 매우 제한되어 있었다. 노동조합원들은 자신들이 직접 경영진에 들어가기

65 신 노동조합의 노동자관리에 대한 비판에 관해서는 Malle, 위의 책, p. 146, 주) 59, 73을 참조하라.

66 K. E. Baile, "Alexei Gastev and the Soviet Controversy over Taylorism, 1918–24," *Soviet Studies*, 29:3 (July, 1977), pp. 373–94.

보다는 기술자들이 영입되는 것이 조합활동에 좀 더 큰 자율성을 보장해 주는 방법이라고 보았다.

당시 열렬한 볼셰비키 경제이론가인 크리츠만은 소련의 산업경영기구의 형성과정에 6단계가 나타난다고 하였다. 그것은 1917년 10월까지 노동자에 의한 자생적 관리의 단계, 10월혁명 직후 1918년 6월까지 강행된 노동자자주관리, 1918년 말 국유화의 시작과 더불어 자본가 출신의 전문 관리인의 강제적 참여하의 산업관리, 1919년 초 정부의 관리기구 창설까지 전문기술자들의 의무적인 봉사, 집단관리제의 실시, 1921년의 일인관리제의 도입 등 6단계라는 것이다.[68] 이것은 매우 과장된 것이긴 하나 각 단계마다 정치적인 변동을 보여 주는 데에 크게 시사하는 바가 있다.

8월 내전이 개시되자 레닌은 국가자본주의라는 이름 하에 부르주아 출신의 기술자와 경영주와의 협력을 모색하고자 큰 노력을 기울였다. 그는 러시아 노동자의 문화적 낙후성 탓에 사회주의적인 생산방식이 예상보다 지연되리라는 사실에 매우 초조해 하였고 그보다 생산성 향상을 위해 노동자의 직접관리나 국유화를 지연시키고자 하였다. 이것은 이념상으로 당내의 좌익 볼셰비키로부터 큰 반발을 받았을 뿐만 아니라 노동자 일반으로부터도 저항을 받았다. 그는 한편에서는 산업

67 *Narodnoe Khoziaistvo*, 1919, nos. 7−8, pp. 45−7.
68 Kritsman, *Geroicheskii period Velikoi Russkoi Revoliutsii* (Moscow, 1924), p. 96, Malle, 위의 책, 재인용, p. 107

생산을 감시할 중앙기구를 만들어 중앙에서 직접 지시하는 효율적인 통제를 추구하였다. 그러나 1918년 전반에 걸쳐서 기업에서 계급의 분규가 지속되었고 경영주들은 노동자의 감시 관리보다는 직장폐쇄의 방법을 정부에 호소하였다. 이에 레닌은 이념과 현실 사이에서 심한 갈등에 빠졌다.

신정부에게 부딪힌 보다 큰 장애는 식량의 부족, 유통의 마비, 물자궁핍에 따른 노동자 이탈현상이었다.[69] 8월 이후 레닌은 생산을 회복하기 위한 노력으로 결국 은행의 국유화와 국가통제, 노동규율, 임금의 부분적인 차등화, 강제노동, 기술전문가 대량 고용, 노동조합내에서의 선거제 폐지 등을 결정하였다.[70] 또한 소비에트는 전러국가경제위원회의 지도부에서 좌파인 오신스키, 부하린, 스미르노프 등을 경질하고 대신 밀류틴, 류꼬프로 대치시켰다. 또한 그는 노동자관리를 주장하던 무정부주의자들을 조직적으로 탄압하고 일부는 체포하였다. 자본주의적인 경영주를 다시 고용하는 것에 대하여 비난하는 민주적인 좌파에 대해서도 그는 좌익 소아병자라고 비판하고 국가자본주의를 거쳐서 사회주의 단계로 나아갈 것이라고 응수하였다(Lenin, 22: 516－17).

그러나 6월 28일 국유화 선언은 신정부에게 상당한 부담을 주었

69 1918. 3. 20. 소비에트집행위원회에서 노동부 위원장인 Shlyapnikov는 노동자의 태만을 한탄하였다. 5월 25일 노조위원장인 톰스키 역시 노동자들의 의욕감소를 지적하였다 5월 30일 제 1차 전러 인민경제위원회에서 노긴 역시 노동자들이 갖는 식량이 1914년의 1/2도 되지 않음으로서 발생할 전국적인 노동자태업을 걱정하였다.

70 Buynan, 위의 책, pp. 387－98.

는데 중앙은 지방의 자주관리위원회와의 충돌을 해결할 수가 없었다. 결국 정부는 내전이 발발하자 철도 및 다른 기간산업부문에서 자주관리에 강제폐쇄를 단행하여 관리와 경영을 완전히 구분지었다. 경영의 실권은 최고인민경제회의와 지방경제위원회에게 부여하고 형식상 관리와 감독은 노동조합에게 이양하고 현존 자주관리위원회는 폐지하거나 노동조합에게 종속시켰다. 그 대신 노동조합의 대표는 중앙의 관리위원회에 파견할 수 있다고 결정하였다. 내전의 개시라는 상황에서 노동자관리와 자율권의 주장은 자연히 좌절되지 않을 수 없었다. 노동조합은 딜레마에 빠지게 되었다. 내전은 사회주의에서 조기 국유화를 서두르게 하는 빌미를 주었다. 비판적이던 부하린, 라덱은 승복하지 않을 수 없었고 끝까지 당의 중앙집권적인 관리체제를 반대하던 오신스키는 노동자반대파와 더불어 당내 주류파에서 밀려났다(Carr; 2:100).

전시공산주의 시대의 레닌의 노동정책

레닌은 노동자관리권을 중앙기구에 이전시킴으로써 당내 좌파로부터 심한 반발을 받았다는 것은 위에서 언급하였다.[71] 그는 이때 이념보다는 실용주의적인 노선을 취해야 할 절박한 상황을 이유로 들면서 맞섰으나 문제는 그것이 과연 의도한대로 생산성의 문제를 해결할 수 있는지, 또 이에 대한 노동자대중의 저항에 어떻게 대처할 것인지라는 점이 남아 있었다. 이론상의 준비 없이 강제적 억압의 방법을 구사할 때 치를 댓가가 무엇이며 그 댓가가 새 정부의 사회주의적인 질서 수립에 어떤 영향을 주었는가를 본 장에서 살펴 보자.

내전시에는 정부의 모든 공식적 노동정책과 노동보호입법은 문서와 이론으로만 머물고 실제는 군사적 필요에 따라 결정되었다. 그러나 일반적으로 서방 역사가들은 '전시 공산주의' 라는 용어는 엄밀히 말해 수미일관된 계획이나 이념도 없는 체제였다고 말하고 있다.[72] 내전 동안에 레닌은 무엇보다도 숙련공을 비롯한 프롤레타리아계급의 생산 작업장 이탈과 의식수준의 하락에 당황하였다. 1918년 말의 새 노동법에서 레닌은 수많은 비인간적인 규정과 강제적 노동의무, 노동카드제를 도입하였다. 노동일탈을 반역 행위로 규정하면서 강제노동장으로 보낸다는 규정에는 그 누구도 면제받을 수 없다는 원칙을 선언하였다.[73]

> *만일 노동조합이 노동자이익을 대변하고 국가기능을 대신하려고 한다면 노동조합은 이익만을 추구할 것이고 국가경제는 심한 혼란에 빠질 것이다.…노동자는 아직 부르주아 사회와 완전히 결별하지 않았고 과거의 얼룩을 그대로 지니고 있다.*[74]

71 Buynan, 위의 책, 32., 국제주의자들이 비판, 제 2차 노조대회, 1919. 1. 23

72 Malle, 1−9; Remington, 6−8; E. G. Gimpelson, "O politike voennogo kommunizma,1918−20," *Voprosy istorii,* no. 5, 1963, pp. 36−50.

73 M. Dewar, 위의 책, pp. 43−44 ; *Labour Code of 1918*, no. 27, 92, 148 참조.

74 Lenin, 제 2차 전 노조대회, 1919. 1. 20.

이것은 1917년의 레닌의 시각과는 큰 차이를 보이는 것이다. 왜 이같은 변화가 일어나게 되었을까? 그것은 우선 첫째로 내전의 군사적 절박함에 직면하여 실시한 생산성 향상을 위한 경제적 중앙집권적인 통제가 아무 효과가 없는데 대한 위기감, 둘째 경영권을 둘러싼 노동자들의 사회적 저항, 셋째 끊임없는 식량 위기와 농촌에서의 비협조, 끝으로 국가기구나 당내기구에서 활동하는 신 당원들의 낮은 문화수준 등이 볼셰비키로 하여금 초조하게 만들고 강경한 태도를 취하게 한 원인이었다.

그 중에서도 산업경영은 볼셰비키가 다루기에 가장 어려운 문제 중의 하나였다. 공장위원회가 종속된 이후에도 기업 내에서의 전문기술자 출신 기업주와 노동자간의 계급적 적대감은 그대로 존속하였고 노동자관리는 사기업과 지방에서 지속되고 있었고 중앙의 최고인민경제회의는 레닌의 공식적 선언과는 달리 지방경제기구의 저항을 해결할 수가 없었다. 신체제 이념에 일치하는 유능한 경영간부들이 극소수였으므로 새 경영진을 내세운다는 것은 불가능하였다. 이 때문에 볼셰비키체제에서 산업경영의 구조는 항상 불안정하였고 자주 번복되고 혼선이 일어났다. 말레(Malle)에 의하면 전시공산주의 체제하의 경영은 3단계, 즉 노동자관리 → 국가에 의한 자본주의적 관리 → 당 중앙관리의 단계를 거쳤다고 한다. 그러나 필자가 보기에 각 단계는 모두 다 불균형하게 뒤섞여 있었고 조화를 이룬 적도 없고 그 어느 방식도 다른 방식에 대해 우월성을 확보한 적이 없이 언제나 혼란과 갈등에 빠져 있었다. 가장 큰 원인은 볼셰비키 자신의 지방적 기구의 취약성, 경험

부족으로 인해 노동조합으로부터 적절한 지지를 받지 못한데에서 기인하였다.[75] 결국 다시 노조의 역할규정이 새로운 문제로 대두되었다. 1919년 1월 노조 의장인 로죠프스키는 노동조합의 국가화에 다음과 같이 반대하였다.

> 「 *노동조합의 국가기구화는 공산주의적이 아니며 이는 오히려 관료기구로 전락할 위험이 있다.*[76] 」

이에 비해 라쟈노프와 부하린은 노동조합의 국가기구화는 국가에 노동계급의 성격을 부여할 수 있다고 주장하였다. 이처럼 대다수 볼셰비키에게는 아직 국가와 사회의 관계에 대한 이론은 탁상공론의 수준에만 머물고 있었다. 즉 노동조합이 노동계급이 의식을 계발하거나 민주적인 사회세력이 되는데에 어떤 역할을 할 것인가는 전연 관심의 주제가 되지 않았다. 레닌 역시 산업생산성 하락에 당면하여 실용주의적 입장에서 노동자출신의 경영인 양성이 시급하다고 보고 이념의 기능을 심각하게 논의하지 않았다. 그는 오직 노동조합의 기능에서 경제적인 효과만을 생각하였다. 그는 노동조합의 정치기구에서의 직접참여를 금지할 필요가 있다고 결론지었다. 그는 노동조합을 정부기구 하에

75 사실 러시아에서의 노동조합은 대부분 1917년 2월 이후에 조직되었고 게다가 노동조합의 인기는 원래부터 멘셰비키에 쏠려 있었다.

76 제 2차 전러노조대회, pp. 9−16, 37−40. Dewar, p. 72. 재인용.

종속시키는 대신 가능한 한 신체제에 협력적인 수단으로 만들고 이로부터 경영가를 선발하여 기업내의 경영진, 경영위원회에 참가하게 만든다는 제안을 하였다.[77] 동시에 그는 노동조합에게 '일인관리제'의 도입의 불가피성을 강조하였다. 그러나 대다수 볼셰비키는 노동조합이 국가행정으로부터 중립을 취한다는 레닌의 발상에 찬동하려 들지 않았기 때문에 그의 주장은 밀려났다.[78] 강경파와 좌파 사이에서 레닌은 재빨리 양보하여 노동조합의 산업경영권에의 참여를 허용하는 논조를 펴기 시작하였다.[79][80]

> *가장 중요한 현재 당면과제는 어떻게 노동자관리에서 노동자경영으로 전환할 것인가라는 문제이다.*[81]

77 그는 노조가 국가기구로 합병되기 위해서는 노조가 하위조직을 중앙집권적으로 재편성하고 노조가 노동자들에게 숙련도 교육과 사회주의적 의식교육을 시키며, 또 생산교육 뿐만 아니라 국가기구에 관한 사무직 훈련까지 시켜야 한다는 것을 조건으로 내세웠다. 1919. 1. 21. 볼셰비키가 노조를 강제로 국가기구화하려는 조짐을 보이자 상당수의 유력한 노조들이 저항하였는데 볼셰비키는 과반수를 확보하기 위하여 강경책으로 인쇄노조, 은행사무직 노조, 모스크바공무원노조를 해산시켰다. *Delo Naroda*, 1919. 3. 21. p. 2. Buynan, p. 45. 재인용.

78 Kaplan, 위의 책 pp. 211−21; Deutscher, pp. 18−22 ; *IV Vserossisskaia konferentsia profsoiuzov*, 1918. 3. 12−17. pp. 301−2, Malle, p. 108재인용.

79 제 8차 당대회, 1919. 3. 23. "노동조합의 산업경영에 관한 결정", 5항. 사회주의 산업의 조직기구는 노동조합에 기초를 둘 것.…사회주의 사회의 노조는 좁은 직업별의 시각을 탈피하여 대규모 생산협동체로 전환할 것.…노조는 산업행정에 참여하여 그들 수중에 전국 경제의 행정을 집중시키며 노동대중을 광범위하게 경영에 가담시킬 것.… 등을 결정하였다.

80 Buynan, pp. 49, *Izvestiia*, 1920. 3. 2. no. 13 ; Trotsky, 제 3차 노조 대회, p. 87

그러나 정부가 경제를 중앙집권적으로 경영한다는 정책에서 근본적인 변화를 결정한 것은 아니고 다만 노조에게 임금률을 결정하고 특별진정소를 설치하는 권한을 부여한다는 정도로 양보하였다. 그러나 레닌은 노조의 정부기구화 문제에 대해서는 당혹감을 느끼고 있었다. 그는 자신의 국가고사론을 아직도 버리지 않고 있었기 때문에 국가권력과 노동조합의 관계는 여전히 애매한 상태에 있을 수 밖에 없었다. 다만 내전시기 반혁명세력을 분쇄하고 프롤레타리아독재를 보호하기 위해 국가고사론을 무기연기한 상태에서 다음과 같이 규정지었다.

> 「*노동조합은 특정 공무원 없이 국가공무를 노동대중에게 가르치지 않으면 안된다. 노동조합은 노동자를 가르치는 학교다.*[82]」

노동조합은 지방기업의 경영 권한문제를 둘러싸고 최고인민경제회의와 심하게 충돌하였는데 레닌은 노동조합에 대해 '정치적으로 중립적' 이라는 말을 사용하였다.[83] 그 이유는 부분적으로 생산성의 문제

81 이때 볼셰비키는 동부전선에서 콜차크부대의 진격에 긴장하여 적군의 동원과 군수품을 징발해야 하는 절박함 때문에 노조내의 자원부대의 동원이 불가피하게 되었다. 여기서 그는 노조의 도움없이 노동자일반의 생산성 교육을 절대 실현할 수 없다는 사실을 깊이 절감하였다. Lenin, *CW.*, 29: 154, 제 8차 당대회 보고서, 1919. 3. pp. 18－23.

82 노동조합의 위치에 대해서는 레닌 뿐만 아니라 전 볼셰비키들 사이에 의견통일이 이루어지지 않고 있었다. 노동조합과 최고국가경제위원회, 소비에트조직의 중앙과 지방의 각기구, 당조직들이 서로 중복되고 충돌하는 기능을 가짐으로 해서 이들은 서로 우위를 점하기 위해 갈등을 일으켰다. 1919년 3월 제 8차 전당대회는 1월에 있었던 노동조합대회의 결의문을 두고 심한 격론을 벌였다.

때문인 것으로 볼 수 있다. 또 다른 이유는 레닌에 의하면 소비에트 기구는 민중의 대표인 입법기구의 성격과 행정기구로서의 성격을 다 갖추고 있기 때문에 프롤레타리아 민주주의를 실현시킬 수 있지만 노동자의 권익을 우선시하는 노동조합은 당의 정책을 입안하거나 결정하는 정치적 역할을 행할 수는 없다고 생각했다. 그런 의미에서 노동조합은 정치에서 배제되거나 중립적이어야만 했다. 사회주의 체제하에서 노동조합의 역할은 노동을 조직하고 생산을 관리하는 일이 주된 것이라는 것이다. 결국 미래사회주의 국가 건설에서 국가권력과 노동조합과의 관계를 가장 교묘하게 결정한 이는 레닌이었다.

> 『*사회주의 체제하에서 노동조합은 노동대중과 소비에트 기구를 중재하는 역할을 맡는다.*[84]』

이리하여 일반노동자 → 노동조합 → 지방경제기구 → 소비에트 하위기구 → 소비에트상부기구 → 소비에트집행부 → 최고인민경제회의 → 노동성 → SNK, 인민위원회 → 당의 순서대로 권력의 위계질

83 Lozovsky는 지역 지장에서의 소비에트의 권한으로부터 노동조합의 중립을 보장받으려고 하였고, 국가기구는 노조조직이 기초가 되어야만이 프롤레타리아 성격을 유지한다고 보았다. 그러나 볼세비키 대다수는 국가기구를 통해서 노조를 지배해야 한다고 봄으로서 당, 소비에트, 노동조합 사이에 실질적인 우선권에로 관심이 집중되었다. Kaplan, p. 221.

84 Kaplan, *op. cit.*, P. 226.

서의 원칙이 세워지고 이 원칙은 1919년 내전의 위기를 틈타 시행되었다. 1919년에는 지방수준에서는 지방소비에트와 지방당조직, 지방경제위원, 노동조합들 사이에 권력 경쟁과 알력이 남아 있었는데, 레닌은 당을 소비에트보다 우위에 두기 위한 투쟁에서 노동조합을 이용하였다. 점차 모든 생활이 전시체제로 묶여지면서 소비에트기구의 권한은 위축되고 당의 권력은 유리하게 강화되는 방향으로 변하였다. 레닌은 정치권력 사이의 이런 변화를 경제면에서 뒷받침할 수 있는 것이 노동조합이라고 보았다. 즉 노동조합에 대한 지시에 종종 최고인민경제회의와 당이 직접 간섭함으로서 지방기구나 소비에트기구의 역할을 무색하게 만들곤 하였던 것이다.

전시 공산주의시대에 경제적 행정기구상에 또 다른 커다란 변화가 일어났는데 이것은 후일 공산주의 러시아의 경제감독면에서 당과 노동자의 관계를 결정적으로 바꾸는 변화였다. 즉 정부는 지방기업에서 경영권을 제어하기 위해서 인민위원회(SNK, 국무회의에 해당함) 산하의 국가관리위원회를 노동자관리위원회에 대치시켰으나 제대로 효율성을 거두지 못하자 당의 최상층부의 정치기구가 직접 총괄하고 지역별의 경제기구와 경쟁하면서 자주관리를 완전히 폐지하기 위하여 이른바 중앙집권적 산업부문별관리기구로서 '중앙산업관리국'(Glavkism)을 창출하였다. 이 기구는 고도의 중앙집중주의적인 방법으로 모든 산업을 부문별로 나누어 각 위원회가 지방기업의 회계, 생산성, 임금책정 등에 직접 개입·감독하였다.[85] 이 중앙산업관리국은 위에서부터 할당량을 책정하고 생산물을 수거하였기 때문에 지방기업을 관리하는 지방경제위원회(Sovnarkhozy)로부터 심한 반발을 받았다.[86] 이 기구의 강압적인 감독과 개입은 최고인민경제회의하의 중앙관리 경영이사회의 기능조차도 무력하게 만드는 결과도 가져왔다. 최고인민경제회의조차도 실질적으로 통제권한 면에서 침해받았다. 이것은 볼셰비키의 산업경영방법과 노선에 있어서 전적으로 새로운 단계를 뜻하는 것이었다. 이 변화는 볼셰비키가 반혁명군과의 전쟁에서 유리한 고지를 갖는 순간에 일어났다. 즉 1919년 말 내전에서의 승리의 가능성이 커지자 신정부는 지방경제기구의 자율성이나 노동자관리, 노동조합 등에 효과적으로 침해할 수 있다는 자신감을 가졌다. 혁명과 동시에 창출되어 최고소비에트 인민대표회에 책임지는 최고인민경제회의, 인민위원회(Sovnarkom, SNK로 약함) 조차도 점차 퇴색되고 그보다 당, 정치국, 중앙산업관리국(Glavki)기구들이 경제면에서 의사결정권을 독점하기 시작했다.

내전이 계속되는 동안 집단관리제나 최고인민경제회의의 경제지휘는 전연 성과를 보이지 못하고 국유화된 기업의 대다수는 재정적인 파산, 생산성의 하락, 실업에 직면하게 되자 이것은 집단관리제와 노동조합의 애매한 중립성을 비판하는 구실을 마련하였다. 마침내 1920년 4월의 제 9차 당대회에서 레닌이 일인관리제를 공식적으로 요구할 정도의 과감성을 보였다. 이것은 그만큼 적군의 승리 이후 당의 정치적

85 Malle, 위의 책, pp. 267－80에서 중앙산업관리국과 지방경제위원회 사이의 갈등을 자세히 묘사함 ; T. Remington, 위의 책. pp. 65－71. 註. 55－6 참조.

86 *Izvestiia*, no. 208, 1918. 9. 25. p. 5 ; *Narodnoe khoziaistvo*, 1919, no. 1－2, pp. 35－6.

통제권이 확실시 되었음을 입증하는 것이었다. 이미 최고인민경제회의와 정부고위 행정기구 내에서의 노동자의 비율은 현저히 떨어지고 그 대신 경영 권한이 적은 지방 경제기구에서만이 노동자 비율이 그대로 유지될 뿐이었다. 또한 지방 경제기구나, 지방의 정부직속 경제기구내에서 기술자들의 비율 역시 현저히 떨어졌다. 이것은 중앙으로 갈수록 고급기술자들이 몰려있고 노동자들은 겨우 지방경제 기구에서 자신들의 역할과 발언권을 유지하고 있음을 의미한다. 지방기구에 대표를 보내는 볼셰비키 당의 권한은 소비에트나 노동조합의 권한과 비슷한 수준으로 육박함으로써 경제면에서 당의 통제는 더욱 강력해졌다. 즉 노조에서 보낸 대표들이 지방행정, 경영기구의 위원회에 머무르는 시기는 극도로 짧아져서 권한이란 의미가 없어졌고 노동자관리가 노동자행정으로 바뀌어진다는 말조차 형식에 불과하였다.[87] 점차 공장내의 경영위원회는 지역별 경제위원에 책임을 지기보다는 산업별 중앙산업관리국(Glavki)에 책임을 지는 양상이 굳어지고 있었다.

1919년 내내 중앙에서의 식량확보의 노력이 허사로 돌아가면서 노동자들의 혁명의식은 현저히 약화되었다. 이로서 계급의식은 경제적 궁핍에 비례하는 것이 아니며, 빈곤은 오히려 해로운 결과를 줄 수도 있다는 것을 보여 주었다. 이때 트로츠키는 이것이 최고인민경제회

87 Malle, 위의 책, pp. 126—7, '경영이사회에서 노동자출신의 비율' 에 관한 표 3:4, '노동조합이 경영자에의 대표선정 권한에 관한 비율' 표 3:5를 참조.

의나 SNK와 같은 중앙기구의 관료주의적인 방법 때문이라고 통렬히 비난하고 열성적인 적군부대를 노동동원 대원으로 쓰고 모든 노동이탈자를 강제노동장에 동원하는 방법을 제안하였다. 그러나 심각한 사실은 강제노동이 전시에 실시되는 것이 아니라 오히려 내전에서의 승리가 확실해진 순간에 강화되었다는 사실이다. 이제는 볼셰비키의 투쟁대상이 반혁명군이 아니라 노동이탈자나 소극적인 노동대중에게로 향하였다는 것을 의미한다.

강제노동의 기원에 관해서 상세한 연구를 시도한 부이난은 1919년 6월 정부의 인력난은 극에 달했으며 노동강화를 위한 정부의 노동자에 대한 정책은 거의 전쟁상태에 가까운 것이라 말한다. 레닌의 신중한 경고에도 불구하고 강제노동은 일반 노동계급에게도 적용되기 시작하였다. 강경정책을 주장하던 트로츠키는 아래와 같이 강변하였다.

「*프롤레타리아 층은 자기 이익에 몰두하는 일은 잘한다. 그러면서도 스스로에게 해를 끼친다.…왜냐하면 프롤레타리아가 좀 더 일을 하면 지금과 같은 기근, 추위, 원료의 난은 일어나지 않았을 텐데.…그들은 자기의 이익도, 국가의 이익도 이해하지 못하고 있다. 이제 그들은 자신을 희생할 필요가 있다. 이상을 위해 후방의 노동자들은 자신을 희생해야 한다.(Buynan, 70)*」

당은 노동자들이 노동규율에 저항하면 직장을 폐쇄한 후 강제징집령을 내리고, 그 다음 작업장에 노동자를 강제로 선별하여 배치하였다. 6월 25일 포고에 의하여 모든 노동자는 반드시 개인별 노동장부를 지녀야 하고 이주의 자유는 제한되고 정부와 노조의 감시 하에 놓였다.

그러나 독재적인 노동정책이 과연 얼마나 큰 성과를 거두었을까? 제 2차 SNK 총회에서 농촌의 소규모 쿠스타리 수공업 부문의 국유화를 논했을 때 농업인민위원부의 노긴은 쿠스타리의 역할의 중요함에 대해 고백하였다.[88] [89] 볼셰비키는 이념을 선전하는 열광적인 어조로 쿠스타리를 중앙경제기구에 합병하는 일을 역설하였지만 실제에서 이들을 통제하는 것은 불가능하였고 오히려 생산을 완전히 정지시키게 만드는 결과를 가져왔다. 그 뿐만 아니라 정부의 각 기구와 군사분과가 지방경제기구에서 쿠스타리의 생산물을 쟁탈하는 사태까지도 벌어졌다. 대기업의 사정은 내전이 끝날 무렵에는 최악의 수준으로 나빠졌다. 결국 볼셰비키의 중앙관리체제는 무능하였고 실현가능성도 전혀 없음이 드러났다.

전시 공산주의 체제하에서 노동자관리는 어떤 운명을 겪었을까? 1918~21년 사이의 노동자의 집단관리제는 전혀 사라지지는 않았지만

88 이들 소생산자들의 GNP 에의 부담은 1913년 당시 24%—27%에 이르렀고, 혁명 이후 생산성 하락으로 다시 소생산자들의 비중은 더욱 더 커지게 되었다. 이들 노동자는 모스크바 내에서도 매년 2배씩 증가하였는데 각 작업장의 노동자수는 12~15인이며 어떤 경우는 200~300까지 이르렀다. 수도내의 쿠스타리의 주 소비자는 전러노조위원회, 소비조합, 보건부들이었고 군대를 위한 조달은 300만 루블에 해당되었다. *Ekonomicheskaia Zhizn′*, no. 231, 1919. 10. 17. p. 2.

89 정부의 중앙집중화의 노력에도 불구하고 중앙경영에 의한 생산물 분담은 35%에 불과하였다. 그 나머지는 지방 경제위원회가 지휘하는 지방의 작업장이 공급하였다. Malle, p. 87. 註 35 참조.

급격히 감소하였다. 그 대신 당이 선정한 부르주아적 전문가들과 경영인이 기업관리를 맡는 비율은 매우 증가하였다.[90] 라덱에 의하면 노동자의 집단관리제는 일시적인 기간동안만 존재하였다. 경제난국을 맞이하여 집단관리제는 더 이상 공산주의의 원리가 아니었다. 노동자들의 대표조차도 자신들의 임무를 감당할 능력이 없음을 드러내자, 이것은 트로츠키가 집단관리제의 반대를 천명하는 근거가 되기도 하였다. 노조 산하에서 공장위원회는 공장 내에서의 생산성과 숙련도의 수준을 정기적으로 보고함으로써 자신을 감시하고 통제하는 기구로 변형되었다. 1919년 금속공노조는 공장위원회의 이같은 관리기능을 보고 다음과 같이 한탄하였다.

> 「*노동자관리가 이제는 노동자행정이 되었고 1917년에는 노동자관리가 혁명적인 역할을 하였으나 1920년에는 반동적인 역할을 하게 되었다 (Kaplan, 329).*」

이에 레닌은 노동자관리의 이념과 실제정책 사이의 괴리에 대하여 해결방안을 강구하기보다는 노동대중의 문화적 후진성을 극복하는

90 관리제일주의와 일인관리제는 내전이 끝나갈 무렵에 거의 완성된 단계에 이르렀고 그 추세는 내전이후 신경제정책에서 더욱 강화되었다. 이런 사적인 관리는 1918년에 28개의 국영기업에서 채택되었고 이는 3.4%에 해당된다. 1919년에는 10.8%, 1921년에는 71.2%, 1923년에는 90.7%로 증가하였다. 한편, 1920년에 그 지도자들 가운데에서 65.3%가 노동자들이었다면, 1923년의 이 비율은 대기업에서 33%, 소기업에서는 46%로 줄어들었다. Kaplan, 위의 책, p. 88.

방법으로써 당에 의한 중앙관리의 방법이 더 효과적이리라는 생각으로 결론지었다.

> *노동자관리는 노동자가 관리의 기술을 익힐 때까지 연기해야 하며 1920년에는 오히려 유해하다. 사회주의는 곧장 이루어질 수 없으며… 연기하여야 한다. …노동자관리가 조기에 달성되리라 본 것은 어리석은 환상이었고 과도기에는 일인관리제가 유리하다(1920. 3. 29. 제 9차 당대회, 제 3차 전러노조대회).*

1920년 초에는 프롤레타리아독재라는 말은 거의 들어맞지 않는다. 왜냐하면 중앙의 기구가 효율적이지 못하고 집단관리의 방식이 볼셰비키가 원하는 결과를 확보할 수 없음에 따라 당은 정치기구에 의한 독재적인 방법에 더 의존하게 되었다. 1920년 초에 내전에서의 승리 이후 당은 아래에 자율권이나 선거제를 허용하기보다는 오히려 상부의 지시를 수행하도록 명령하는 체제로 변해갔다. 또 당은 이념적 동기보다 출세와 경력주의적 동기에 따라 상부 지시를 완수하기 위하여 수단과 방법을 가리지 않는 인물로 채워졌다. 볼셰비키는 자신의 권력기반의 취약함을 극복하기 위해서 민중을 동원하기보다는 당원을 강화하는 방법을 택하였다. 레닌의 국가자본주의 단계의 노선 하에서 중앙집권적 관리나 생산론적 동기는 내전기 동안 실제에 있어 그의 의도대로 잘 전달되기가 어려웠다. 기술의 속성상 하부 작업장에서는 독재가 본질적인 모습을 띠었다.[91] 생산과정에서 노동자의 이익은 무시되고 결정은 상부에서 지명된 관료들과 경영인에 의해서 이루어지고 노동자 일반은 결정과정에서 점점 밀려나 공장위원회는 완전히 노동조합의 하위기구로 전락하였다. 중앙집권적 관리를 강조하는 레닌파들이나 극단적 자치를 요구하는 노동자반대파들 중에서 모두 다 노동자관리를 어떻게 실제에 과학적으로 적용할 수 있을 것인가에 대해 논의하는 이는 없었다. 하향식의 결정과 이미 이루어진 결정에 관한 공장위원회의 회계감독은 자치권과는 거리가 멀었다.[92]

결국, 레닌은 물질적 생산의 증가를 위해 부르주아와 자본주의 경제의 기초인 기술과 경영의 방법을 도입할 것인가 아니면 사회주의적인 생산양식을 도입할 것인가 두 가지의 노선 사이에서 딜레마에 빠졌다. 결국 그는 노동계급에게 물질적 보상을 대가로 하여 해방이념을 억압하고 생산력 증강을 위해 노동계급을 복종시키고 동원하는 방법을 택하였다. 혁명 이후 노동자들 출신들이 대거 사회적인 상승을 경험하거나 당, 국가기구에 관료로서 선발 모집되어 갔음에도 불구하고 이들은 노동자를 대표해서 노동자 이익을 변호하기보다 국가정책을 지시, 감독하는 노동자관리자로 변질하였다. 즉 정치와 사회가 분리되

91 Avrich, 위의 책, pp. 196－7 ; Sirianni, 위의 책, p. 253.

92 1918년 11월 지역 경제위원회의 대표는 형식적으로만 전국최고경제위원회에 참석할 뿐 매월 정기적인 모임도 흐지부지되고 국가의 한 부서로 전락하였고 지역의 대표의 성격을 띄지 못하였다. 그나마 지역경제위원회 자체도 과거 경영주가 10%, 기술자 9%, 관료가 38%, 노동조합지도자 43%로 구성되었다. 경제 운영은 대부분 프롤레타리아와 상관없는 인물들에 의해서 수행되었다. Remington, 위의 책, pp. 93－8.

어 각자 고유한 역할과 기능을 행사하는 것이 아니라 정치 속에 사회가 합병되어 버렸던 것이다. 이 양자의 차이와 결과를 레닌과 볼셰비키당은 당시에 심각하게 생각하지 못하였다.

산업생산 경영의 권한이 정치적 통제권에 의해 좌우되었다는 사실은 적군의 사령관이던 트로츠키의 입김이 노동징발과 경영, 생산성 강화의 문제에서 거세게 작용한데서도 잘 나타난다.[93] 적군의 엄격한 위계질서와 충성심, 일사분란한 효율성을 경험한 트로츠키는 생산성의 하락의 원인을 노동자의 게으름, 최고인민경제회의와 SNK의 느슨한 관료주의적 조직의 무능함 탓으로 맹렬히 비난하였다. 그는 노동강화와 더불어 일인관리제를 도입할 것을 주장하였다. 최고인민경제회의의 지도자들조차도 집단관리제의 비효율성을 인정하고 있었으나 다만 지방과 중앙, 노동과 경영 사이의 갈등을 조정하는 역할이 필요하다고 보았기 때문에 이를 단지 원칙적으로만 지지하였다.[94] 1920년 봄 제9차 당대회에서 트로츠키는 노조의 위치에 관해서 뿐만 아니라 혁명 직후에 레닌이 창설하였던 경제기구나 관료적인 정치기구 자체에 대한 능력까지도 비판하였다. 트로츠키의 오만한 발언에 당내의 좌파였던 오신스키, 스미르노프, 샤프로노프 등이 격렬히 반발하였다. 이때의 레닌은 다시 한번 그의 특유의 실용적인 방식을 취하면서 중재하는

93 *10 S"ezd RKP,* 20 Marta—4 Aprelia 1920g., p. 79.
94 *Ekonomicheskaia Zhizn',* no. 230, 1918. 10. 18.

입장을 취하고 있었다. 그는 적군의 승리가 확실시 된 후 이제는 노동자관리가 정치적으로 위협적이지 않다는 것을 잘 알고 있었기 때문에 더 이상 공개적으로 집단관리제를 옹호할 필요성을 느끼지 않았고 은근히 트로츠키의 주장에 동조하였다.[95]

1920년 1월 제 3차 전러노조대회는 곧 제9차 당대회의 결정을 수용하기로 결의하였다. 노조는 일인관리제를 택하고 경영인을 선택할 수 있는 기능을 부여받고 이 문제에 대해서는 최고인민경제회의와 긴밀히 협조하며 당세포가 그 중간 매개자 역할을 한다는 것이다. 그러나 이제 노조의 다수파는 볼셰비키당원으로 채워졌기 때문에 실질적으로 노동조합은 당에게 종속되어 갔으며 최고인민경제회의 조차도 당 직할 기구의 지시에 복종해야 했다. 노조의 종속화에 대해서는 멘셰비키들만이 비판하였고 당원내에서는 소수파인 당내 반대파만이 겨우 노조의 자율성을 위해 발언할 뿐이었다.[96] 최종적으로 노조는 공장내의 공장위원회의 관리에의 개입을 금지하고 대신 노동조건과 노동복지에 관한 지시를 수행하는 것으로 그 역할이 축소되었다.[97]

전시 공산주의 시대에 볼셰비키가 추구한 이념상의 목표는 공산

95 제9차 당대회의 결의문의 요지는 대략 다음과 같다. 기업내의 모든 경영위원회의 인원은 최소한으로 줄이고 오직 상위기구에 대하여 책임지며 노동자출신인가 전문가출신인가를 구분하지 아니하고 지휘자인가 아니면 지휘자를 감독하는 것인가가 중요하다는 것이다. 그 외에 또 중요한 결의는 경영가의 지위에 임명할 인물은 당과의 연루관계에 따라 결정하기로 한다는 점이었다. Malle, p. 135.

96 당내 반대파는 주로 돈바스, 모스크바의 대기업에 기반을 둔 인물들이었는데 이들은 당내의 지지자 수가 극히 적었다.

주의에 대한 헌신성, 농민층 이익의 희생, 강제력의 사용, 시장 보다도 중앙관리의 우선정책, 근대적 기술의 추구 등등이었다. 그러나 전시공산주의 정책들은 이같은 이념보다는 전통적인 짜르시대의 유산, 사회적 압력과 갈등에 더 많은 영향을 받았고 결과적으로는 오히려 현물세, 암시장, 중소기업, 쿠스타리수공업이 훨씬 더 큰 비중을 차지하였다. 장기적 중앙계획의 실패 속에서 위에서부터 자의적으로 실시한 식량징발, 상품의 집단교환제와 빈농위원회의 인위적인 계급투쟁, 강제노동, 형식적인 집단관리는 계급투쟁보다는 계급소외와 정부에 대한 적대감만 가져다주었다. 이같은 수직적인 관리는 중앙기구와 대중 사이, 중앙과 지방 사이의 생산과 분배의 조정에 완전한 실패를 가져왔다.

차등임금제나 동기부여 조차도 식량의 부족으로 효과를 거두지 못하였고 남은 것은 강제노동력과 징발 방법 뿐이었다. 결국 전시공산주의 정책들은 경제문제를 이념에 의해서나 실용성에 의해서도 아닌 임시방편적이며 군사적인 방법으로 해결하였다는 평가를 피할 수 없는 것이다. 노동자 관리는 그 사이에 강제 폐지당하였고 노동계급은 혁명적인 열기를 상실하고 물질적인 향상이라는 약속을 대가로 하여 국가에 철저히 종속되었다.

97 Putevoditel′ pp. 270–1, 276–8.

신경제(NEP) 체제와 노동자관리

1920년 동안의 트로츠키의 노동군과 노동징발 및 강제노동 정책은 당초의 기대와는 달리 경제적 성과를 거두지 못하였다. 노동자의 일탈과 농촌에서의 소요의 조짐은 당과 레닌을 긴장시켰다.[98] 경제적인 고통이 노동자를 더욱 짓누르고 민주적 참여의 길마저 상실당한 노동계급의 위치를 폭로하면서, 또 다시 당내 반대파는 노동조합의 자율권 회복에 관해 저항하였다.[99]

1920년 말~21년 초에 노동조합이 생산과정을 통제하거나 노동조직의 이익을 대변한다는 문제에 있어서 다시금 노동조합의 국가주의화의 의미를 둘러싸고 당내에서 의견분열이 일어났다. 처음에는 그 의견이 크게 삼분되었는데 노동조직의 군사화를 통해 사회주의체제의 선봉그룹을 만든다는 트로츠키와 순수 노동자조직의 창조성과 자율성을 통해 사회주의국가의 기초를 만들어야한다는 오신스키와 민주적 집중주의를 주장하는 샤프로노프로 대립되었다. 트로츠키의 주장은 종종 그 자신이 적군의 지휘자로서의 권력을 노동생산성 향상을 위한 노동훈련, 규율을 강화시키기 위한 노동군대의 지휘자로서의 권력의 연장선에 두려고 하였기 때문에 정부기구내의 다른 그룹들로부터 심

98 Lenin, "The Trade Unions, The Present Situation and Trotsky' s Mistake," *CW*, 32:20－1.; "Report on the Role of and Tasks of the Trade Union at the II All Russian Congress of Miners," *CW*. 32:61－2.

99 Deutscher, 위의 책, p. 56.

하게 질투를 받았다. 1920년 11월의 노조대회에서 노동조합의 지도자인 톰스키는 트로츠키와 충돌하였다. 트로츠키에 의하면 노조는 국가에 통합되어야 하며 소득을 증대시키고, 규율을 감시하며 노동자로 하여금 중앙의 관리를 받아 들이도록 중재하는 역할을 맡아야 했다.[100] 이에 반해 당내 민주좌파인 쉴라프니코프와 콜론타이, 오신스키는 노동자관리를 옹호하면서 노동조직의 지도부는 하부에서 선출되고 이들은 전러생산자대회의에 소속되고 노조에 가입한 노동자들에게 의사결정권이 보장되어야 한다고 보았다.

「 *노동자반대파는 계급적 조직의 공산주의자들 가운데서 가장 진보적인 자들이다.…노동조합은 누구인가? 이들은 혁명의 선봉대로서 아직도 소비에트기구내로 해체되지 않은 노동자들이다. 이들은 아직도 인민과 긴밀한 유대를 유지하고 있는 가장 의식적이고 진보적인 인물이다.*[101] 」

「 *산업경제의 건설의 결정권이 과연 소비에트기구에 있어야 하는가? 아니면 계급조직의 기구에 있어야 마땅한가?…당은 원래의 강령에서 벗*

100 1921년 3월 제10차 전당대회에 제출한 그의 '수정된 11월 테제' 에 의하면 노동조합을 국가조직화—전경영을 노동조직하에 둔 다음—국가 정책에 일치시키고—국가와 대중을 중재시키는 기구가 된다는 것이다. "The Trade Union and the Future Role" Dewar, 위의 책, p. 83. 註. 1.

101 쉴라프니코프는 노동자반대파의 지도자로서 1919년 당계획안 제5항에 기초하여—경영권을 노동조합에 두고—노동조합이 간부를 선정하며—전러생산자대회가 최종적으로 산업의 조직과 행정상의 결정권을 가지며—공동으로 봉사해야 한다고 주장하였다. 그러나 곧 이들은 제10차 전당대회 이후 '무정부적 생디칼주의자' 혹은 '쁘띠부르주아' 라고 탄핵받았다.

어났다. 전에는 대중이 원하는 바를 지도하고 반성하였으나 이제는 대중을 불신하고 (9)…이제는 복종과 권위, 차별의식의 자본주의적 의식에 젖어 있는 쁘띠부르주아 출신의 기술자들이 경영과 조직에서 노동자들을 차단시키고 있는 것이다.…(12) 이는 마르크스주의적이 아니다.…노동대중의 참여와 경영에의 결정권 없이는 결코 새로운 사회주의적인 노동조직이나 생산방식을 갖지 못할 것이다.[102]」

콜론타이는 다음과 같이 신랄하게 비판하였다.

「*트로츠키는 노동자들에게 산업조직가로서의 역할을 부여한다고는 하지만 이는 노동자들을 주체적이고도 창의적인 존재로 보는 것이 아니라 단순한 기계적인 도구로만 보는 것이다.*[103]」

분명히 트로츠키의 입장은 권위주의적이었으나 이념면에서는 볼셰비키 당내 우파와는 달리 여전히 혁명성을 내포하고 있었다. 왜냐하

102 A. Kollontai, *The Workers´ Opposition in Russia* (New York, 1921). 이 문서는 그녀가 미국 노동자들을 위하여 해외에서 출판한 것으로서 노동자반대파의 사상과 레닌주의의 변화를 찾아낼 수 있는 매우 중요한 문서이다. 여기서 그녀는 혁명 이후 러시아 노동자계급의 처참한 지위를 폭로하였다. 또 기술주의적인 계급의 등장과 관료주의적인 소비에트 행정계급의 출현을 비판하면서 당내에서 비판과 논의를 금지하는 독재적인 풍토에 격렬히 저항하는 모습을 보여주었다. 그녀는 노동자의 궁핍 그 자체와 소외감, 이에 대한 대책의 부재에 신랄한 도덕적인 비판을 가하였다. 즉 당이 더 이상 민중적이지 않다는 발언을 공개적으로 행하였다. 또한 진정한 사회주의적인 생산방식의 창출에는 관료를 통해서가 아니라 노동조합을 통해야 한다는 주장을 펴면서 노동자관리를 궤멸시킨 당지도부를 맹렬히 비판하였다.

103 *Ibid*. p. 20

면 그는 당대의 산업관리자들이 산업노동자와는 아무 상관이 없는 관료적인 출세파라고 공격하였기 때문이다. 콜론타이는 트로츠키의 진정한 유일한 문제점은 노동자들을 지나치게 매질하는 혹독한 강권적인 방법으로 훈련을 시키려고 한 데 있다고 지적하였다.[104] 이때 레닌의 입장은 대단히 흥미로운 것이었는데 그는 당내 좌파나 트로치키나 온건파 노조지도자인 톰스키 중 그 어느 계파에도 동조하지 않았다. 레닌이 보기에 노동조합은 결코 관리에 개입해서는 안되며 또한 국가정치기구에 직접적으로 참가해서도 안되는 것이었다.

> *프롤레타리아독재란 노동조합의 독재가 아니다. 그것은 프롤레타리아 전위대에 의한 독재이다.*[105]

> *노동조합은 프롤레타리아독재하에는 국가와 당, 소비에트와 당 사이를 중재하는 것이다.*[106]

대부분의 볼셰비키는 노조를 국가 기구의 하위에 통합시키기 위해 혈안이 되었다. 그러나 레닌은 이에 비해 매우 신중한 자세를 취하였고 성급하고도 야심적이며, 전제적인 트로츠키의 노동조합 안 역시 거부하였지만 근본적으로 노조의 정치적 자유성을 허용한다는 의도는

104 A. Kollontai, 앞의 책, p. 25.
105 Lenin, *CW.*, 32:11, "O Professional' nykh soyuzakh…"
106 Kaplan, P. 292.

전혀 없었다. 그가 노동조합의 중립을 내세우면서 고유한 기능을 주장하는 이유는 바로 다음과 같은 이유 때문이었다. 그는 내전 시기에 대다수의 인민과 노동대중이 당과 괴리되면서 생산에의 열기가 식어 가는 것을 가장 두려워하였다. 전시 공산주의적 방법으로도 경제적 사태가 전연 호전되지 못하게 되자 노동조합이 당의 정치기구로 변신하는 방식의 부정적인 효과를 깊이 인식하였던 듯하다. 이에 그는 노동조합으로부터 정치권력기구의 성격을 완전히 배제하는 묘책으로 다음과 같이 말하였다.

> 「 *노동조합은 국가기구로 적합치 않다. 그들은 부패하기 쉽고 산만하며 이기적인 기구이기 때문에 독재기구로 부적당하다. 고로 노조는 통치하기 보다는 프롤레타리아를 동원하고 조직하며 노동대중에게 공산주의 원리를 생산장소에서 가르치는 학교이다.*[107] 」

레닌은 노조가 국가기구로 편성되면서도 정치권력에 직접참여하지 못하도록 치밀한 생각을 하였다. 그리하여 프롤레타리아 국가기구는 노조기구보다 상위에 놓였다. 이처럼 노조가 국가기구에 통합되는 것도 아니고 독립되는 것도 아닌 애매한 어휘상의 차이를 노리면서 레닌은 노조가 노동인민의 권리와 책임을 대변하면서 생산성 교육을 담당하고 노동규율을 감시할 수 있기를 기대하였다. 이것을 어떻게 보아

107 Kaplan, P. 292.

야 할 것인가? 당시의 언어를 보아 레닌이 권모술수로 권력욕에 사로잡혀 있다고 보는 것은 어느정도 감정적인 평가로 보인다. 왜냐하면 1920년 이후에 내전에서 승리함으로써 볼셰비키의 권력에의 보장은 확실해지고 있었고 이 순간에 레닌에게 더 절박한 문제는 생산의 문제였다. 그러나 점차 사회주의 이념면에서 레닌이 부딪힌 궁지는 콜론타이가 맹렬히 비판하였던 대로 궁극적으로 노동대중이 창의적으로 경영과 결정권에 참여할 수 있는 방법을 전연 찾아낼 수 없었다는 점이었다.

실제로 소비에트 기구로부터 노조의 기구가 분리된 것은 궁극적으로 노동대중의 정치적인 자유를 제한하는 효과를 갖고 왔다. 즉 1920~21년 사이에 당은 소비에트와 노조기구를 동시에 당의 하위에 두는 데에 성공하였고 당과 최고인민경제회의(Vesenkha)가 소비에트를 무시하고 입법, 행정, 사법적인 권한을 독점적으로 행사하고 있을 때 노조기구는 전혀 개입할 수 없었다. 노조의 간부들이 선발되어 정부의 요직에 배치된다는 것이 노조에 프롤레타리아적인 성격을 부여하는 것으로 생각할 수는 없었다. 이리하여 사회주의국가 하에서 노동조합은 정치적인 영역에서의 개입의 여지를 완전히 상실하였던 것이다. 이에 콜론타이는 다음과 같이 탄식하였다.

「 *레닌은 생산성 향상을 위해 노동조합에 경영권을 줄 수 없다고 하였다.…그러나 생산성 향상은 누구를 위한 것인가?…노동자는 혁명을 수행함에도 불구하고 자신이 처한 곤경에서 구할 수 있는 아무런 수단도 갖지 못하였다. 노동자는 사소한 임무나 수행하는 도구로 전락하였*

다.… 최고인민경제회의를 폐지하자는 것이 아니라 최고인민경제회의를 노동기구의 하위에 두자는 것이다.[108] 」

1920년 트로츠키의 노동군대의 선동에 의한 강권적인 경영방식 하에 집단관리제는 거의 종식되었고 노동조합은 관료기구 하에 완전히 종속이 되었다.[109] 볼셰비키는 노동계급을 완전히 당의 통제에 두는 데에 성공하였다. 이 상황에서 노동자의 지위는 1917년 혁명 당시의 성취에 비교하여 볼 때 비극적일 정도로 완전히 전락해 있었다. 신경제정책은 표면적으로는 경제적인 자유의 여지를 허용하는 것이었지만 그것은 농업부문에만 일시 국한된 것이고 노동부문에서는 오히려 임금평등제의 폐지, 식량배급량 차별제, 노동카드와 성과급제를 도입하였다.[110] 신경제정책은 정치적으로는 중앙집권적 권력통합과 당의 독재권을 철저하게 강화시키는 방향으로 나아갔다.

결국 결과적으로 신경제정책시대에 레닌의 이념 중에서 보다 의

108 A. Kollontai, 위의 책, pp. 28－31.

109 그는 11월부터는 Pravda, Izvestiia 지에 정치적 보고서는 크게 제한시키고 경제와 생산부문에 관한 소식을 주로 싣도록 명령을 내렸다. 소비에트국가는 이제 경제주의적인 사회주의 이념의 단계로 전환하였다. 그는 대규모 공장의 설립계획, 전국적인 전기화, 기계화, 국유화를 실시하고 완전 일인관리제로 전환한다는 원칙을 거침없이 공표 하였다. 이것은 사회주의라기 보다는 국가사회주의의 본격적인 실시를 의미하는 것이라 볼 수 있다. 이제는 '해방전선' 이 아니라 '노동생산전선' 이 최고의 이념적인 가치를 지니게 되었다.

110 이같은 차등제의 도입은 임금이 6, 7배에서 최고 14배까지 격차를 낳았다. 이것은 또한 숙련공의 이도현상, 식량이 암시장을 유발시켰고 1921년 수도에서는 노동자들의 저항과 소요가 확산되었다. 1921년 3월 크론스타트의 수병 노동자 봉기사태는 이러한 억압과 빈곤, 소회현상의 직접적인 결과였다.

식적이고 헌신적이며 교육받은 노동계급의 창출의 목표는 실현되지 못하였다. 노동이 신성시되는 사회나 약한 타인에 대한 동정보다도 노동의 규정에서 벗어난 이를 탄핵하고 죄악시하는 인위적이고도 강제적인 도덕을 가진 사회가 창출되었다. 기업의 일인관리제와 노조의 국가기구화의 토대는 레닌에 의해서 만들어졌지만 스탈린 시대에는 완전히 자의적으로 활용되었다. 1929년에 집단적 노동자관리는 완전히 사라졌다. 레닌이 강조했던 생산을 위한 노조의 기능은 극단적으로 활용되었다. 노조는 생산의 경쟁에만 몰두하고 더 이상 관리에 개입해서는 안되었다. 25,000명의 열성부대 노동자 간부들은[111] 가공할 정도로 혹독한 노동감시에 매진하였다. 집단들간의 경쟁은 개인간의 경쟁으로 확대되어 돌격노동대(udarniki), 스따하노프운동(stakhanovite)[112]으로 나타났다. 생산 할당량을 초과한 지도자 간부들이 노조위원회를 탄압하거나 배치시키는 권력을 행사할 수 있었다. 이 일련의 경쟁적이고도 억압적인 사회주의 노동관리 체제하에서 선전용의 노동영웅이 만들어졌다. 노조가 사멸되고 난 이후 스탈린주의의 지배하에서 노동대중 일반에 대한 행정부의 권력남용에 이의를 제기할 수 있는 것은 아무것도 없었다.

111 이들은 1929년 강제적 집단 농장화를 위해 농촌에 투입된 주력부대의 선봉대를 이루었다.

112 Stakhanov는 1935년 탄광 노동자로서 1일 6시간 교대제에서 하루 102톤의 석탄을 채굴함으로서 당시 노동 생산성 향상을 위한 운동에서 노동영웅으로 칭송 받았다. 그 후에 그는 산업조직연구소의 위원이 되었고 최고인민대표회의에 대표로도 선정되었다. 이것은 스탈린 시대에 고도의 노동동원의 상징적인 사건이었다.

맺음말

이상에서 러시아혁명과 사회주의체제 하에서 노동자관리란 무엇을 의미하는지, 또한 이 동안 레닌의 정책은 어떤 변형을 겪었는지를 살펴 보면서 다음과 같은 몇 가지 결론을 얻을 수가 있었다. 첫째, 노동자관리에 관해서 노동자계급과 볼셰비키 사이에 근본적으로 시각상의 차이가 존재하였다는 사실이다. 1917년 혁명 당시에는 노동자관리란 계급투쟁의 핵심적인 방법으로서 '노동자에 의한 산업의 지배', '노동자의 집단소유' 의 의미까지 띤 집단적인 자주관리를 의미하였다. 노동자들에게서 사회주의란 바로 생산과 경영에서의 발언권, 결정과정에서의 발언권을 의미하는 것이었다. 당시에 레닌은 즉흥적으로 발생하고 확산되는 이 움직임에 깊은 감명을 받았고 이를 적극 인정하여 혁명전략 속에 수용하였다. 그러나 레닌과 볼셰비키에게서 노동자 지배란 '노동자국가의 지배' 였고 '노동자 국가하에서의 노동자들의 감시감독' 을 의미하였을 뿐, 노동자들의 직접경영을 의미하지는 않았다.

둘째, 10월혁명 이후 노동자관리 문제는 볼셰비키의 권력통합에 최대의 사회적 장애물의 하나였다는 사실이다. 1917년 말~1918년 8월 사이에 볼셰비키 당은 아직은 취약한 입지에서 유동적인 정치세력 간의 경쟁적인 상태에 있었는데 레닌의 '국가자본주의' 정책은 노동자들로부터 지지를 상실하지 않으면서 권력통합에 유리한 국면을 만들기 위해 고안된 것이었다. 이리하여 1917년 10월 권력장악 이후 1918년 내내 지방하위에서는 노동자관리운동과 볼셰비키당 사이에 경쟁과 암

투가 진행되고 있었다는 사실이다.

셋째, 내전 동안 전시 공산주의 정책은 혁명 러시아에 당과 노동자들의 기질과 구조에 심대한 변화를 갖고 왔다. 이 때는 혁명 러시아 사회에 계급투쟁이 진행되기보다는 오히려 지역간의 경쟁과 분열, 노동자-농민간의 연대에서 분열이 일어난 시기였다. 이 시기에는 의식수준이 높았던 과거의 노동조직 지도부들이 적-백, 도-농, 러시아-비러시아민족 간의 내전에 동원됨으로서 자율성을 상실하게 되었고 그후 서서히 자치적 계급의식이 약화되었다는 사실이다. 내전시기에 일반 노동자들은 조직기반의 취약함과 물질적인 궁핍으로 인해 1917년의 혁명적인 사상과 정서와 전통을 지속할 수 없었다. 노동자들은 볼셰비키들의 반혁명세력에 대한 투쟁 전선에 가담하면서 노동 조직의 당으로의 예속화를 묵인할 수밖에 없는 비극적인 딜레마에 빠졌던 것이다.

넷째, 노동자관리에 관하여 레닌은 미리 구상된 모델을 갖고 있었던 것은 아니며 특히 사회주의적인 이념에서 새 생산양식을 만들어 낸다는 과제에서 그는 이론상의 미비함을 노출하였다. 그는 경제 위기와 지방에서의 극도로 취약한 권력기반의 약점에 부딪혀서 빈곤계층의 해방이론 보다도 생산성 향상이론에 더 몰두하였고 이것이 그의 모든 노동정책의 근거가 되었다. 그러나 급조한 중앙의 각종 경제기구의 힘을 빌려서 '집단관리' 라는 명분 하에 기술자, 관료들을 활용하여 그는 경제 생산 과정과 경영을 중앙집권화하기 위한 필사적인 노력을 기울였으나 1920년까지 경제적인 파국상태는 더욱 심화되었다. 전시공산주의 체제는 아무런 성과 없이 오히려 노동자들의 저항을 야기하고 노동자와 당과의 괴리현상만 낳고 말았던 것이다. 그는 빈곤 속에서 노동대중의 사회주의적 계급의식이 약화되어 가는데에 크게 당황하였다. 그러나 그는 사유재산의 몰수 이후 민주적 생산관계의 수립과 노동자자주관리의 중요성을 전혀 인정하려 들지 않았다. 우리는 그가 1917년부터 전체주의적인 싹을 갖고 있었다고 단정내릴 수는 없지만 적어도 이것은 이념상으로 명백히 1917년보다 후퇴하는 것이었다.

끝으로, 내전이 끝나기 전에 이미 볼셰비키는 노동자들에게 자율권을 주는 방법보다 노동계급 가운데서 새 '하수인 계급'(New Agent Class)을 선발하여 이들을 당에 종속시켜 활용하는 방법을 취하였다. 레닌 자신은 관료주의 폐단을 깊이 의식하였으나 관료주의를 감시하는 당기구 자체가 관료주의에 빠지리라는 것을 예상하지 못하였다. 1921년 이후 새 체제는 정상적인 절차에 의한 경영방법 보다는 일당에 의한 강권적인 권력의 방법을 쓰며 노동조합에 생산증강을 위한 역할에 최우선적 존재가치를 두었다.[113] 그러나 이같은 상태에서 노조기구가 노동과정에 관한 통제를 수행하고 노동규율의 강화와 생산성 향상을 위해 노력한다 해도 그것은 더 이상 '노동자관리'는 아니다. 카플란의 말대로 이는 노동자관리(Workers' Control)가 아니라 노동자행정(Workers' Administration)으로 전락한 것이었다 행정부서에 노동자 출신을 배치한다는 것이 프롤레타리아적인 성격을 띤다고 말 할 수 없다. 공중토론

113 Sirianni, p. 298.

에서 의견과 이해가 논의되고 정책결정에서 전문가와 다수 대중 사이에 타협과정이 없다면 그 행정은 권위적인 것으로 전락하고 말 것이기 때문이다.

결국, 사회주의 하에서도 국가의 이익과 계급의 이익이 대립될 수도 있고 국가의 본질은 어떤 체제를 막론하고서라도 내재적인 권위의 힘이 존재하며 그것은 때로는 계급을 이용하기도 하고 때로는 계급에 이용되기도 하는 별개의 존재라는 사실에 당시 볼셰비키 주류파 중 어느 누구도 관심을 갖지 못하였다.

L. D. 트로츠키

4 단체교섭과 산업민주주의

_ 크리스 트라우어(Chris Trower)

4

단체교섭과 산업민주주의

크리스 트라우어(Chris Trower)

단체교섭의 가치가 침해당했다는 다니엘 벨(Daniel Bell)의 논문이 발표된 지 10년 후 캐나다노동자대회는 산업민주주의 속에 현 노사관계 시스템의 미래가 있음을 인정하는 하나의 결의안을 통과시켰다. 이런 정책 표명의 배후에 있는 개혁운동의 지도자들 가운데에 다음 논문에서 단체교섭에 관한 견해를 밝히고 있는 젊은 노조 관리인 크리스 트라우어가 있다. 벨의 이론적 관점과는 달리 트라우어의 이 논문은 교섭시스템으로 말미암아 노조주의자들이 떠맡은 실제적인 부담을 부각시켜 주고 그리고 벨에 의해 자극받은 전투성이 왜 산업민주주의의 쟁점들을 둘러싼 요구들과 정치적 행동으로 표출될지도 모른다고 보는 이유를 설명해 준다.

우리들 대부분은 민주주의 사회에 살고 있다는 사실에 대해 어느 정도 자부심을 가진다. 또한 우리가 노예라기보다 자유로운 인간이라는 사실과 우리가 즐기는 자유는 조직화된 투쟁과 개인의 희생의 대가로 쟁취되었다는 사실에 대해서도 자부심을 가진다. 노동운동에서 우리는 우리의 조직들이 그러한 투쟁의 직접적인 산물이라는 것을 알고, 그러한 희생을 한 것이 우리 인민들이며 그리고 이들이 완전히 민주적이며 진정으로 자유로운 사회를 향한 지속적인 투쟁을 이끌었고 여전히 주도하고 있는 자들임을 깊이 깨닫고 있다.

그 싸움은 결코 끝나지 않았다. 이 순간에 우리는 사회민주주의의 본질이 없는 정치적 민주주의 하에 있다. 그리고 우리가 누리고 있는 주요한 자유는 투쟁을 계속할 자유이다. 우리는 우리를 통치할 대표를 선출할 권리를 가지고 있고, 이 정도에서 정치적인 민주주의를 향유한다. 우리는 노조를 통해 고용 조건을 협상할 권리가 있고, 이 범위 내에서 산업민주주의를 가진다. 하지만 쥐들〔(토미 더글라스(Tommy Douglas)의 표현을 빌자면)〕이 통치자로서의 검은 고양이나 흰 고양이를 계속해서 선택하는 한 정치적인 민주주의는 속이 텅 빈 모조품에 불과하다. 이와 달리 산업민주주의는 우리가 산업에 대한 지배권을 통제하는 정도에서만 오직 의미가 있는 것이다. 사회민주주의는 정치적 민주주의와 산업민주주의 양자 모두의 궁극적인 확대 및 행사에 달려 있다. 하지만 사람들이 다른 사람의 통제에 예속되어 있는 한, 우리가 명령을 따르고, 규범에 복종하고, 규정을 준수하고, 지시사항을 이행하는데 우리들의 삶의 대부분을 바쳐야만 하는 한, 다른 누군가가 우리들의 운명을 결정하는 반면에 우리는 자유를 알지 못할 것이다. 자유는 노동운동의 궁극적인 목표이어야 한다.

이런 목표를 추구할 때 우리는 신민주당(New Democratic Party)에 대한 지지가 그 자체만으로는 정치적 민주주의의 확대를 가져오지 않을 것이고 그리고 주기적인 단체협약의 재교섭이 산업민주주의를 만들어내지 않음을 인정해야 한다. 만약 자유가 우리의 목표라면, 산업이 그 속에서 일하고 있는 사람에 의해서 그리고 공동체 전체의 이익을 위해 지배될 때만 민주적일 것이다. 일단 이러한 이상적인 개념이 받아들여진다면, 우리는 정치투쟁의 전선에서 그리고 협상 테이블을 통해 자유의 성취를 위해 단계적으로 나아갈 수 있다.

이런 개념이 용인되는 데는 몇 가지 어려움이 존재한다. 우리가 그 개념을 추상적인 용어를 사용하여 하나의 이상으로 간주할 때에는 그 개념에 대한 지지자들을 찾는 것은 어렵지 않다. 하지만 그 개념이 하나의 이상이고 그래서 유토피아적이어서 달성할 수 없고 그리고 토론의 가치도 없다는 바로 그 사실 때문에 그 개념에 반대하는 자들을 찾기가 훨씬 더 쉽다. 이런 주장에 대해 대답하기 위해 우리는 진보가 하나의 이상을 지향하지 않는다면 어떤 진보도 의미 없다는 사실을 고려해야 한다. 계속해서 지향해 나아가야 할 하나의 목표가 없다면, 우리는 진보를 측정할 어떠한 방법도 없다. 이상이 없다면 우리는 일련의 사건을 같거나 보다 적은 정도의 사건으로 바꾸어버리고 그리고 심지어 우리가 뒷걸음질친 것을 깨닫지 조차 못한 채, 그 새로운 사건을 진보라 부를 지도 모른다. 다른 반대자들은 그 개념이 노동운동이 꾸준히 포기해 온 하나의 낡은 개념이라고 주장한다. 그런 주장에 대한 답으로 우리는 간단히 그 포기의 역사를 간략히 살펴보아야 한다. 하지만 당분간은 현재의 경험에 비추어 볼 때 다시 주장된 이 개념을 향해 진자가 되돌아가기 시작해왔다는 점을 지적해야 한다. 마지막으로, 우리에게 필요한 모든 산업민주주의를 우리가 이미 달성하였고, 우리의 과업이 경영진에 대한 영구적인 반대자로서 우리의 역할을 단지 보호하는 것이고 그리고 우리의 기능은 기술적인 진보가 우리에게 번영을 가져다 줄 것이기 때문에 우리들이 생산한 부와 동일한 비율의 부의 몫을 차지하기 위해 압력을 지속하는 것이라는 이유로 그 개념에 반대하는 사람이 있다. 이 주장에 대한 대답은 우리들로 하여금 원래의 출발점으로 되돌아가게 한다. 왜냐하면 만약 우리가 자유에 대해 염려한다면 우리 자신의 운명을 결정하기를 원하기 때문이다. 우리가 민주주의에 대해 걱정한다면, 우리가 어떤 발언권도 갖지 않는 기술적인 결정에 의해 우리의 번영이 정해지는 것에 만족치 않을 것이다. 그리고 우리가 진보를 하게 된다면, 그 진보는 우리 자신의 이상에 따르고 자신의 척도에 의거하는 진보여야 한다. 우리들의 척도, 이상 그리고 목표는 자유이다. 자유는 우리가 어떤 어려움을 무릅쓰더라도 용인받아야 하는 개념인 것이다.

우리는 벌써 산업민주주의를 이룩하였는가?

이러한 논쟁을 어느 정도 상세히 고찰해 보자. 이런 논쟁들을 역순으로 취한다면 우선 우리가 이미 산업민주주의의 형태를 가지고 있다는 주장이 있다. 어떤 산업노동자도 노동조합에 자유로이 가입할 수 있다. 만약 주어진 하나의 협상 단위체에 속하는 노동자의 대부분이 동일한 노조에 가입한다면 그 노조는 그 협상 단위체에 있는 모든 피고용인을 위한 유일한 협상 대리인임이 입증될 수 있다. 세부사항과 방법에서 몇몇 차이점이 있더라도 그리고 어떤 유형의 노동자들이 이 과정에서 배제될지라도 협상 대리인으로서의 노조의 역할은 일반적으로 북미 전역에 걸쳐 적용된다.

이러한 방식으로 선정된 협상 대리인은 노조가 그 협정의 범주 아래 놓기를 원하는 모든 고용조건을 포괄하는 단체협정을 자유롭게 협상할 수 있기 때문에, 그리고 최종 조건들이 한편으로 노조의 교섭력이 허용하는 만큼 그 노조에게 유리할 것이고 그리고 다른 한편으로 노조의 영향을 받는 노조원들의 다수결 투표에 의해 받아들여질 것이기 때문에 이것이 민주주의라고 주장할 수 있음은 타당하다. 더욱이 일단 그 계약이 시행되면 노조는 그 계약조건에 반하는 경영진의 각 행위를 평가할 권리를 가지고 그리고 만약 계약 위반이 있다고 믿는다면 노조는 그 문제를 해결하기 위해 경영진으로 하여금 중재를 받아들이도록 강요할 수 있다. 여기에는 민주주의뿐만 아니라 정의도 있다. 이어서 계약기간이 만료되었을 때 노조는 그 계약조건을 재협상할 수 있고 그리고 노조가 충분히 강력하다면 경영진으로 하여금 그 계약조건을 충족시키도록 강요할 수 있다. 그래서 산업민주주의의 모든 구성요소를 거기서 찾을 수 있다. 우리는 경영진의 행위를 통제하고 경영진으로 하여금 우리들의 결정을 받아들이도록 강요하고 그리고 일반적으로 노조원들의 희망에 따라 그들의 이익을 증진시킨다. 물론 피고용원이 노조에 가입하고 그것을 지지할 매우 합당한 이유들이 있다. 하지만 우리는 산업에서의 민주주의 즉 단지 계약을 체결할 때나 우리가 불평을 품을 때뿐만 아니라 시간마다 날마다 우리들의 노동하는 삶에 영향을 주는 결정들을 통제할 권리에 대해 얘기를 한다.

캐나다의 어느 광산, 제분소 또는 공장에서 일했던 어떤 노동자도 그의 계약 조건이 아무리 좋았을지라도, 그의 노조가 아무리 강력했었을 지라도, 어떠한 산업민주주의도 존재하지 않는다고 당장 증명할 것이다. 그가 피고용이라는 사실 때문에 그는 임금을 받는 대가로 다른 사람들의 명령에 복종하여야만 한다. 그가 그 명령에 동의하든 안하든, 그 명령이 이치에 맞든 안 맞든, 그가 위험하거나 또는 범죄가 되는 행위를 하도록 요청받지 않은 한 그는 복종해야만 하거나 그렇지 않을 경우 불복종의 죄를 범하게 됨에 틀림없다. 대부분의 중재자들과 모든 경영진에 의하면 불복종은 가장 극악한 산업범죄이고 즉각적인 해고에 의한 처벌을 초래할 수 있다는 것이다.

이것이 산업민주주의인가? 우리가 민주주의라고 알고 있는 것과 비교해 보면 보통의 작업장은 무자비한 독재 체제인 것이다.

자유는 실제적인가?

개인의 자유는 그 문제의 핵심이다. 복종의 의무보다 스스로 또는 그룹의 일원으로써 결정할 수 있는 권리는 자유를 진정으로 테스트하는 것이며 민주주의의 최종적인 척도이다. 이런 테스트에 실패하는 어떠한 체제도 자유롭지도 민주적이지도 않으며, 그것은 독재체제이다.

경영권의 형태를 띤 독재체제는 우리 산업 시스템의 필수적 기능임이 주장될 것이다. 만약 아무도 명령을 내릴 권리와 처벌을 집행할 권리를 가지지 않는다면 누가 애써 일을 하겠는가? 어떻게 우리가 경제의 토대가 되는 재화를 생산하고 배분할 수 있나? 누가 우리 사회를 떠받치는 부를 창출하겠는가? 이러한 질문들에 대한 준비된 대답은 없다. 그리고 만약 우리의 문명이 이제 모든 반복적이고, 지겹고, 그리고 싫지만 필요한 과업을 수행할 때 협동하려는 일반 의지에만 의존한다면, 그것이 무너질 수도 있다는 것은 의심할 나위가 없는 사실이다. 우리가 의존해야만 하는 사람은 협동을 하도록 조건지어져 있지 않고 임금에 대한 대가로 명령에 복종하고 그렇게 할 권리를 위해 경쟁하도록 조건지어져 왔다.

여전히 민주주의를 믿는다면, 우리는 사람들이 하기를 즐기거나 그들에게 즉각적이고 개인적인 보상을 가져다주는 것들에서 뿐만 아니라 모든 사람의 이익을 위해서 행해져야만 하는 어렵고 보상이 없는 과업에서 협동하기를 배울 수 있다는 사실을 믿어야만 한다. 협동은 우리 사회에 알려지지 않은 것은 아니다. 협동은 그 효율성을 위해 자원봉사 및 협동작업에 의존하는 노조 및 정당과 같은 조직들에서뿐만 아니라 많은 자발적인 클럽, 단체, 그리고 협회들에서 이루어진다. 만약 우리가 사람들을 경쟁적이지 않고 협동적인 사람으로 훈련시킨다면, 만약 성공을 물질적 소유의 관점에서가 아니라 개인적 성취라는 관점에서 측정한다면 우리는 자유로운 사회를 건설하기 시작할 수 있을 것이다. 우리가 발달시켜야만 하는 것은 자유에 대한 하나의 태도인데, 즉 우리가 북돋아주어야만 할 자유에 대한 열망이 바로 그 태도이다.

인권인가? 경영권인가?

하지만 자유로운 선택은 쟁점이 되고 있는 유일한 사항은 아니다. 만약 우리 사회의 현재 상황 가운데서 경영진에 의한 어떤 형태의 산업통제의 필요성을 인정한다면, 우리는 그 산업통제를 민주화하기 위해 단체교섭에 여전히 의존할 수는 없다.

공장의 자동화, 공장의 폐쇄 및 이전, 공정이나 제품의 특성 변경이라는 간단한 방법에 의해서나 또는 자유로운 경영진이 이용할 수 있지만 효율적인 단체교섭의 범위를 넘어서는 꽤 많은 수의 다른 방법에 의해 최상의 계약은 여전히 회피될 수 있다. 이러한 문제들이 단체교섭의 주제가 될 수 있음은 사실이고, 이러한 종류의 논쟁에 대한 합의 기간 동안 노조들은 파업권을 가진다는 주장이 있어왔다. 하지만 심지어 이런 개선은 노조를 이미 결정된 사안을 원상태로 되돌리려고 노력하거나 이미 통제 지점을 지난 상황을 가장 잘 이용하기 위해 노력하는 입장에 여전히 처하게 버려둔다. 이것은 방어적인 입장이고 모든 재교육 계획들, 재배치 수당, 해직, 보수합의, 짧은 근무시간, 긴 휴가 그리고 보충적인 실업수당은 결코 자동화되고, 이전되거나 또는 폐쇄된 공장에 의해 남겨진 공백을 완전히 메울 수는 없다.

그리고 우리는 우리의 현재 시스템에서 몇몇 핵심적 진보와 함께 있어야 할 것으로서가 아니라 현재 모습 자체로의 사물들에 대해 이야기하는 것이다. 우리의 회원은 적어도 미국 스탠다드 회사(American Standard)의 뒤페린 공장(Dufferin Plant)같은 공장들이 폐쇄되었을 때 연장자들이 오랫동안 익혀온 경험의 손실을 입었다. 그리고 시드니에서 우리 노조원들은 도스코사(Dosco)가 그 제강소를 폐쇄했을 때 자신들의 일자리뿐만 아니라 모든 생활방식을 잃는 손실에 직면하게 되었다. 오직 정부의 중재와 노조의 압력이 그들의 문제점에 대한 하나의 일시적인 해결책을 가져다주었지만, 그 해결책은 회사의 비용으로가 아니라 공공의 자금으로 이루어진 것이다. 용서받을 수 없는 것은 이러한 종류의 경영진의 결정이 무책임한 경영진에 의해 결정된 이익을 제외한 다른 이익들에 대한 고려 없이 폐쇄된 문 뒤에서 이루어진다는 점이다. 그러한 결정을 할 권리가 경영진으로부터 박탈되어 민주적 통제하에 놓일 때까지 산업민주주의는 결코 없을 것이다.

축소되는 자금의 문제

끝으로 개선이 없다면 단체교섭이 현 상태로는 그 해결책이라고 생각하는 사람들에게 있어 돈의 문제가 있다. 여기서 반복할 필요가 없는 인플레이션에 대해서 많은 주장이 제기되어 왔다. 하지만 보통 노동자들에게 있어서 인플레이션은 그가 임금인상을 얻어낼 때마다 그 임금인상분의 일부는 그의 구매력을 그 이전에 첫 인상치를 받았을 때의 구매력으로 되돌려 놓는 반면 임금인상분의 나머지 부분의 구매력은 그의 구매품의 가격 인상으로 말미암아 거의 매일 줄어든다. 만약 그가 국제니켈회사(International Nickel Company)의 종업원이라면 25%의 니켈가격 인상은 그에게 직접적인 영향을 거의 미치지 않는다. 그는 이것이 그 자신의 임금인상분과 부가된 가치에 상응하는 부가 이윤에 대해 회사가 지불하는 방식이라는 것을 안다. 하지만 그는 대규모 니켈 구매자가 되지 않을 것이므로 그는 직접 영향을 받지 않는다. 그렇지만 국제니켈가격인상은 경제 전반에 걸친 각 제품에 효력을 미침에 따라 간접적으로 그가 구매하는 거의 모든 품목의 가격인상을 초래하여 그의 임금인상 효과를 상쇄할 것이다.

경제학자들은 이와 같은 방식으로 인플레이션이 임금인상 효과를 감소시키는 현상을 '임금 및 물가의 나선형 진행과정(Wage-Price spiral)' 이라 부르기를 좋아한다. 하지만 노동자와 노조에게 있어 그 현상은 나선형이 아니라 단지 단조롭게 밟아 돌리는 하나의 바퀴에 불과했다. 우리가 그 바퀴를 조정하는 손잡이를 확실히 장악할 때까지 우리는 산업민주주의를 결코 이루지 못할 것이다.

단체교섭 그 자체가 필수불가결하기 때문에 그것에 반대하는 것이 아니라 단체교섭이 산업민주주의를 만들어낸다고 우리들로 하여금 믿게 하는 사람들에게 대항하는 주장을 요약한다면 다음 세 가지 요점을 들 수 있다.

1. 단체교섭은 일상의 노동생활에서 우리에게 자유를 보장해 줄 수 없다. 왜냐하면 단체교섭은 여전히 우리를 다른 사람의 명령에 예속되는 상태로 남겨두기 때문이다.

2. 단체교섭은 생계의 손실로부터 우리를 보호할 수 없다. 왜냐하면 이러한 손실이 집단교섭의 범위 밖에서 적당한 보호도 충분한 보상도 있을 수 없는 방식으로 이루어지는 경영진의 결정에서 비롯될 수 있기 때문이다.

3. 물가에 대한 통제 없는 임금인상을 위한 단체교섭은 항상 순이익을 얻기 위해 따라잡아야 하고 몇 걸음을 더 빨리 달려야하는 단조롭고 피곤한 하나의 쳇바퀴 속으로 우리를 밀어 넣는다. 하지만 이런 것들은 현재 단체교섭이 관행화됨에 따라 단체교섭의 범주 밖에 놓여있는 영역에 관한 설명들이다. 단체교섭 대상을 결정하기 위해 그것은 임금 수준을 포함하고 그리고 노사관계에서 생겨날 수 있는 어떤 변화에도 상관없이 단체교섭

이 여태 고안되어 온 것과 다름없는 시스템을 보호한다. 더욱이 산업민주주의를 향한 필수적인 조처의 대부분이 취해지게 되는 것도 단체교섭을 통해서 일 것이다.

5 현대 노동자 자주경영의 모델 : 스웨덴

_ 윌프레드 리스트(Wilfred List)

5
현대 노동자 자주경영의 모델 : 스웨덴

윌프레드 리스트(Wilfred List)

미국과 캐나다의 많은 자유주의자들과 사회민주주의자들은 스웨덴이 거의 완벽한 산업민주주의 체제를 달성했다고 믿고 있다. 스웨덴은 수십 년 동안 단절된 적이 없는 사회민주당 정부, 격차가 줄어든 소득 수준, 공공 서비스의 거대한 조직망들이 결합하여 미국인과 캐나다의 개혁가들이 부러워할 정도의 높은 생활수준과 산업 관계를 창출해 내었다. 다음의 두 논문은 이러한 주제를 위해 현실에 매우 절실하게 필요한 척도를 제공해 준다.

스웨덴 고용주연합(SAF)과 주요 노동조합연맹 사이에 놀라울 정도의 긴밀한 관계는 수십 년에 걸친 사회 민주주의적 통치와 스웨덴 사회의 모든 부문에 걸쳐서 고도로 중앙 집중화된 조직을 배경으로 삼았을 때 이해할 수 있다. 고용주－노동조합－정부(즉, 노사정) 삼자 협의라는 스웨덴식의 독특한 유형은, 한 스웨덴 경제학자가 기능적 사회주의라고 이름 지은 적이 있는 체제를 만들어 내었다. 이로서 스웨덴에서는 광범위한 국유화 대신에 예전에 자본가들이 산업에서 직접 규제하고 통제해 왔던 특정한 기능들의 규제와 사회화를 거치는 과정들이 생겨났다. 토론토의 『*지구와 우편물*』지의 노동기자인 윌프레드 리스트(Wilfred List)가 노사협조의 정도, 고용주와 노동자들의 높은 수준의 중앙 집중화된 조직, 노사관계에서 스웨덴 정부의 역할 등에 대하여 잘 요약해 주고 있다.

스웨덴의 산업 관계의 평화로운 과정은 최근 대규모의 격렬한 파업에 의해서 뒤흔들렸다. 라르스 에릭 카리슨(Lars Erik Karisson)은 왜 노동자 자주경영을 요구하는 일반 노동자들의 압력이 노동조합과 경영측에서 심각하게 고려하는 요소가 되고 있는지를 설명하고 있다. 정부, 고용주 그리고 노동조합은 이 도전을 매우 잘 이해하고 있다. 이 삼자 모두는 산업민주주의에서의 실험들을 수행해 왔다. 동시에 팔메(Palme) 스웨덴 수상은 스웨덴의 기업가 공동체로부터 전면적인 저항을 야기 시키지 않으면서 호전적인 노동자들과 그의 당내 좌파들의 요구를 충족시키기 위해서 단계적인 개혁 프로그램을 지속하고 있는 중이다. 1970년 12월 정부는 은행들로 하여금 투자에 관한 결정에서 사회적 고려 사항에 추가적으로 비중을 더하기 위해서 그들의 이사회를 공공의 대표들에게 개방할 것을 촉구하는 법안을 통과시켰다.

특히 스웨덴 노동조합연맹(LO)은 스웨덴 노동자들 사이에서 점증하고 있는 불안심리를 감지하였다. 연맹은 새로이 등장하는 호전성의 중심이 되는 젊은 노동자들에게 초점을 맞춘 노동 환경에 관한 일련의 전국 규모의 대회를 개최하였다. 이때 스웨덴 노동조합연맹(LO)의 제 18차 전국대회에 제출된 노동조합과 지부 측의 제안들은 산업민주주의를 다루는 많은 문제를 포함하고 있었다. 많은 제안들은 기업 내에서 노동자들의 고용과 해고, 노동을 관리하고 배분하는 특권에 대해 즉각적으로 제한을 둘 것을 요구하였다.

1970년 9월에 개최된 제 18차 대회는 스웨덴 노동조합 운동의 역사에서 하나의 전환점이 되었다. 각 대표자들이 채택한 행동계획은 본질적으로 서로 관련되는 네 가지 의제인 노동환경, 산업민주주의, 임금정책, 그리고 경제정책을 다루고 있다. 더 나은 노동환경과 기업 내에서 더 증가된 노동자 참여와 관리권의 요구들은 LO의 두 가지의 핵심적인 요구사항으로 등장하였다. 더욱 강화된 산업민주주의를 쟁취하기 위해서 일련의 새 법안과 집단적 협약이 요구되었다. 스웨덴 노동조합연맹은 이제 "마음대로 노동을 경영하고 분배하는 고용주들의 권리를" 폐지할 것을 주장하고 있었다. 개별노동자들에게는 지금껏 경제적, 기술적 고려에 의해서 주도되었던 작업장에서 더욱 높은 수준의 자유와 독립이 허용되어야 할 것이다. 노동자들은 감독관을 선정에 영향력을 행사하게 될 것이며 명령자로서의 감독관의 지위는 피고용인과 감독관 사이의 협동 관계로 대치될 것이었다. 카리슨이 지적한 바와 같이 1973년 선거운동에 이르는 시기는 결정적으로 중요한 시기가 될 것이었다.

스웨덴에서 〈협동〉이라는 말은 모두의 입버릇이 되었다.

지난 23년간 겨우 세 차례의 주요 파업을 겪은 나라인 스웨덴은 서구 세계에서 산업 평화의 이정표가 되는 나라였다.

스웨덴에서는 790만 명의 인구 가운데에서 350만 명이 노동인구라는 점과 또, 산업노동자들의 90%, 사무직 노동자들의 90%가 노동조합에 가입한 회원이라는 점을 고려해 볼 때 이 나라의 산업관계의 평화적인 과정은 더욱 더 놀랄만한 것이다.

이십년 이상 노동관계를 공부하는 학생들은 스웨덴의 산업관계를 연구하기 위해서, 또 이 나라의 노사관계 안정성의 답을 찾기 위해서 스웨덴으로 몰려들었다. 그러나 어떤 국왕의 위원회나 정부의 세력도 그들 나라에서의 갈등을 해소시키는 마술적 비결을 제공해 줄 수가 없었다. 그것은 신기루인가? 아니면 스웨덴은 산업적 분쟁을 피할 수 있는 비밀스런 처방이 있는 것일까?

평화의 요인들

스웨덴에서 산업적 평화는 서로 분리시켜 노사 관계의 문제의 해결에 단일하게 적용하기에는 어려운 여러 요소들의 결합으로 이루어져 있다. 그러나 스웨덴에서의 체험은 다른 나라의 노사간 조화를 위한 지침서를 제공해 준다.

스웨덴은 고도의 전문성을 갖춘 산업화된 나라이다. 스웨덴의 생활수준은 캐나다에 필적할 만하며 산업노동자의 정상적인 소득은 미화 4,000달러에 이른다. 그러나 스웨덴과 북미 사이의 큰 차이점은 스칸디나비아의 나라에서는 노동과 경영이 갈등보다는 타협을 더욱 선호하며 감정보다는 이성을 더욱 앞세운다는 점이다. 노동조합은 스웨덴 경제에서 전적으로 대등한 동업자로서 인정받고 있으며, 스웨덴의 노동은 북미에서는 비교할 수 없을 정도의 책임성을 보여주면서 대응하고 있다.

노동폭력은 거의 알려져 있지 않고 피켓팅은 매우 드문 일이며 과격한 파업은 거의 없다. 노동조합과 경영 양자 모두 캐나다에서는 거의 볼 수 없는 상호존중의 모습을 보여준다. 산업관계의 관점에서 볼 때 이는 거의 목가적인 나라이다. 스웨덴은 세계에서 가장 발달된 산업국가 중의 하나이지만 노사 관계의 안정성은 다른 발달된 나라와는 구별된다. 스웨덴에서 경제적 팽창의 급속한 과정은 사회와 노동의 발달 과정을 완화시키는 데에 이바지한다. 종교적으로나 인종적으로 이 나라의 인구의 동질성은 분열적인 사회세력을 방지하는 데에 중요한 요인이 되어 왔다. 그러나 산업 관계의 평화적 과정의 열쇠는 스웨덴 사회에서 조직의 높은 수준이다. 스웨덴은 지난 65년 동안 발전시켜 온 강력한 중앙집권적인 조직의 특성을 지니고 있다. 사회에서 거의 모든 사람들이 조직되어 있다.

사기업에서 고용주는 SAF라고 알려진 〈스웨덴고용주연맹〉에 강력하게 조직되어 있으며 대부분의 노동자들은 스웨덴 노동조합연맹

(LO)의 회원이다. 사무직 노동자들 역시 노조화되어 〈사무직노동자중앙기구〉(TCO)에 소속되어 있다. 이런 실상의 완벽한 다른 측면으로서 학위를 가지고 있는 전문직 피고용자들도 스웨덴 전문직연합회(SACO)에서 서로 뭉쳐 있다.

협상의 유형

주된 고용주 조직인 고용주연맹(SAF)는 약 120만 명을 고용하고 있으며, 총 2만5천 명의 회원을 가지고 있다. 스웨덴 노동조합연맹은 160만 명의 회원을 지닌 것으로 이 나라의 산업노동자들의 권위 있는 대변자이다. 한편 사무직노동자중앙기구(TCO)는 전 봉급노동자들의 50%를 포함하고 있다.

이처럼 고도의 조직력을 갖춘 노조와 고용주 조직은 스웨덴 노사관계에서 갈등을 억제하고 노사 상호간의 이해를 증진시키는데 도움이 되는 힘의 균형을 창출한다. 비록 거대한 고용주 연합과 노조연맹이 협상에서 유형을 결정하지만 은행이나 보험회사, 유통, 해운, 농업, 삼림, 그리고 서비스업에서의 고용주들은 자신만의 조직을 별도로 가지고 있으며 상대편 노조와 직접 협상한다.

최근에는 임금인상을 위한 협상유형은 SAF와 LO 사이의 최고위급 협상에서 정해진다. 이 점은 캐나다 노동자대회가 협상에서 아무런 역할을 행하지 않으며 어떤 고용주 연합도 광범위한 협상권한을 갖고 있지 않는 캐나다의 상황과는 매우 대조적이다.

고도로 중앙집중화된 협상의 이러한 형태는 온타리오에서 틸코 플라스틱과 프록토르 실렉스 회사에서 목격한 바와 같이 소규모 단위에서 노동자들이 고용주에 대항하여 투쟁을 벌이게 되는 많은 고립된 파업들의 발생을 방지해 준다. 그리고 산업노동자들의 100%의 조직과 파업 파괴나 파업 파괴자들은 스웨덴 고용주나 노동자들 사이에서는 아무런 의미가 없는 조건들이다.

스웨덴에서 고용주와 노동자 조직은 단단한 권력구조를 가지고 있다. 고용주연맹(SAF)은 394명의 대표자로 구성된 총회에서 광범위한 정책들을 결정한다. 이것은 통상적으로 1년에 한번 소집된다. 이 정책들은 지부연합들이 선출한 89명의 이사회원으로 구성된 일반 위원회에 의해 더욱 다듬어진다. 그러나 세부적이고도 일상적인 SAF 활동들은 총 관리자와 참모들이 지휘한다.

노동자연맹 내부에서도 유사한 조직이 있다. 캐나다 노동자대회에 견줄만한 대회가 LO 정책들의 일반적 방향을 결정하기 위하여 매5년마다 소집된다. 총 140명의 대표자로 구성된 총 이사회가 LO의 입장을 더욱 자세하게 논하기 위하여 년 2회 모인다. 그러나 실질적 권한은 대회가 선출하고 LO의 회장이 주재하는 13인의 집행부의 손 안에 있다. 사무직 노동자를 대표하는 TCO는 LO와 비슷한 권력 구조를 가지고 있다.

스웨덴 체제는 개별적 행동을 차단한다. 고용주들은 반드시 단체협상에서 SAF의 협상의 권위에 복종해야 한다. 모든 노동계약은 반드시 SAF의 인가를 얻어야 하며 지부회원들은 만일 이 규약을 무시하거나 SAF 노선에 반대되는 별도의 협약을 맺어 공개적 갈등을 초래함으로써 고용주 전선을 깨뜨리는 경우에는 징계를 받는다. LO의 지부로 있는 노조들도 독립적 노선을 취하는 그들의 자유 역시 이런 제약을 받는다.

LO는 SAF의 경우와 달리 지부에 대해서 많은 권한을 행사하지는 않는다. 그러나 회원의 3% 이상을 포함하는 파업을 호소하는 지부는 LO의 사전 승인을 받아야 한다 ; 그렇지 않으면 중앙기구로부터 재정 지원을 얻을 권리를 박탈당한다. 캐나다에서처럼 스웨덴의 노조회원들은 지도부보다 종종 더욱 전투적이며 LO의 일반적 정책은 임금의 제안을 나라의 경제적 현실과 관련지을 때 가끔은 노조회원들의 지부 분과로부터 불만을 불러일으키기도 한다. 그러나 대체로 LO 정책은 항상 지지 받는다.

공장 수준에서 노동자 지도부와 고용주들 사이의 협력에 관련된 긴장과 압력도 존재한다. 노조지도부는 공장의 결정에서 노동자들의 발언권의 확대를 위해 투쟁해야 하며 동시에 고용주에게 행한 양보를 옹호하기도 한다. 그러나 노동자의 이해와 고용주의 이해를 화해시키려는 문제에도 불구하고 스웨덴에서 노조는 캐나다의 경우보다 회원들로부터 훨씬 더 뿌리 깊은 지지를 받고 있다. 아마 이것은 스웨덴에서의 산업적 평화와 협력이 미국이나 캐나다에만 겨우 뒤질 뿐 다른 대부분의 유럽국가의 생활수준을 훨씬 능가하는 생활수준을 누리게 해준 덕택이기 때문이다.

어떻게 이루어지게 되었는가

현재 스웨덴의 산업적 평화의 주된 기초는 〈살쯔조바덴 협정〉이라고 불리는 일련의 협약이다. 이 협정은 노동과 경영의 최고 대표자들을 위한 전통적 회합의 장소가 된 휴양지의 이름을 딴 것이었다. 이 협약들은 1930년대 후반에 시작되어 각 파를 위한 기초규약을 작성하고 정부가 노동관계의 실상에서 비켜나 있도록 하기 위해 고안된 것이었다. 첫 단계로서 각 편에서 보낸 7인의 대표로 구성된 〈노동시장위원회〉가 구성되었다. 이 위원회는 그 후 공동의 문제를 토의하기 위한 상임기구가 되었다. 1938년에 도달한 기본 협약이 오늘날 스웨덴의 노사관계의 지주가 되었다. 1938년 협약은 노사분쟁의 협상 절차와 해고를 관리하는 규약과 중요한 공공 서비스를 위협하는 노동 갈등을 다루는 체제의 규약을 결정하였다.

캐나다의 주요 서비스업에서 일하는 노동자들에게 파업권이 있는가라는 문제는 스웨덴에서도 격렬한 논쟁의 주제이다. 그러나 스웨덴에서 파업권은 공무원직 뿐만 아니라 경찰과 소방직, 그리고 시설이나 병원노동자에게까지 확대되어 있다. 그렇지만 파업권이 치명적인 서비스업에서 지금껏 행사되었는가에 대해서는 의문의 여지가 있다. 기본협약 하에서는 근본적 공공 서비스를 위협하는 어떤 갈등이라도 노동자 대표 3인과 경영 측 대표 3인으로 구성된 〈노동시장위원회〉로 알려진 기구에 통보된다. 이 위원회의 평결들은 강제적이지는 않지만 이 기구가 주된 세력권의 대표이기 때문에 분쟁 중인 각 파들은 위원회의 추천사항을 거부함으로서 도덕적 비난을 감수하려고 들지는 않는다.

15년 동안 위원회의 세력이 한번도 시험에 들어 간 적이 없었다. 1938년에서 1953년 동안 공공부문에서 갈등은 일어나지 않았다. 그러나 1953년에 전력 발전소 부문에서 파업의 위협에 부딪혔다. 분쟁의 의제가 노동시장위원회에 회부되자 노동과 경영 측의 입장은 점차 경직되어 갔다. 모든 사람들은 협상이 실패할 경우 정부에 대한 요구사항이 갱신되어야 할 것을 알고 있었다. 이 위기는 분쟁 중인 양파가 수용한 위원회의 만장일치로 추천된 평결을 통해 극복되었다.

단체협상을 포함하는 스웨덴의 법은 캐나다의 사법권 내의 법률의 주요 조항과 다르지 않다; 그것은 단체협약을 시행시킬 수 있고 해석상의 논쟁에 대하여 중재를 요구할 수 있다 ; 그것은 만일 양측이 새로운 계약에 대해 합의에 도달하지 못하면 정부 측 중재자의 개입을 의무화할 수 있다 ; 또한 중재가 실패하면 일주일 간의 파업이나 작업장 폐쇄를 통보할 수 있다.

중앙의 협상에서 문제점은 임금 문제와 개별 노조의 요구사항 사이의 균형을 얻어야 하는 것이다. 중앙의 협상과 노조 차원의 협상은 통상 동시에 발생한다. 그러나 점차 고용주들이 중앙의 협상 과정에서 일어나는 비용을 깨달을 때까지는 노동자들에게 양보하려고 들지 않기 때문에 일반 관행에 따라 고도로 특수한 노조 문제는 중앙 협상에 맡겨진다.

요구사항을 정당화하는 데에 활용될 뿐 만 아니라 또한 산업이나 나라 전체에 무슨 의미를 갖는가라는 점에서도 요구사항을 시험하는 데에도 활용될 수 있는 경제적 사실에 대한 좋은 지식이 바로 논쟁과 합의의 근원이라는 점은 스웨덴에서의 협상의 주된 특성 중의 하나이다. 스웨덴에서의 노동 측은 노동자들이 오직 생산의 증가나 건전 경제를 통해서만 경제성장을 이룩할 수 있다는 사실을 인정한다.

LO와 SAF는 임금통계를 준비하기 위한 공동연구사무실을 갖고 있다. 또 경제 부문 자료들은 국립경제연구소와 국립노동시장이사회에서도 사용 가능하다. 각 집단들은 자신들의 입장을 주장하기 위하여 통계 자료들을 자유롭게 해석하지만, 적어도 통계 자료 그 자체의 타당성에 대해서는 이의가 없다. 협상은 종종 공정한 의장의 보조를 받아 진행되며, 통상적으로 그는 예전에 이런 능력을 가지고 봉사한 적이 있는 매우 노련한 중재자이다. 만일 협상이 깨어지면, 8명의 구역 중재자들이 각각의 영역에서의 논쟁점을 해결하기 위하여 개입한다.-이것은 온타리오의 화해 중재 서비스와 다르지 않다. 심각한 상황에서는 정부가 특별 중재자나 3인의 중재위원회를 임명한다. 온타리오에서의 중재자와 유사한 마라톤 회의가 24시간 내내 쉬지 않고 진행되면서 대개는 합의에 도달한다.

LO-SAF 합의사항들은 영역에 따른 다양한 차이와 함께 최소한의 임금인상을 제안한다. 그러나 한 산업이나 공장에서 임금인상을 어떻게 적용할 것인가 하는 점은 각 노조와 고용주 연합에 달려 있다.

캐나다에서와 달리 스웨덴에서 노동조합은 정상적으로는 합의사항을 그들의 회원들에게 비준받기 위하여 회부하지 않는다. 많은 노동조합들은 그들의 협상자들에게 협상 테이블에서 합의사항에 서명하도록 권한을 위임한다.

파업권

스웨덴 노동현장에서 비록 파업은 드물기는 하지만 파업이 여전히 사라진 것은 아니다. 그렇지만 고용주조직이나 노조 조직의 바로 그 세력에서 비롯되는 대규모의 억제 장치가 존재한다. 힘의 균형은 파업이란 매우 신중하게 사용되며 노동자들이 어떠한 세력의 과시에 강력하게 대처한다는 것을 의미한다. 그러나 체제란 절대 오류에 빠지지 않는 것은 아니다. 1945년 금속산업에서 5개월 간의 파업, 1953년 봄 5주간이나 지속되었던 식료품산업의 전국적 분쟁, 1966년 교사 파업들이 기록을 깨뜨린 적이 있다. 그러나 파업이 발생했을 때 겉으로는 아무런 흔적이 없다. 법과 질서는 유지된다. 파업 파괴 행위는 피하고 고용주는 단지 직장 문을 닫는다.

산업관계에서 평화적 과정을 유지하는 스웨덴의 능력에 대한 중요한 시험대가 양 측이 아직껏 경험해 본 적이 없는 가장 끈질기고 복잡한 임금 협상이 벌어진 1966년에 나타났다. 양측의 주된 세력권의 존재 속에 내재하는 억제 요소가 이 협상 동안에 생생하게 나타났다. 이 분쟁을 중재하기 위해 지명된 위원회의 노력에도 불구하고 협상은 깨어졌으며 LO는 초과근무의 금지 통보에 복종하였다. SAF는 LO의 57만 명의 회원에게 직장 해고 통보를 보냄으로써 보복하였다.

이 위기 상황 하에서 위원회는 다시 노력을 재개하였고 마침내 일주일 45시간 노동제를 최고 42와1/2시간제로 감소시키고 저임금 노동자들에게 특별수당을 포함하는 임금인상을 제공하는 합의에 도달하였다. LO 공보과의 과장인 맨프레드 닐슨은 당시에 나에게 이렇게 말했다 : "노조와 고용주들은 스웨덴의 고도의 조직경제에 너무나 중요하기 때문에 커다란 책임감을 느끼고 있다."

나라 전체에 영향을 미치는 합의에 도달한 SAF와 LO 사이의 협상은 마지막에는 두 사람의 손에 집중되었다 ; LO의 의장인 아르느 게이에르(Arne Geijer)와 SAF의 관리국장인 베르틸 쿠겔베르크(Bertil Kugelberg)가 그들이었다.

임금 등급표

스웨덴의 임금체계는 근본적으로 성과급제에 기초를 두고 있다. 고용주와 노동자 양자는 다 생산성을 향상시키기 위한 새로운 방법과 기술의 필요성을 인정해 왔다. 노동조합과 고용주 사이에 더 높은 생산성의 결과를 어떻게 배분하는 가에 대해서는 차이가 있으나 노동조합은 오직 노동 생산을 향상시켜야만 경제를 손상시키지 않고 임금을 인상할 수 있다는 사실을 알고 있다.

성과급제는 부분적으로 산업에서 이른바 임금의 이동추세—즉 어떤 산업에서의 소득이 협상된 임금 등급표보다 훨씬 더 높게 올라가는 과정들을 설명하고 있다. 이것은 그 후 낮은 임금의 노동자들로 하여금 따라 잡을 수 있도록 해주는 일반적인 규모의 증가를 요구하게 만든다. 스웨덴 노동자들은 성과급—캐나다에서는 일반적으로 노조들이 반대하는 체제—에 따라 팔린다. 공장 내 협상의 많은 부분이 성과급과 관련되어 있다.

괴텐베르크의 현대식 조선소의 공장장인 잉겔 카알슨은 나에게 노동조합은 더 높은 임금을 가져다주기 때문에 성과급제를 선호한다고 말했다. "이 체제 하에서 당신은 더 많은 일을 해야 할 것이라고 말하는 사람들이 있다. 그러나 좀 더 효율적으로 일하는 것이 문제입니다." 성과급제는 또한 건축업에서 소득을 계산하는 근거이다. 각 프로젝트마다 새로운 합의 사항들이 협상된다. 육체노동자들이 일한 모든 시간의 3분지 2는 성과급제에 의한다.

노동재판소

스웨덴의 노동재판소의 문제는 〈온타리오 왕립노동분쟁위원회〉의 보고서를 토의하는 도중에 제기되었다. 노동에서 대표 2명, 고용주측에서 대표 2명을 포함하여 7명으로 구성된 이 재판소는 최근 그처럼 많은 활동을 하고 있지 않다. 가장 주된 과제는 단체협약 사항의 해석에 관한 분쟁에서 비롯되는 불만을 다루는 것이다. 그러나 각 파들은 1966년 단지 28건만이 노동재판소에 상정할 정도로 그들의 차이점을 해결하는 데에 매우 성공적이었다. 이 법정은 또한 단체협약의 위배로 인한 손해배상 청구를 다룬다.

불법적인 파업에 가담한 고용주나 노동자들에게 엄중한 벌금을 요구한 이반 C. 랜드의 제안과 달리 스웨덴의 노동법정은 불법적 행동으로 인하여 발생한 손실에 대해 고용주나 노동자들에게 손해를 배상해 주는 정도에 국한하고 있다. 한 고용주의 벌금은 약 45달러에 제한되었다. 노동조합은 만약 노조원들로 하여금 그 노선을 벗어나도록 설득하는 데에 모든 노력을 기울였다는 사실을 증명한다면 벌금조차도 면죄 받을 수 있다. 법정의 판정은 최종적인 것이다. 그러나 법정의 평결이 모든 파들에 의하여 균형 잡힌 판단으로 신임을 받고 있기 때문에 법정의 결정에 대하여 싸움은 거의 일어나지 않는다.

협상의 무대에 끼어들지 않는 주제 중의 하나는 노동조합의 안전 문제이다. 노조원들이 지지하는 어떤 합의사항에 대해서도 강제적인 노조원 조항은 SAF에 의하여 금지되어 있다. 그러나 노동조합은 완전히 인정받고 있고 고도의 조직을 지니고 있으므로 노조의 안전조항은 노조에게 어떤 문제도 일으키고 있지 않다.

스웨덴은 구조상의 문제에 대하여 캐나다의 노동에게 한 가지 방안을 제시할 수 있다. 캐나다에서 110개 이상의 노조가 전국노조연맹에 가입한데 비해 스웨덴에서는 단지 37개 노조만이 LO에 가입되어 있으며 이 숫자는 곧 32개로 감소되었다. 한 국가 안에서 모든 노동자들은 자신들의 직업에 상관없이 동일한 노조에 가입해야 한다는 원칙을 채택함으로써 LO는 노조 내에서 노조상호 간의 법정 싸움을 제거할 수 있었다. 그러나 중앙집권화는 또한 비판의 대상이 되기도 한다. 한 SAF 관리자는 SAF 내에서 의사 결정의 집중화는 반드시 고용주연합이 개별 고용주들의 요청을 수행할 수 있는 것이 아니라는 점을 설명하고 있다. 그러나 이것은 노동조합의 완패 작전—한 고용주를 다른 고용주에 대해 이간질하여 반목시키는—을 막을 수 있는 협상제도를 유지하려는 고용주의 통일 전선을 유지할 필요가 있다는 점에서 강조되어야 한다.

SAF는 노동력 부족 시대에는 전 산업적 협상 없이는 임금이 나선식으로 상승할 수 있으며, 많은 회사들이 심각한 불이익을 당할 수 있다는 사실을 믿고 있다. 노동조합은 전 산업적 협상 속에서 모든 고용주에 대해서 동일한 노동이 동일한 임금을 얻을 수 있는 목표를 쟁취할 기회를 발견한다.

비록 협상이 중앙의 수준에서 진행되지만 지방노조, 즉 스웨덴에서 말하는 클럽들은 시들어 버리지는 않는다. 이들도 지방적 성과급 협상, 노동위원회 활동, 불만 처리, 그리고 교육과 휴양 활동 계획들로 바쁘게 지낸다. 노동위원회는 스웨덴에서의 노동과 경영자 사이의 협동의 정신을 매우 강조한다. 그들의 관계를 잘 예시해 주는 것으로서 SAF와 LO가 공동으로 그들의 협동 영역을 개괄하는 소책자를 발간하고 있다.—캐나다에서는 양 집단이 활동하는 분과가 별개라는 점과 매우 대조적이다.

노동조합과 고용주 사이의 협동은 산업 안전에서 직업 훈련에 이르기까지 산업의 모든 국면에 걸쳐서 수행된다. 노동위원회는 야심찬 목표를 갖고 있지만 캐나다에서처럼 그들의 성과는 항상 목표에 일치하지는 못하고 있다. 그러나 그들은 생산성을 향상시키는 데에는 중요한 일익을 담당한다.

또한 노동자들의 소득을 결정할 때의 성과급의 역할 탓으로 협동은 스웨덴에서 중요한 작업 연구라는 어렵고도 종종 논란이 심한 영역에까지 수행된다. 합동 회사들 역시 SAF와 TCO와 지부 연합회 사이의 기구들 하에 있는 사무직 노동자들에게도 확대된다.

스웨덴에서의 노동조합과 경영 사이의 논쟁의 영역은 캐나다에서의 그것보다 더욱 협소하다. 왜냐하면 캐나다에서는 가끔 단체협상에서 쓰라린 갈등 끝에 포함되는 많은 유급휴가(특별 급여)들이 사회입법 속으로 기록되기 때문이다. 스웨덴에서는 모든 노동자들은 법에 의하여 만일 그들이 일년 내내 일하였다면 한 달간의 유급휴가를 받을 수 있는 자격이 있다 : 국가연금은 국가연금법에 의해 노동자들의 소득의 비율에 근거한 보험금과 함께 고용주가 담당하는 보조연금에 의해 증가한다 ; 의료혜택은 스웨덴의 국가의료서비스계획에 포함된다.

고용주를 기술상 변화의 충격으로부터 보호하는 문제는 노동조합, 경영 그리고 국가의 관심을 요구하는 문제이다. 실업 보험이 만료되었고 67세부터 연금을 받을 자격이 있을 때까지 60세가 되었거나 그 이상이 되는 노동자들에게 약 160달러의 월급을 주는 법안이 최근에 채택되었다.

노동시장이사회

기술상의 변화와 산업의 합리화의 충격을 다루는 문제는 캐나다에서와 마찬가지로 스웨덴에서도 예민한 사안이다. 그러나 스웨덴에서는 이 나라의 노동시장이사회의 구조 내에서 수행되는 광범위한 기초를 갖추고 더 잘 조직된 계획안이 있는 듯이 보인다. 이 이사회는 캐나다의 인력 개발부처럼 많은 기능을 가지고 있으나 이것이 정부 부서가 아니라는 사실에도 불구하고 활용할 수 있는 자원들은 훨씬 더 크고 권위도 역시 막강하다. 이사회의 지배기구는 노동과 경영의 대표자들과 이사회의 회원 2명으로 구성되어 있다. 기능들은 인력과 고용 정책의 모든 국면을 포함하고 있으며 모든 것은 완전고용의 목표를 지향하고 있다. 이사회는 고용 조건과 일관된 공공사업계획을 시작하거나 종식시킬 수 있는 권한을 갖고 있다; 이사회는 다른 곳에서 일자리를 구해야만 하는 노동자들이 소유하고 있는 주택의 구입을 위한 조항까지 포함하는 이사 프로그램을 착수할 수 있다; 이사회는 직업 재훈련 계획을 시작할 수 있으며 또 스웨덴 경제나 지역이 자극받을 필요가 있는 시기에 산업이 미래의 사용을 위해 기금으로 비축한 세금이 면제되는 이윤을 방출하여 활용하도록 제안할 수 있다. 노동시장이사회 정책은 만일 이것이 한 국가의 실업률에 의해 평가될 수 있다면 매우 효과적이다, 지난 2월의 실업률이 2.7이었다. 6월에는 1.6이었다. 이사회는 또 세계에서 가장 효율적인 국가의 고용 서비스를 수행한다.

만일 고용 기회가 부족하다면 노동시장 규모의 전체 보유고가 필요에 따라 적용된다. 공공고용은 더욱 확장되고, 취업 훈련은 강화되며 공공건설과 토목공사는 가속화된다.

노동시장에서 모든 집단 사이의 협동에서 가장 귀중한 특성은 스웨덴의 고용주들이 전국노동시장이사회에게 노동의 채용계획 뿐만 아니라 예견되는 임시해고와 감축계획 그리고 생산의 중지 등에 관하여 미리 보고하는 관행이다. 이사회는 또한 자발적 국가지원실업보험의 스웨덴 제도를 위하여 감독하는 권위체이다. 기금은 노동조합조직들에 의해 설정되고 비 노조원들에게도 개방되어 있다. 국내노동자들과 자영업자들도 기금에 참가하는 것 또한 가능하다.

스웨덴의 고용주들과 노동조합은 특별 단체생명보험을 제공하기 위한 공동보험회사를 만들기 위해 협조해 왔다. 노동시장보험회사라고 불리는 이 회사는 1962년에 창설되어 10만 명의 고용주들과 110만 명 이상의 노동자들이 보험계약자를 가진 스웨덴의 가장 큰 생명보험회사이다.

직업훈련

SAF와 LO는 교육에 큰 역점을 둔다. SAF는 스톡홀름 바로 외곽지역에 위치한 스콕스헴이라는 최신식 기숙사 학교에서 매년 1,500명의 관리자를 위한 비 기술과목의 훈련을 제공하는 관리자 훈련연구소를 운영하고 있다. SAF는 또한 산업적 효율성을 높이기 위한 연구기관을 운영하고 LO의 관리자를 위한 시간과 동선 연구에 관한 교과목을 개설하였다. LO는 일주일에서 3개월에 걸쳐 정치 경제학, 안전 실습, 노동조합문제, 사회심리학을 포함하는 광범위한 주제 교과를 운영하는 학교를 여러 개 갖고 있다. TCO는 사무직 노동자를 위한 비슷한 교육 프로젝트를 갖고 있다.

스웨덴에서는 개인을 이해하고 개인이 자신의 문제를 극복할 수 있도록 도울 필요성에 대해 점점 더 큰 역점을 두고 있다. 비록 스웨덴이 고도로 조직된 사회이지만 개인의 복지가 전적으로 우선시된다.

스웨덴은 캐나다에게 많은 교훈을 주고 있다. 스웨덴 제도는 이 나라에서 노동관계를 위한 유형으로서 전적으로 캐나다에 그대로 적용될 수는 없다; 그러나 스웨덴에서 널리 확산되어 있는 정신의 중요한 부분은 캐나다의 노동과 경영에 그들의 관계의 개선을 위한 희망을 제공해 줄 수 있다. 아마 지금이야말로 어떻게 해서 노동과 경영이 스웨덴에서 서로 공생하는지를 살펴볼 수 있는 때일 뿐만 아니라, 이 나라에서 스웨덴의 교훈을 그들 자신의 관계에 적용하려는 양 집단의 노력을 위해서도 적절한 순간이다.

6 스웨덴의 산업민주주의

_ 라르스 에릭 칼쓴(Lars Erik Karlsson)

6

스웨덴의 산업민주주의

라르스 에릭 칼쓴(Lars Erik Karlsson)

스웨덴에서는 지금까지 거의 50여 년 동안 산업민주주의가 토론의 대상이 되고 있다. 오랜 기간 동안 단지 노동조합만이 산업민주주의에 대한 토론을 허용해왔다 ; 그러나 차츰 이 주제는 주요 일간 시문이나 TV에 의해 다루어지면서 새로운 시사성을 띄기 시작하였다. 1969~70년 사이 논쟁은 다시 격렬해지는 모습을 보였다. 이른바 "진보적" 정치가들은 노동자들의 참여의 중요성을 입으로만 주장하는 것이 방편상 유리하다는 것을 갑자기 깨닫게 되었다. 노르웨이 사회학자들은 그들로 하여금 직선적이고 편협한 산업민주주의의 노선으로 전환시키고자 노력하는 고용주들을 위해 "구제의 정당대회"를 개최하였다. LO(스웨덴 노동조합연맹)는 사기업에서 실험 활동을 개시하도록 압력을 행사해 왔다. 스웨덴의 모든 정당들은 그 강령 속에서 이 문제에 관해 진보적으로 들리는 선언문을 발표하기 시작하였다. 사회민주당과 자유주의 정당들은 이 주제를 연구하는 특별 팀을 만들었다. 그 때까지 산업민주주의를 찬성하지 않는 유일한 집단은 고용주들이었다. 이들은 대변인들을 통해 "다양한 형태를 가진 참여의 실험은 집행부의 결정권을 제한하지 않는다는 전제 하에서만 받아들일 수 있다"라고 공언하였다. 산업민주주의는, 달리 말해서, 경영에만 국한한다면 좋다는 것이다.

그처럼 중요한 사회적 문제가 그처럼 적은 성과를 내면서 그처럼 많이 논란의 대상이 된 적은 거의 없었다. 공동 산업위원회는 존재하면 하는 것만큼 좋은 것이다. 그러나 우리는 그 자체만으로 충분한 것으로 여기기 위해서는 민주주의를 소홀하게 대해야만 했다. 어떤 진영에서는 점차 커져가는 산업민주주의에 대한 요구를 우리 사회 전반에서 "성장해가고 있는 민주주의"의 결과로 해석한다. 이것은 의심의 여지가 없다. 학교나 대학교 민주주의의 실험이나 시 정치와 산업민주주의에서 눈여겨 볼만한 실험임에도 불구하고, 사실상 스웨덴에서는 점점 더 엘리트에 의한 경영, 중앙집권화 그리고 관료주의를 향해 움직여 가는 징조가 나타난다. 지방정부, 경영, 정치 기구들, 노동조합들에서 그리고 경제 전체에서 권력 집중을 향한 불안정하면서도 소리 없는 움직임이 진행되고 있다. 합리화, 효율성 증대, 그리고 전문화는 대체로 의사 결정권자들이 수적으로 점점 더 적어지고 개개인의 결정은 더욱 더 적어지는 경향으로 나아가고 있음을 반증하고 있다.

이 논쟁은 부분적으로는 역설적이게도 집중화를 향한 추세를 더욱 강화시키는 안전밸브처럼 기능을 발휘하고 있다. 그러나 장기적으로 볼 때, 민주적 방향으로 사태를 발전시켜 나갈 개혁에 유리한 여론을 조성하는 데에 도움이 된다. 그러나 이 일이 생기기 전에 논쟁에서는 현상 유지를 옹호하는 사람들이 만들어 내는 변명이나 그럴듯한 입발림의 용어들을 제거해야 할 것이다. 협조에 대한 공허한 대화는 헛된 공기처럼 보이는 것이다. 그리고 진정한 상황이 가능한 한 분명하게 나타나도록 하여야 행동의 현실적 계획안이 마련될 수 있다.

스웨덴에서는 거의 40여 년간 사회민주당 정부가 지속되었음에도 불구하고 이 문제에 대해 지금까지 왜 그토록 성과가 없었는지를 파악하려면, 우리들은 이 나라의 근본적 권력 구조를 자세하게 분석해야 한다. 산업민주주의는 다른 개혁과는 근본적으로 다르다. 이것은 단지 좀 더 많은 수의관료들을 창출하거나 국고를 할당하는 방법으로 이루어지는 것이 아니다. 이것은 국가경제의 중추를 형성하는 부문들—공업, 상업, 유통 등등—의 모두에서 다 과격한 개혁이 이루어지도록 요구하는 것이다. 산업민주주의의 진정한 가치는 일반인의 삶에서 양적, 물질적 변화보다는 질적인 변화의 효과를 내는 것이기 때문에 부분적으로는 전통적인 자유 경제의 조건 속에서 형성이 오직 가능하다.

스웨덴에서 정치적 민주주의는 50여 년 전에 성취되었으므로 많은 중요한 개혁들이 진행되어 왔다 ; 국민 기본연금 ; ATP(추가국민연금안)[1] ; 건강보험 ; 그리고 증가한 사회복지 등이 그것이다. 교육제도에서도 중요한 개혁적 조치들이 시행되었으며 정부는 노동시장정책을 채택하였다. 이 정책들은 평범한 사람들의 운명을 크게 개선시키는 결과를 가져다 주었다. 그러나 장기적으로 볼 때, 이 개혁조치들은 대기업의 이익을 더욱 증진시키는 데에도 크게 기여하였다.

스웨덴의 노동운동이 자본가와 고용주의 권력과 관련하여 마지막으로 그들의 권력을 증가시킨 이래로 많은 시간이 흘렀다. "민주적 약진"에도 불구하고 사회 제도의 대부분은 아직도 근본적으로 권위주의적인 성격을 여전히 지니고 있다. 계급 사회는 지배자와 피지배자 사이의 구별, 소득, 신분, 영향력, 노동조건, 그리고 인간적 위신에서의 큰 차이로 인하여 특징지어 진다.

법률 및 교육 제도, 언론, 군대, 경영진 그리고 기업들은 계속해서 부르주아적 개념에 의하여 운용되고 있다. 경제정책들은 여전히 계급편향적인 경제이론에 의해서 결정된다. 무엇이 생산되는지, 혹은 어떤 종류의 노동 조건 하에서 생산되는지에 상관없이 최대 생산의 목표가 사회민주주의와 기업 세계 사이의 묵시적인 이해를 위한 기초를 마련한다.

사다리를 타고 올라가는 도중에, 노동운동의 지도자들은 그들의 견해를 수정하지 않을 수 없게 된다. 대기업은 노동자 대표들의 협조를 확보해야만 하며, 따라서 이들은 부르주아 사회의 권력구조 속으로

1 1950년대 말 혹독한 정치 투쟁 이후 사회민주주의자들은 연금제도에서 주요한 개혁조치를 도입하는 데에 성공하였다. 이것은 모든 피고용인들은 실제적으로 그들이 노동하던 일생 중에서 가장 높은 급료를 받던 시기의 소득의 3분지 2에 해당하는 연금을 받을 수 있게 되었음을 의미한다. 고용주들은 약 300억 크로나(Kr. 스웨덴 화폐단위), 즉 1970년 당시 스웨덴의 국민총생산의 5분지 1에 해당되는 중앙기금에 분담금을 지불한다. 이것은 스웨덴의 100대 기업의 총 주식거래 가치보다 약간 적은 금액이다. 다가오는 10년 동안 중앙기금은 800억 크로나로 증가할 것으로 예상된다.

흡수된다. 민주적으로 선출된 노동자의 대표 임원들이 회사의 집행부의 일부를 보살피도록 허락함으로서, 자본가들은 제어 받지 않고 자신들의 산업제국을 더욱 팽창시키고 강화할 수 있게 된 것이다. 스웨덴 노동운동은 권력에 오른 그들의 정당(즉 사회민주당)과 노동조합의 세력을 통하여 사회 발전에 대한 일정한 정도의 통제권을 획득하였다. 그러나 이 통제권은 게임의 규칙이 자본주의자들에 의하여 결정되는 자본주의적 사회에서 행사되고 있다. 이것이 왜 자본가들의 권력을 제어하고 사회주의라는 공식적 목표로 나아가게 하는 개혁을 도입하기 위해 진정으로 진지한 시도가 행해지고 있지 못한 이유이다. 관리하고, 작은 개혁을 시행하고, 구멍을 메우고, 자본가들의 실수를 바로 잡고, 그리고 훨씬 더 큰 이윤을 추구하려는 자본가들을 지지하는 것은 가능하다. 그러나 우리는 자본주의에 해로운 개혁조치를 도입할 수도 없으며 도입하려고도 하지 않는다. 산업민주주의의 문제가 거의 50여 년 동안 답보상태에 빠진 것은 바로 이러한 이유 때문이다.

자본주의에 대한 노동운동의 수동적인 태도를 근본적 개혁을 수행할 수 있는 확고한 자세로 변화시키고, 그리하여 자본가들의 지위 속으로 진정으로 진입할 수 있도록 할 수 있는 가능성은 우리들의 경제생활에서 주도적 요소에 대한 진정으로 사회주의적인 분석을 행하려는 의지와 능력에 달려 있으며, 또한 훨씬 더 나은 이념적 훈련에 달려 있다. 사무직 노동자와 육체노동자 모두에게 그들의 삶의 상당한 시간을 보내고 있는 회사를 근본적으로 변화시키는 것과 그렇게 함으로서 생산의 전 자본주의적 체제를 변형시키는 것이 바람직하며 가능하다는 것을 보여주어야 한다. 이것은 부르주아적 이념과 조직에 대한 효과적 비판을 요구한다 ; 이들에 대한 분명하게 정립된 대안 그리고 사회를 변형시키기 위한 장기적인 전략들도 요구한다.

과거 1923년에 위그포스 위원회(Wigforss Committee)가 회사에서 공동위원회를 수립하자는 제안을 한 적이 있었다. 이 기구를 통해서 노동자 대표는 고용주에 대항하여 노동자 이익을 옹호할 수 있었다. 그러나 스웨덴 노동조합 연맹과 SAF(스웨덴고용주연맹)은 이 사안에 대하여 합의에 도달할 수 없었으며, 양 집단은 그 제안을 기각하였다. 1930년대에 살쯔조바덴 근본협약(협상과정에 관한 것)의 "협조적 정신"의 결과로 협상 분위기에서 변화가 일어났으며, 노동자들의 대표 기구문제가 다시 재검토되기에 이르렀다. 그러나 산업위원회에 관한 최초 합의안 조인은 1946년에서야 비로소 이루어졌다. 이 합의서에 의하면 양 집단 중 어느 한 집단이 원하면 적어도 25명의 피고용인이 있는 회사 (나중에는 50인으로 상승됨)에서 위원회가 즉시 수립될 수 있었다. 이 위원회는 자문기구로서만 기능을 발휘하고 일년에 적어도 4번 소집되어야 했다.

새 위원회가 기능을 발휘한 방식은 곧 만족스럽지 못한 것으로 판명되어 새로운 협상이 개시되었다. 이 협상은 1966년 SAF와 LO 그리고 SAF와 TCO(스웨덴 사무직노동자 중앙조직) 사이의 합의로 귀착되었는데 이 합의서에 의하면 위원회는 상담과 정보의 제공을 위한 기구로 활동하도록 되었다.

합의서가 개시한 가능성은 그 후 4년 뒤인 지금까지 제한된 정도로만 사용되었다. 그 위원회에 왜 의사 결정권이 주어지지 않았는지에 관해서는 알 길이 없다. 이것은 원칙적으로 회사가 어떻게 운영되는 것인가에 관하여 전적으로 잘못된 인식에서 합의서가 이루어졌다는 것이 나의 믿음이다. 협조에 관한 합의서에 의하면 이것은 "인간관계" 철학에 근거를 두었고, 경영과 노동자 사이에 발생하는 갈등이 대체로 상호 오해에서 비롯된 것이라고 보며, 만약 관련된 양 집단이 위원회를 소집하여 이 문제를 철저하게 토론하면 이 문제는 원활하게 해결될 것이라고 주장하고 있는 것이다. 노동조합은 협상에서 길게 작성한 그들의 요구사항을 제시하였다.(예를 들면, 그들은 위원회가 감독관을 지명할 수 있는 권리를 포함한 일정한 의사결정권을 요구하였다) 그러나 이것은 고용주들에 의해 거절되었다. 그 합의서는 협조적 합의의 형태로 이루어졌기 때문에, 공격적인 행동은 불가능하였다. 합의서가 현재에 그런 상태로 형성되어 있으므로, 경영은 만일 이것이 산업위원회의 활동에 대하여 부정적인 태도를 취하면 이 기구가 결정을 내리는 것을 효과적으로 방지할 수 있었다. 이런 발전을 배경으로 산업위원회는 노동조합의 노력에 종속되어 있다.

자유와 자아의 완전한 실현은 민주적 사회주의의 가장 중요한 두 가지 목적을 구성하고 있다. 이들은 부와 소득의 평등화라는 다른 사회주의적 목적과 그저 양립할 수 있는 것은 아니다; 이들은 민주적이고도 사회주의적인 사회를 세우도록 도움을 줄 수 있다. 그러한 사회를 창조하는 것은 국가가 폭력적 혁명을 통해서든 점진적 개혁을 통해서든 한 나라의 생산기구를 인수할 것을 내포한다는 점을 거의 보편적으로 받아들이고 있다.

혁명은 사회주의의 초기 목표를 달성하는 검증된 수단이다. 그러나 그 대가는 인간적 고통과 파괴라는 점에서 항상 너무나 가혹한 것이었다. 기존 공산주의 국가에서 강제와 억압으로부터의 자유라는 목표는 몇몇 예를 제외하고서는 서구 국가나 미국에서와 마찬가지로 요원한 것이었다. 자본주의의 부정당성은 관료주의적인 부정당성으로 대치되었다. 점진적 개혁의 사회 민주주의적 방법은 심각한 어려움에 빠져들었으며 사회주의적 사회의 달성에 결코 이르지 못하고 있다. 이것은 결코 평화적 수단으로 그런 사회를 세울 수 없다는 사실에 기인하고 주장하는 사람이 많다. 그러나 그러한 접근법이 아직 한번도 성공한 적이 없다는 것이 이것이 불가능하다고 증명하는 것은 아니다. 진정한 이유는 아마 사회민주주의자들이 단지 잘못된 방법을 사용하고 있으며 그들의 정책을 경제학의 시장이론을 포함하여 부르주아 자유주의적 사회분석에 기초를 두고 있기 때문이다.

실제로 더욱 더 정의롭고 평등한 사회를 창조하는 데에 목적을 둔 모든 개혁은 자본주의가 더욱 유연하게 운영되도록—예를 들면, 교육, 공중보건, 원거리 통신, 도로 및 철도 체계 등등에 대한 책임을 인수받음으로서—돕는 것에 이바지하거나 아니면 회사나 대기업의 편에 서서 적응하는 정책을 통하여 중립적으로 되어 왔다. 증가한 회사세금과 상속세는 예를 들면 자본가들의 자녀들에게 면세기금이나 주식이나 현금 선물과 같은 장치를 만들어 주는 것으로 유도되었다.

동시에, 사회 민주당 내에서는 사회주의적 열기는 더욱 위축되고 사회주의적 사회의 꿈은 복지국가 이념에 굴복하였다. 거의 예외 없이 현재 스웨덴 시민들은 어느 정도의 최소한 수준의 사회보장과 물질적 복지를 누리고 있다. 그러나 20세기 초 수십 년 동안 장족의 발전을 해 온 생활 수준의 평등화는 거의 20년 전에 대체로 정지하게 되었다. 그 과정은 스웨덴 노동운동의 정치적 첫 출연과 노동조합의 첫 무대를 통해 쟁취한 바 있던, 노동자에게 유리한 권력의 이동의 결과로 시작되었던 것이다. 1947년과 1970년 사이에 사회민주주의 정당이 공언한 사회주의의 다양성은 희석되는 과정을 겪어 왔다. 사회의 생산 기구의 인수를 요구하던 조항이 당의 정강 속에 남아 있는 것이 허락되기는 했지만, 당 지도부는 이 목적을 정치적 행동으로 옮기려는 경향은 거의 보이지 않고 있다. 공산주의 체제의 실패에 비추어 볼 때, 그들은 사회화의 대안으로서 자본주의의 최악의 특성을 봉합하는 것으로 선택해 왔다.

일련의 사회적 개혁—일반적 건강보험, ATP, 개선된 복지와 의료서비스 등등—은 우리가 보아 왔듯이, 스웨덴 노동자 계급에게 최소한의 물질적 보장을 제공해 주었다. 노동자들은 노동조합을 통해서 자신을 위해서 어느 정도로 생산물의 고정된 몫을 확보할 수 있게 되었다.

그러나 사회 민주주의적 정치가들 중 나이 많은 세대는 이미 쟁취한 것에 대하여 자축하려는 경향이 있다. 그들은 남아 있는 불공정성을 인정하기를 꺼려하고 있다. 이것은 소득, 지위, 권력 등등의 측면에서의 심한 불평등을 포함하고 있다. 아직도 약 90%의 생산을 통제하고 있는 사적 부문은 오늘날 과거 어느 때보다 더욱 막강하다. 구조상의 변화는 더욱 더 소수의 손에 경제적 권력이 집중되도록 유도하고 있다. 이 나라의 전 지역은 빈곤해지도록 허용되고 있으며, 이 분야에서 정부의 행동은 거의 항상 부적절하기만 하다. 점점 더 커져가는 권력의 집중 탓으로 경제의 거대한 부분이 독점으로 운영되고 있다. 이것은 경쟁 감소와 집중적 광고로 인한 소비로 귀결되고 있다. 대기업 내에서는 노동자들이 점점 그들 자신의 노동에서 더욱 더 만족을 느끼지 못하고 소외감을 느끼게 하는 전문화의 경향이 점점 더 크게 나타난다. "자유 기업"은 피고용인과 소비자들 그리고 사회 전체를 희생시키면서 그들의 권력을 통합하고 있다. 그 결과는 인간적 환경이 점차 악화되는 것이다: 자연의 파괴, 이 나라의 북부 지역에 적절한 주택이나 공공서비스의 제공의 소홀, 오염된 도시중심부 내에 생산의 집중, 그리고—최악의 것으로서—커져가는 사회적 경제적 분리현상들이다.

위의 사실에 책임이 있는 자본가들과 기업 집행부의 계급은, 민주적 관점에서 볼 때, 기껏해야 단지 몇 천의 사람을 포함하는 중요하지 않는 계급이다. 그러나 이들 소수의 사람들이 휘두르는 권력은 막강하다. 그것은 부의 점진적 집중을 통해서 성취한 것이다. 거대하고 재정적으로 막강한 기업들은 작고 재정적으로 취약한 회사들을 짜낸다. 한편에서는 사적 은행의 투자신탁회사는 그들의 자본을 확산시켜 스웨덴 산업의 중요한 부분을 소수의 주식보유를 통해서 통제할 수 있다. 이러한 권력의 집중은 부분적으로 한편에서는 부의 불평등한 분배 탓이기도 하며 다른 한편에서는 전통적으로 공식적 소유권에 수반되는 특권 탓이기도 하다. 그것은 바로 자본이 소유주–즉, 이 계급 내에서도 주도적인 집단–인데 이들은 집행부를 임명하고 회사의 위치, 생산 정책, 투자 계획, 능력 활용을 결정한다.

그러나 자본가들의 권력은 회사나 은행의 한계를 훨씬 더 넘어 확대된다. 그들은 기술자들, 경제학자, 과학자를 고가에 매수함으로서 중앙의 권위와 지방의 당국들 둘 다 임금과 혜택의 불평등을 유지하도록 강요하는 것이다. 그들은 자신들이 재정적으로 거액의 기부금을 제공하는 부르주아적 야당 내에서 커다란 영향력을 행사하고 있다; 그들의 목소리는 고등교육이나 연구 면에서도 큰 비중을 차지한다.–그들이 활용 가능하게 만든 세금 면제의 연구 기금과 회사 이사회에 교수들을 지명하는 관행 덕택에 그들은 또한 언론에 대해서 직접적으로나 광고를 통해서 커다란 영향을 행사하기도 한다. 또 그들은 정치적으로도 거대한 영향력을 가지고 있다. 정부는 한편에서는 사회민주당의 급진파와 다른 한편에서는 "경제적 현실" 사이에서 올가미에 빠져 있다. 이 "현실"은 경제에 대한 국가의 간섭이라는 대전제로 말미암아 자본가들의 적응 전략에 일치한다. "투자 파업들", 노동자 해고, 직장 폐쇄, 그리고 자본의 해외이동 등을 사용하여 자본가는 사회정책을 시행하려는 정부의 시도를 샤보타쥬 할 수 있다. 자본 과세를 도입하는 것이나, 경제의 전략적 부문이나 토지를 국유화하는 것이나, 회사정책에 직접 관련된 사항에 개입하는 것 모두를 꺼려하는 정부의 자세는 정부가 대기업 측에서 보복적인 행동을 두려워하고 있음을 말해 준다. 다수의 관점에서 볼 때는 전적으로 합리적이지만 자본가의 관점에서는 해로운 경제정책을 추종하려는 모든 시도들은 부르주아적 언론으로부터 ; "국가 간섭이다!!" 라는 고함과 "권력 남용이다!!" 라고 하는 분노의 비명이 끊임 없이 튀어 나온다.

1966년 지방선거에서 보여 준 사회 민주주의자들의 보잘 것 없는 모습은 당 내의 이념적 논쟁에서 마침내 새로운 열렬한 활력을 불러일으키게 되었다. 그리하여 노동조합과의 긴밀한 협조 속에서 1968년 총선 이후에 사회민주당이 집권하는 것이 확실시되었다. 새로운 급진적 정신은 아마 그 기원을—선거에 참패하리라는 두려움을 넘어 서서—당시 자본주의적 체제에 대하여 더욱 더 심각한 비판적 태도를 견지했던 국제적 사상의 흐름 때문이었다. 사회 민주당의 승리에 기여한 또 다른 요소는 호언장담하던 전후의 사회 개혁들이 실제 결국에 가서는 증가된 전반적 평등화로 이끌지는 못했다고 본 인식이 커져 간 때문이었다. 평등에 특별한 역점을 둔 선거 운동은—복지국가 이념과는 달리—근본적으로는 자본주의적 구조와 기능에 대하여 적대적인 새로운 분위기를 창출하였다. 그러나 1969—70년 사이 정치적 발전은 당의 좌파에게는 매우 실망스러운 것이었고 당 내에서 내부적 민주주의를 위한 투쟁의 강화의 필요성을 확인시켜 주었다. 상당수의 일반인들이 표현한 바 있는 더욱 증가된 평등의 요구에 등을 돌린 지도자들은 보수당과 베칸스 아파레르(Veckans Affaler, 영향력있는 스웨덴의 기업 주간지)지에 의해 갈채를 받았다. 그런 사람들은 사임하거나 아니면 아래로부터의 커져 가는 압력에 의해 그들의 정치적 시각을 바꿔야 한다.

자본주의 체제의 맥락에서는 변화도—소유자와 피고용인들 사이든지, 남성과 여성사이든지, 한 지역과 다른 지역 사이든지 평등에 관하여—가능하지 않은 사태의 그 자체 본질에 의하여 어떤 장기적인 성격의 것도 가능하지 않다. 단기간에는 저소득자의 운명은 과세에서의 변화를 통해서 완화시킬 수 있다. 특정한 경제적 지역화 그리고 노동시장 정책들은 서로 다른 지역이나 산업 부문 사이의 불평등의 수준을 평등하게 만드는데 도움을 줄 수 있다. 또 임금에 관하여 노동조합 연대는 서로 다른 집단의 노동자들을 위하여 소득의 평등을 가져다주는데에 도움을 줄 수 있다. 그러나 이 모든 전통적인 방법들은—말할 것도 없이 아무런 정책이 없는 것보다는 낫지만—그 자체로는 실제로 거의 20여 년 이상 증가하는 불평등을 향한 움직임을 막는 데에 아무런 도움이 되지 않음이 그대로 드러났다. 시장구조는 주로 회사의 행동인데, 임금 상의 불공평한 차이를 다시 가져왔고, 종종 사회 민주주의적인 시 정치가들의 적극적인 지지를 받으면서 대 도시에서 산업 집중의 정도를 더욱 심화시켜 왔다. 전통적인 세제는 어느 정도이든지 간에 평등의 확대를 가져다 줄 수 있을 것처럼 보이지 않는다. 고소득자, 고용주, 고급 관리는—가격 인상과 제휴한 행동 그리고 전문적인 연합을 통해서—더욱 더 날카로워진 누진소득세의 효과를 중화시킬 수 있다. 몇 번에 걸친 악성 인플레이션의 전환을 겪은 뒤 우리는 실제로 거의 달라지지 않은 소득 분배에 봉착하고 있다.

스웨덴 사회에서 고용주와 소비자 사이, 소유주와 피고용인 사이, 국가와 대기업 사이의 기본적 권력의 배분은 과세제도나 사회보장 제도상에 이루어진 주변부의 적응의 결과로 말미암아 거의 아무것도 변화한 것이 없기 때문에 이러한 사실들은 별로 놀라운 것도 아니다. 이 때문에 증대한 평등을 쟁취할 수 있는 다른 방법을 모색해야 한다. 이것은 사회 내에서 권력 관계가 더욱 더 민주적인 성격을 띨 수 있도록 보장할 수 있어야 한다. 자본가들이 행사하는 영향력은 지방화, 주요 투자, 그리고 직장폐쇄와 같은 결정적인 경제적 결정권에 대한 통제권을 획득한 국가를 통해서 위에서부터 경제에 대한 자기들의 몫을 더욱 증가시키는 국영기업을 통해서 그리고 옆에서부터 회사의 경영에 참여하는 노동자들을 통해서 아래서부터 감소되어야 한다.

사장의 이사회 대표제와 새 입법은 주식 매입을 통하여 정부에게 결정적으로 중요한 모든 결정에 대한 매우 효과적인 통제권을 줄 수 있다. 만약 차관이 거대한 ATP기금으로부터 또 회사의 합리적인 재조직의 방법을 통해서 이루어진다면 국유화 부문은 크게 팽창할 수 있다. 평등에 관한 한 이런 조치들은 특정한 지역적 차이와 교역상의 불공정을 평준화하는 데에 도움을 줄 수 있다. 증대된 평등으로 이끌어 주는 국가 영향력의 강화 가능성을 이룰 결정적인 요인은 회사 내부에서 추진하는 정책의 일종이라고 볼 수 있다. 만약 사태를 운영하는 좀 더 평등주의적인 방법이 국영기업 내부에서 이루어진다면, 임금, 신분, 그리고 권력의 배분 면에서 근본적인 변화가 일어 날 수 있다.

한 피고용인이 높은 소득을 받는 사람인가 아니면 낮은 소득을 받는 사람인가를 결정하는 것 중에서 무엇보다도 중요한 요인은 교육이다. 그러나 교육만으로는 자동적으로 높은 생산성이나 많은 봉급을 보장하는 것은 아니다. 그보다 회사 내의 서열에서 피고용인의 지위가 결정적이다. 대학졸업자나 이에 동등한 자격을 가진 사람들만이 실제적으로 더욱 높은 소득을 받는 지위에 접근할 수 있다. 소득 면에서의 큰 차이는 회사의 서열상의 구조에 의해서 정해지는 데 이 구조는 가장 더럽고, 가장 지겨우며, 가장 위험한 근로 조건은 교육수준이 낮은 사람에게 배정될 것을 요구한다. 물론 사회는 서열 밖에서 있는 특정한 집단들—예를 들면, 자동차 판매원, 법률가, 치과의사, 회계사, 팝 배우—과 같은 사람들도 포함한다. 이들의 공통적인 점은 종종 제한적인 관행을 통하여 유지되는 독점적인 상황에 놓임으로써 높은 소득을 누릴 수 있었다는 사실이다. 토지, 예술 작품, 주식 등에 대한 약삭빠른 투자를 통하여 거대한 불로소득을 축적한 자본가들도 이와 비슷한 의미를 띠고 있다.

회사의 서열 구조는 군사적 제도를 본뜨고 있다. 그리고 군사적 분위기는 테일러주의, 시간과 동선 연구, 극단적인 노동 분업, 속도 고정, 그리고—더욱 더 최근에는—체계적인 작업 평가제의 승리에 의해 고조된다. 책임, 교육, 육체적 정신적 노력에 따른 실적 등급과 더불어 작업 평가제는 임금이나 조건에서 항구적인 차별을 만들어내는 데에 기여한다. 그와 같은 "체계적" 성문화 즉 실적평가는 잘 알려져 있는 바와 같이 불평등을 정당화한다.

한편에서는 권력과 다른 한편에서는 소득과 특권 사이의 연관성에 대한 연구에 의하면 한 조직 내에서 권력을 차지하고 있는 집단들이 소득의 가장 좋은 몫을 전용한다는 것이다. 그들의 조직 구조와 불평등한 권력 배분에 있어서 몇 개의 계층을 갖춘 대기업은 소기업보다 훨씬 더 불평등한 소득 배분 구조를 가지고 있다. "자격 갖춘" 노동에 대한 모든 이야기에도 불구하고 노동의 기여 가치를 측정하는 어떠한 객관적 방법도 존재하지 않고 있다. 작업 평가는 설계사나 기계, 작업하는 노동자 중에 누가 더 결정적인 기능을 수행하고 있는가에 대해서는 말해주지 않는다. 물론 사실상 회사는 양자의 서비스를 활용하고 있으며 어느 누구도 일을 하지 않으면 기능을 발휘할 수 없다. 소득의 분배가 특정 집단의 협상 지위 ―달리 말하자면 권력―를 평가하는 주관적 방법으로 이용되는 꼭 같은 생산 체제에서의 두 개의 기본단위이다. 그러한 평가는 주로 소유주가 채택하는 조직 체제의 유형에 의하여 결정된다. 소득이 단계별로 줄어드는 등급화한 소득체계가 없다면 스웨덴의 화폐로 100,000 크로아 (캐나다화폐로 약 17,000달러)이상의 소득을 받는 경영인 계급은 그들의 높은 소득을 정당화 할 수 없을 것이다. 이 체제 없이는 그들이 바로 밑의 부하들의 협조를 얻는 다는 것은 어려울 것이다. 그런데 협조는 만약 회사가 효율적으로 기능을 수행하는데 가장 본질적인 것이다. 만일 승진한 중역이 그들의 권위를 즐겁게 행사하고자 한다면 그들이 임명받아 지도해야 할 노동자들보다 더 높은 봉급을 받아야 한다. 소유주들은 회사 피라밋의 기초에 있는 대다수의 집단에게 통제권을 행사하기 위하여 저임금 노동자들의 충성을 사들인다. 이 같은 부당한 임금체제를 논리로서 옹호할 수 없게 된 소유주들은 대신 "시장의 힘"에 대하여 이야기한다. 소위 이러한 바꿀 수 없으며 또한 영구적인 권력은 사실 통상적으로 독점적이며 소수에 의해 소유되고 있는 바로 그 회사들의 행동이다. 자신들의 특권을 옹호하기 위하여 소유주들은 그 활동에 대하여 언급한다. 제도상의 개혁에 대한 장애를 형성하고 있는 시장권력에 대한 이야기는 겉과 속이 다른 경우의 완벽한 사례이다. 만연한 제도상의 조건에 의해 결정된 시장 조건의 근거로 회사 내의 개혁을 위한 요구를 거절하는 것은 잘못된 것이다. 만일 반숙련노동자들이 기술자보다 더 낮은 시장 가치를 가진다면 이것은 원칙상 그에게 편협하고도 덜 숙련된 역할을 배정하였으며 또한 그가 쉽게 대치될 수 있기 때문이다.

불평등을 만들어 내는 또 다른 요인은 산업에서 독점이 더욱 증가되는 경제 내의 추세 탓이다. 고도로 효율적인 경영은 종종 생산이 소수의 대 단위에서 수행될 것을 요구한다. 소유권이 특권적 소수의 손에 존재하는 한, 소유권에 수반되는 권리가 계속해서 행사되는 한, 또 성장이 주로 스스로 재정을 충당하는 회사를 통해서 이루어지는 한, 한 나라 내에서 경제적 성장은 전체적으로 소득 면에서 더욱 더 큰 격차를 만들어낼 것이다. 임금과 다른 소득들이 시장 환경의 흐름에 의해서 조정되어야 한다는 주장은 기각되어야 하며 그 대신 우리는 우리 사회에서 소득이 정치적 평가에 따라 배분되어야 한다는 것을 주장해야 한다. "능력에 따라 배분되는 것에서부터 필요에 따라 배분되는 것으로," 라는 오래된 사회주의적 격언은 임금율의 수립에서 주도적인 원칙이 되어야 한다.

부르주아화 해가는 징조를 보이는 사회 민주주의자들의 소극성 때문에 자본가들은 1960년대에 스웨덴의 경제에서 그들의 통제권을 더욱 강화할 수 있었다. 생산 강화, 밀접한 감독, 그리고 훈련 등은 노동자들의 이 같은 변화와 더욱 낮아진 사무직 노동자들의 등급화의 결과들이었다. 점점 더 빠르게 성장하는 테크노크라트들과 경제학자들의 집단은 점점 더 비인간적으로 변화하는 노동 연구를 진행하고 있다. 그러한 주제를 다룬 연구는 지난 십년 동안 양적으로 세배나 증가하였다. 임금 체계는 더욱 복잡해졌으며 그 결과 노동자들로서는 견제하기가 더욱 어려워졌다. 이것은 지역 협상에서 이루어진 요구 사항을 차례차례로 충족시키려고 하는 노력들에 불리하게 작용한다. 지역 파업은 법으로 금지되었으며, 스웨덴 노동조합연맹이 파업을 공식적으로 선언한 이래로 완전히 15년이 지났다. 기술적으로 더욱 진보된 생산 체계의 도입으로 보장성 고려가 이윤 동기의 요구에 종속되는 결과가 나타났으며 비위생적이고 사기를 저하시키는 작업들이 점점 더 증가하고 있다. 연맹 회원들의 80% 이상이 그들의 작업이 건강상의 위험을 내포하고 있다고 믿고 있다. 게다가 1970년대에는 많은 다른 비회원 노동자들은 그들이 더 이상 "이윤이 높은 제안들"로 보이지 않기 때문에 자신들이 쓸모없는 여분이라는 위협에 직면하고 있다.

노동자들의 이익을 증진시킬 수 있는 복지 국가 개량주의의 능력은—경제적이든, 사회적이든, 문화적이든지—한계에 도달한 것 같다. 이것은 국제적 자본주의에서 일어나고 있는 구조적 변화의 결과이다. 점점 더 커져가는 수출 용량 (오늘날에는 총 산업생산의 50%를 대표하는 있는)과 더불어 자본의 국제적 집결이 스웨덴 경제—그리고 국가정책—를 더욱 더 밀접하게 제국주의 국가들에게 묶어 두어야 하는 것으로 위협하고 있다.

자본주의 경제 속에서 복지국가 개량주의의 거의 무능에 가까운 상태로 인하여 노동자를 위하여 행해야 할 것과 실제로 현 상태에서 행해질 수 있는 것 사이의 격차는 점점 더 커지고 있다. 사회 민주당과 노동조합 운동은 언제나 긴밀하게 연합해 왔는데, 이것은 점점 더 중앙집권화 되고 관료화 되어 가고 있다. 이 운동의 지도부는 점점 노동계급과 대기업 사이의 중재자로서의 기능을 행사해 가고 있다.

1970년대부터 일찍이 전 스웨덴의 기존 체제는 일련의 "격렬한" 파업으로 심각하게 몸살을 앓았다. 이것은 북부 스웨덴의 철광 광산에서 5 천명의 광부들이 두 달 이상 파업을 진행하면서 시작되었다. 이 광산이 국영이라는 사실은 노동 지도부와 자본 사이에 협조적 관계가 존재한다는 것을 효과적으로 보여주었다. 단체협상 기구 전체가 위험에 처하게 되었다. 팔메 수상은 다음과 같이 선언하지 않을 수 없었다 : "사회 전체의 이익은 법의 존중을 요구합니다." 사회주의에 대한 그의 공언은 이것으로 끝난 것이었다. 파업자들에게 공감하는 약 70%의 대중과 마찬가지로 가중되어가는 아래로부터의 압력은, 전국에 걸친 수백 건의 소규모의 파업과 더불어, 노동운동의 새로운 부활로 귀결되었다. 정부 관리들은 점차 만일 그들이 적절한 노동조건, 고용안정, 참여, 경제의 체계적인 재조직에 대한 요구를 충족시키지 못할 경우 그들의 재임의 날들이 얼마 남지 않았음을 깨닫기 시작하였다. 국영기업에서 노동자 참여의 다양한 형태를 실험하고 있는 스웨덴 정부위원회의 한 임원으로서의 역할을 수행하는 도중에, 나는 많은 기업 내에서 지역 노동조합 측에서의 강력한 투쟁성에 직면하게 되었다. 특히 젊은이들 가운데에서 새로운 의식이 나타나기 시작하였다. 몇몇 기업에서 지역 노동조합은 노동자의 자주 경영을 형성할 태세를 취하기 시작하였다. 이것을 쟁취하는 데에서 가장 큰 장애물은 정부와 사적 자본 사이의 충돌이었다. 사적 자본은(산업 부문의 5%를 겨우 차지하는) 국영기업의 민주화 전망을 중대한 위협으로 간주하였다. 만일 사회주의적 조직의 방법이 국영기업 내에서 실천 가능한 것이라면 대기업의 저항은 그릇된 것임이 판명될 것이다. 동시에 광범위한 정도의 사회주의적 개혁을 찬성하는 여론의 분위기가 창출될 것이다.

사회 민주당의 좌파에 속한 사람들은 마침내 기존의 "혼합경제"를 한편에서는 정부에 의한 전반적인 계획과 다른 한편에서는 노동자의 자주 경영의 결합으로 대체할 것을 결심하였다. 이 견해는 근거를 갖기 시작하였으며 1970년대가 지남에 따라 당 내에서나 노동조합 연맹에서나 다수의 추종자를 얻을 것 같았다. 아직도 1940년대 선거에서의 참패에 대한 쓰라린 기억―성급한 사회화의 결과로 인한―과 함께 노동운동은 국유화보다도 산업민주주의에 더 큰 역점을 두려고 하였다. 동시에 기업에서 노동자들의 권력을 요구하는 과거 사회주의자들의 요구만큼 노동자들의 조건의 개선이나 자본가들의 권력의 파괴를 가져다 줄 수 있는 개혁은 거의 없다.

노동조합 연맹은 산업민주주의를 연구하는 위원단을 창설하였고, 1971년 9월 정기 대회에서 제안된 일련의 개혁안을 제출하고자 하였다. 그 위원단은 네 가지 원칙 즉 이사회의 대표제, 참모 정책, 고용 보장, 그리고 작업장 운영의 조직 기구들을 재검토하였다.

처음에는 회사의 이사회의 모든 자리 즉 인사 문제에 관하여 결정권을 부여받은 공동위원회를 위한 문제와, 생산을 조직하고 지시하는 권리뿐만 아니라, 자의적으로 고용하고 해고할 수 있는 고용주의 권리를 상당히 제한시키기 위한 지위 가운데서 절반을 얻으려는 노동자들의 강력한 요구가 있었다. 의심할 것도 없이 이들 요구는 협상으로는 결코 획득될 수 없었다 ; 적절한 입법을 통과시키는 의무는 사회 민주당에게 주어졌다. 만일 이것이 그 경우라는 것이 판명된다면, 1973년 선거운동 동안에 한편에서는 대기업과 부르주아적 야당들(중도파, 자유파, 보수파)과 다른 한편에서는 노동조합 운동권, 사회민주당과 공산당(의회에서 7석을 획득하였음) 사이에 격렬한 싸움이 일어났을 것이다. 이 싸움의 결과는 많은 다른 요인들에 달려 있다. 성공은 노동운동의 양 부문들－약 수십만 명의 사람들 가운데서 행동적인 간부들의 동원에 달려 있다 ; 또한 그것은 기대를 하였으나 비효율적인 것으로 드러난 자본가들의 대응 정책에 달린 문제일 것이다. 거대한 사적 은행들과 수출 회사들은 국유화되어야 할 것이다.

국가 기구는 경제적으로 주도권을 쥐고 있는 계급의 손안에 있는 무기이다라고 하는 오랜 마르크스적 교의는 스웨덴의 경우에는 제한된 정도로만 타당하다. 자본가와 사회주의 다수당 사이의 전쟁의 경우에 자본가들이 자기 편에서 경찰과 군대를 동원한다는 것은 거의 불가능하다. 수십 년 간의 사회 민주당의 집권으로 인하여 공언한 사회주의자들이 공직에서 많은 결정적인 지위를 장악해 왔다. 또한 여기서도 반동의 세력이 행사하는 선전 매체들이 충분히 위압적이기는 하지만 그들은 다른 나라에서의 자본가들처럼 결코 두려울 정도는 아니다. 스웨덴을 근본적으로 사회주의 국가로 변화시키기 시작한 노동운동권에 가장 심각한 장애물은 국제 통상의 유대에 의해서 나타났다. 무역 통상정지, 통화 협력에서의 제외, 심지어 노골적인 군사적 압력의 위험은 매우 크다.

만약 스웨덴이 미국, 영국, 프랑스, 그리고 독일과 같은 독점 자본주의적 나라에서 고립된 상태에서도 진정으로 사회주의적인 방향으로 발전할 수 있다면, 거의 분명히 어느 정도의 물질적 희생은 감수되어야 할 것이다. 그러나 그 이외의 대안은 도저히 받아들일 수 없는 것이다. 즉 거대한 사회적, 경제적 불평등으로 인하여 점점 더 중앙집권화되고, 관료주의적이며, 비인간적 소비자 사회로 변하는 것은 용납할 수 없다. 이와 같은 변화의 피할 수 없는 결과는 자본가 측에서의 계급테러, 혁명적 좌파의 급속한 성장, 그리고 개량주의적 노동운동의 퇴보 등으로 나타날 것이다. 3년 이내로 우리들은 어떠한 노선을 따라야 할 것인지 분명히 알게 될 것이다.

7장 서독에서의 노사공동결정

_ 서독노동조합연맹 집행위원회

7

서독에서의 노사공동결정[1]

서독노동조합연맹 집행위원회

공동결정은, 그것이 작동하는 사회적 환경과는 분리된 채, 개별 회사나 기업에서 이행될 수 있는 하나의 수단이 아니다. 그러므로 자율결정의 바램은 항상 공동체 생활의 가능성 및 필요성의 틀 내에서 이해되어야 한다. 사회는 모든 개인에게 개성의 자유로운 개발을 위한 최대한의 기회를 부여할 수 있도록 조직되어야 하며, 반면에 개인은 자신의 사회적 책임을 의식하면서 자신의 개인적 자유를 행사해야 한다. 자유와 책임은 동전의 양면처럼 서로 떼어낼 수 없는 관계에 있다.

현대의 대중 산업사회에서 개인의 자유를 주장하는 것은 쉽지가

1 이 논문은 서독노동조합연맹(Trade Union Federation)의 집행위원회에서 공동집필한 것이다.

않으며, 이를 확대시키는 것은 더욱 쉽지 않다. 정치적 영역에서 법과 규정이 점점 더 개인의 권리에 영향을 미치고 있다. 산업과 경제 전체에서 관료제와 행정기구는 지속적으로 확대되고 있다. 이러한 모든 문제에 덧붙여서 경제발전의 내재적 역동성이 있다. 경제발전이 보다 큰 번영을 가져오는 곳에서는 집중이 더욱 강화되고 대기업의 권력이 더욱 증대되는 대가를 치러야만 한다. 이러한 발전의 영향으로 인간은 더욱 더 단순한 "수레바퀴 속의 톱니"에 불과한 존재로 전락해 간다.

심지어 풍요로운 사회에서조차, 새로운 형태의 의존과 제약이 개인의 자유권을 위협한다. 이러한 이유로 정치적, 경제적, 사회적 영역에서 나타나고 있는 사회가 자율결정과 공동책임을 충분히 보장할 수 있는 형태로 조직되도록 하기 위해서 노동자들과 그들의 대리인 및 대표는 끊임없는 주의를 기울여야 한다. 자율결정과 공동책임은, 우리가 살고 있고 권력의 행사가 그 속에서 이루어지는 사회가 그 권력의 영향을 받는 모든 사람들의 동의와 승인을 받는 경우에만 보장될 수 있을 것이다. 달리 말해, 자유롭고 민주적인 사회질서는 그 사회에 살고 있는 사람들이 공동으로 그것을 인정하고 받아들일 경우에만 보증될 수 있다. 이 질서가 법적으로 그리고 질서정연한 방식으로 생겨날 수 있는 것은, 통치 받는 사람들에 의해서 권력자들이 일정 기간 동안 선출되고 (늘 재선될 권리를 가지고서), 그리고 통치 받는 사람들이 권력자들의 권한 행사를 통제할 수 있으며, 만약 더 이상 권력자들을 믿고 신뢰할 수 없을 경우 그들을 해임시킬 수 있다는 전제 하에서이다. 그러한 체제 하에서 권력의 자연스런 행사와 이 권력에의 복종은 가치가 있다. 권력은 단지 영향을 받는 사람들에 의해 지속적인 승인을 받아야 할 뿐이다. 권력행사의 원칙은 제도적으로 보장된 의무의 한계 내에서 억제된다. 즉, 권력은 통치당하는 사람들의 이익을 위해서만 행사되며 객관적으로 필요한 범위에 국한되어야 한다. 달리 말해 권력은 책임과 연관되어 있으며, 권력을 행사하는 사람은 어느 누구라도 그가 그에게 예속되는 사람들의 자유를 존중하는 동안에만 자신의 권력을 계속 행사할 수 있다는 사실을 인식하고 있어야만 한다.

그러한 체제는 모든 개인이 자신의 자유와 사회적 책임에 영향을 미칠 수 있는 모든 문제에 대해서 정확하고 적절한 정보를 요구할 수 있음을 전제로 한다. 더 나아가 다양한 수준의 사람들이 그들이 살고 있는 사회에서 일어나는 모든 중요한 발전에 대해 자유롭고 독립적인 판단을 형성할 수 있어야 한다는 점은 매우 중요하다. 여기에 덧붙여, 모든 개인은 그가 설득할 수 있는 다른 사람들과 자유롭게 단체를 결성하면서, 다원주의 사회에서 허용되는 영향력 행사의 틀 안에서, 자신의 생각에 적절한 관심을 이끌어 낼 수 있어야 한다. 이 조건들이 충족된다면, 개인의 자유로운 발전은 다양한 정치적, 경제적 의존의 형태를 지닌 현대 대중산업사회의 틀 내에서도 상당한 정도로 가능할 것이다.

정치적 영역에서 자유로운 사회질서의 원칙은 오랫동안 작동하여 왔다. 국가의 권력분립에 의해, 정당들의 형성에 의해, 일반·보통·비밀 선거에 의해, 그리고 자의적인 행위에 대항하는 보호막에 의해, 시민의 자유와 의무에 영향을 미치는 정치적 결정에 대한 시민들의 영향력이 보장된다.

그래서 우리는 정치적 영역에서는 일정 정도의 기본적인 민주적 권리가 인정될 수 있다는 입장을 취하고 있다. 하지만 사회 · 경제체제 내에서는 아니다. 특히 경제적 영역에서 중요한 변화가 이루어져야 한다. 진정으로 자유로운 사회는 자유와 책임의식이 모든 생활영역에서 자유롭게 발전될 수 있을 때만 지속될 수 있다. 그렇다고 경제 내에서 작동되는 자유롭고 민주적인 체제의 원칙이 국가 차원에서 작동되는 것과 같은 형태로 그리고 같은 방법으로 실행될 수 있다고 주장하는 것은 결코 아니다. 경제적 영역에서 이 원칙은, 한편으로 가능한 한 최소한으로 개인의 자유를 제한해야 하며, 다른 한편으로 자유로운 시장경제에서 작동하는 기업들의 자율성을 불필요하게 제한해서는 안 된다. 경제의 영역에서 살고 경제에 의해 영향을 받는 사람들은, 전반적인 시장경제체제의 자유로운 발전을 보장하는 틀 내에서, 기업의 경영진이 취한 결정에, 그리고 이 결정이 공장과 기업의 수준에서 실행되는 과정에 영향력을 행사할 수 있어야 한다. 이처럼 다양한 차원에서의 공동결정과 공동책임은 각 개인의 인간적 자유라는 일반원칙 뿐만 아니라 경제의 유연한 작동과도 조화를 이루어야 한다.

이러한 유형의 공동결정의 개념에 대한 일반적인 개념은 자유로운 시장경제의 원칙에 기초를 둔 자유기업 체제를 전제로 한다. 어떤 형태로든 경제가 중앙의 행정부에 예속되는 경우에, 생산과정의 다양한 수준에서 진정한 형태의 노동자 협력이나 공동결정은 이루어질 수 없다. 경제체제의 관리형태 뿐만 아니라 생산의 양과 종류에 영향을 미치는 실제로 중요한 모든 결정이 중앙권력기구와 정부부처들에 의해서 이루어진다면, 기업과 작업장 수준에서는 공동결정과 공동책임을 위한 여지가 거의 혹은 아예 없다. 경제의 과정에 의해 그리고 특히 노동자들에 의해 영향을 받는 기업 내부에서 실행되는 어떤 형태의 공동결정도 실제로 배제되는 것이다.

따라서 진정한 공동결정을 위해서는, 자유로운 시장경제 체제의 구조 내에서 작동하는 자율적인 권한의 행사가 적어도 경제의 어떤 부분에서 이루어질 수 있어야 한다. 자유로운 사회질서를 유지하는 원칙들은 여전히 유의미하지만 경제의 각기 다른 영역들에서 그 방식은 크게 달라질 것이다.

공동결정의 기초가 되는 원칙들

서독에서 공장과 기업 수준에서의 공동결정 문제는 여전히 두드러지게 눈에 띄고 있다. 그 이유는 제 2차 세계대전 이후 노동조합이 이러한 분야들에서 노동자를 위한 광범한 양보를 얻어내는 데 성공했기 때문이다. 공장과 기업 수준을 넘어서서 경제 정책에 영향을 미치는 모든 문제에 대해 공동결정을 적용시켜야 한다는 것은 노동조합의 요구 사항이었고 계속 요구 사항으로 남아있다. 그러나 지금까지 어떠한 기구도 이 요구 사항을 실행하기 위해 설립되지 않았다. 이 논문에서 논의된 일반원칙들이 기업들과 개별 작업장에서 적용될 수 있으려면, 어떻게 이 원칙들이, 그 경제체제 내에서 작업장이나 기업의 목표 수행을 방해하지 않으면서도, 개인적 책임감과 개별적 주도권의 발전을 가능한 한 보장할 수 있는 지를 보여주는 것이 필요하다. 어떤 경우에도 목표는, 최대한의 물질적 성과를 얻어내는 목적만을 가지고 경제가 작동하거나 발전하지 않도록 하는 것이어야 한다. 그 발전이 인간성을 고양할 수 있는 방식으로 이루어지도록 하는 것이 마찬가지로 중요하다. 따라서 공동결정의 목적은 다음과 같다 : 경험에서 밝혀진 것처럼, 사람을 하나의 인격체로 충분히 고려하는 경제체제가 결국에는 물질적으로도 가장 성공적인 체제인 것이다.

개인적 기본권의 보호

어떤 형태의 공동결정도, 작업장에 고용되어 있는 모든 개인들의 필요를 만족시키지 못했다면, 그 최종적 분석에서 무의미한 것이 될 것이다. 직접적이든 간접적이든 노동자의 지위에 긍정적인 영향을 미치지 못한다면 어떠한 정당화도 이루어질 수 없다. 자유로운 사회의 기본적 가치에 부응하면서, 기업을 공동으로 구성하는 사람들 그리고 기업의 권위에 종속되는 사람들, 두 편이 모두 기업의 권위를 합법화시키면서도 그 권위를 통제할 수 있도록 공동결정은 이루어져야 한다. 이것은 경영진의 권위를 파괴하는 것이 결코 공동결정의 의도가 아님을 말하는 것이다. 그것은 또한 노동자들이 자신들의 대리인을 통해 경영을 떠맡는 것을 의도하는 것도 아니다. 공동결정의 의도는 오히려 경영진이, 권한을 위임받았다는 의미에서, 권력을 남용하지 않고 그리고 항상 책임감을 가지면서 그 권위를 행사할 의무감을 지닌 채 제도 속에 자리 잡게 하려는 것이다.

기업 내부에서 취해진 결정은, 자신들의 자본을 기업이 공시한 목표를 달성하는 과정에서 마음대로 처분할 수 있도록 생산수단의 형태로 투자한 소유주들에게 영향을 미친다. 하지만 이 결정은 이 생산수단을 가지고 일하는 노동자들에게도 우선적으로 영향을 미친다. 이 두 집단 간의 이해관계의 충돌에 상관없이, 서비스 및 재화의 생산이라는 기업의 목적은 그들 사이의 협력을 통해서만 성취될 수 있다. 따라서 공동결정은 무엇보다 한 기업의 운명이 소유주에 의해서만 결정될 수 없음을 의미한다.

공동결정권의 요구는 오래 동안 격렬한 저항에 부딪쳤다. 단지 소유주의 대표들만이 기업을 유리하게 그리고 생산적으로 운영할 수 있다고 주장되어 왔던 것이다. 이러한 견해 뒤에는 기업이 노동과 자본 그리고 토지와 같은 생산요소들이 결합되는 단지 하나의 경제적 구조물에 불과하다는 개념이 도사리고 있다.

이 견해는, 그러나, 잘못된 것이다. 기업은 단지 단일한 경영진 밑에 생산요소들을 단순히 결합시킨 것만은 아니다. 기업은 경제적일 뿐만 아니라 동시에 사회적인 구조물이다. 즉, 그것은 인간들의 협력체인 것이다. 기업 내부의 인간을 투자된 자본에 빗대어 하나의 단순한 생산요소의 지위로 격하시키는 것은 불가능하다. 일상의 노동과정에서 인간은 하나의 생산요소나 수단이 아니다. 인간은 자신의 전체를 자신의 과업에 헌신하도록 요청받았기 때문이다. 그리고 이러한 이유로 그는 자유로운 사회질서의 기본적 가치가 노동의 세계에서도 적용되어야 하며, 스스로 하나의 인격체로 존중받아야 하며, 나름대로의 책임의 몫을 공유하겠다고 요구할 자격이 있다. 이 모든 것이 결국 공동결정권이 되는 것이다.

공동결정은 생산수단을 소유한 사람들의 적법한 권리에 어떠한 제재도 가하지 않는다. 그러나 소유권은 기껏해야 사물에 대한 통제를 정당화할 뿐, 결코 인간에 대한 통제를 의미하지는 않는다. 몇 명의 인간이 단지 그들이 생산수단을 소유하고 있기 때문에 다른 인간들에 대해 주인노릇을 하려는 것은 자유로운 사회질서답지 않은 것이다.

물론 그렇다고 하나의 기업 내에서 모두가 모든 것에 대해 한마디 말할 자격이 있다는 것은 아니다. 노동자대표와 고용주 대표는 동등한 파트너로서 같이 일해야 한다. 그리고 이러한 관계에서 기업의 발전은 자유시장경제의 틀 내에서 확보되고 촉진되어야 한다. 다른 한편, 기업의 정책을 결정하는 과정에서 노동자들의 사회문제는 고용주들의 사업문제와 동등한 중요성을 갖는 문제로서 다루어져야 한다. 기업과 작업장 수준에서 권위와 복종의 시스템은 물론 폐지될 수 없다. 그러나 공동결정의 시행은 개인들이 단지 기술적으로 중요한 지시에 복종하도록 요청을 받을 뿐, 어떤 형태의 자의적인 처우에도 예속되지 않을 것을 보증해야 한다. 노동자들은 이러한 요구가 실행되도록 법적인 권리를 가져야 하며 작업규칙은 그것들을 충분히 고려해야 한다.

노동자의 요구를 제도화할 때, 기업과 작업장의 실제 필요에 대한 충분한 고려가 이루어져야 한다. 석탄철강산업의 공동결정이 적용되는 과정에서 노동자의 이익을 충분히 고려하는 방식으로 협정들이 타결되었지만, 이는 또한 고용주에게도 이득이 되었다.

이런 식으로, 공동결정은 기업이나 작업장에서 노동자의 지위가 자유롭고 민주적인 사회의 기본적 가치에 따라 형성될 수 있게 하는 제도적 조처를 의미한다. 물론 제도화될 수 있는 규정에는 한계가 있다. 공동결정은, 그것이 단지 기업의 관리조직에만 그 기초를 두고 있는 한, 노동자의 모든 문제를 해결할 수는 없다. 그러나 공동결정은, 작업장이나 기업에서 일어나는 일에 대하여 결정을 내리는 사람의 선택과 취해진 결정의 성격 그리고 경영안의 실행 및 보완에 영향을 미침으로써, 노동자에게 영향을 미치는 문제가 경제적 문제와 동등하게 고려되는 것을 가능하게 한다.

사회의 구조적 질서 속의 인간

공동결정권이 개인의 권리에서 비롯될 수 있음이 우선 입증되었다. 여기에 덧붙여, 공동결정의 정당화는 아주 다른 이유들 때문에도 지지를 받는다. 자유롭고 민주적인 사회는 자유의 보장을 위한 구속력 있는 기준이 모든 부문에서 확보될 때에만 보장될 수 있다. 그러나 모든 서유럽 산업사회들에서 개인의 자유와 책임의 영역을 최대한 확대시키는 안전판은 위험에 처해 있다. 대기업들의 성장은 방대한 관료기구의 성립을 초래하고, 이들은 "외부적으로" 시장만이 아니라, "내부적으로" 이 기업들에 고용된 수천, 수만 명의 생명에 대해 그들의 권력을 행사한다. 이러한 효과에 더하여 대기업들은 그들의 규모와 경제력을 통해 전체 도시와 지역들의 번영과 복지에 영향을 미칠 수 있다. 개인이 다양한 법적 권리에 의해 보호받는 정치질서와는 대조적으로, 거대한 기업 내부에서 그는 단순한 "수레바퀴 속의 톱니"로 전락해버릴 지속적인 위험에 처해 있다. 그는 자신이 이해할 수 없는 이유로 고용되고, 전보되고 그리고 해고되는 것이다. 그는 자신이 익명의 시스템에 의한 무기력한 희생자임을 느낀다. 대기업들의 경영진은 너무나 강력하여 심지어 정치적 결정에도 영향을 미칠 수 있고, 실제로 영향을 미치고 있다.

그러나 포괄적으로 자유롭고 민주적인 체제는 경제적 분야가 정치적 결정에 어떠한 부당한 영향력도 행사해서는 안 되며, 더 나아가 자유롭고 민주적인 원칙이 경제의 테두리 내에서 작동될 것을 요구한다. 공동결정은 이 목적에 중요한 기여를 할 수 있다. 공동결정이 작동됨으로써, 중요한 사안에 대한 경영은 경영진의 결정에 의해 직접적으로 영향을 받는 집단들이 행사하는 일종의 영속적인 통제형태에 예속되게 된다. 이러한 통제는 국가에 의해서가 아니라 영향을 받는 사람들에 의해 경영기구의 내부에서 직접 행사되는 것이다. "자율행정 원칙"의 이행인 이러한 사적인 형태의 통제에 의해 경제적 과정에 대한 국가의 개입 필요성은 상당히 줄어든다. 기업 내부에서 노동자의 권리는 제도적으로 보장되고 따라서 노동자의 활동과 주도권이 각 개인들에 의해 행사되기 때문에, 분명히 분간할 수 있는 영향력의 영역이 나타나고 노동자의 자유는 그 내부에서 발전할 수 있다.

이 시점에서 다른 문제가 제기되는데, 경제생활에서 행동의 자유를 위한 여지가 서독식의 공동결정 체제에 의해서만 확보될 수 있는가 하는 문제이다. 이와 관련하여 다음 사항이 주목되어야한다 : 급속하고 지속적인 성장은 필연적으로 개별 산업의 영역에서 구조적 위기를 불러일으키고 거의 모든 기업들은 지속적인 변화와 재조직을 필요로 한다. 그러한 상황에서 경제적이고 사회적인 문제는 전체적인 경제적, 정치적 조처들에 의해 항상 해결되지는 않는다. 특히 노동자들의 경우, 역동적으로 변화하는 체제 내에서 어떤 사건이 일어난 이후 취해진 조처들을 통해 자신들의 지위를 보장하는 것이 늘 가능하지는 않다. 필수적인 기술적 진보를 방해하지 않으면서 동시에 노동자들의 진정한 안전을 보장하기 위해서는, 노조와 공장단위에서 선출된 노동자 대표들이 모든 중요한 새로운 계획의 입안 단계에서, 그것이 초래할 경제적 사회적 결과를 정당하게 고려하기 위하여, 경영진과 협의하는 것이 필요하다. 조건이 급속하게 변화하는 상황을 고려해 볼 때 더욱 더 필요한 이 협의는 그것이 논의될 수 있는 하나의 구조가 이미 존재한다면 방법상의 문제가 된다.

왜 공동결정이 서독에서 도입되었는가를 분명하게 밝혀주는 또 다른 이유들이 제 1, 2차 세계대전에 뒤이은 역사적 발전과정에서 그리고 독일노동조합의 기본정책과 조직적 구조에서 발견된다. 다음에서 이러한 점들을 보다 자세히 살펴보자.

작업장과 기업 수준의 공동결정 제도들

기업조직 뿐만 아니라 사무실과 작업장의 복잡한 구조에 적절히 대응하기 위해서는 다양한 수준에서 다양한 형태로 공동결정을 실행하는 것이 필요하다.

사무실과 작업장 수준에서 공장협의회(Betriebsrat)가 작동하고 있다. 그것은 하나의 회사에 있는 모든 노동자들의 독립적인 대표체이다. 고용주는 공장협의회에 소속되지 않는다. 법에 따르면 비록 공장협의회의 구성원이 노조원이 되거나 노조지지자가 될 필요는 없다 할지라도, 공장협의회의 구성원 80% 이상이 사실상 노동조합에 속하며 그들 스스로를 노조의 대변자로 여기고 있음이 사실로 밝혀졌다. 공장협의회의 권리는 작업장 기본법(Betriebsverfassungsgesetz)에 상세히 규정되어 있다. 원칙적으로 그들은 단체협상에 의해 결정되는 어떠한 문제에도 관여하지 않는다. 공동결정권은 주로 사회문제와 내부적인 작업규율을 문제 삼는다. 인사에 관한 문제에서 공장협의회는 고용, 재조직, 전근 및 해임에 관한 협상권을 가진다. 경제적인 문제에 대해서 공장협의회는 고용안전이라는 직접적인 문제가 명백히 위험에 빠질 경우에만 경영상의 결정에 영향력을 행사할 수 있다.

모든 다른 경우에, 하나의 작업장에 속한 노동자들은 기업의 생산

과정과 재정상태에 관련된 경영상의 중요한 결정에 대해서 단지 정보를 요구할 수 있을 뿐이다. 이 정보는 사원들과 경영진이 동일한 대표권을 갖는 경제위원회(Wirtschaftsausschuss)—공동 공장협의회—에서 제공된다. 공장협의회는 노동조합과의 단체협정에서만 다루도록 되어있는 기본적 조건 및 규정들을 제외한 문제에 대해서 경영진과의 작업장 협정을 체결할 권한이 있다. 즉 독일에서 노동자의 권리와 의무는 관련법에 기초한 단체협정에 의해서 뿐만 아니라 작업장 협정에 의해서도 규정된다. 노동조합들은 관습적으로 공장협의회와 우호적인 협력관계를 맺어왔다. 그럼에도 노동조합들은 그들 나름대로의 적절히 조직된 독립적인 대표제 없이 유지될 것이라고 기대할 수 없기 때문에 작업장 대표를 뽑을 때마다 노조에 속한 그들의 직접적인 대변인을 모든 곳에 배치한다. 이들 노조 소속 작업장 대표들은 공장협의회와도 긴밀한 협조를 하지만, 그러나 특정한 노조의 목표와 정책을 촉진시키기 위해서 무엇보다도 노동조합들과 긴밀한 협조를 하게 된다.

공장협의회와 작업장 대표들의 권한은, 그러나, 개별노동자들과 사원 전체의 권리를 충분히 만족스럽게 보호하기에는 적합하지 않다. 그 이유는, 특히 중요한 결정이 최상층의 경영진 수준에서 내려지기 때문이다. 노동자의 이익을 위해, 그것도 적절한 시점에서, 이러한 결정에 영향력을 미치기 위해서는 다른 기구들이 필요하다. 이러한 기구들은 공장협의회나 작업장 대표를 대신할 수도 없고 대신해서도 안 된다. 이 기구들은, 공장협의회와 작업장 대표와 긴밀히 협력 하면서, 내부의 공동결정 협정이 최상층 경영진에 대해 효과적으로 영향력을 행사할 수 없는 수준에서 기능해야 한다. 바로 이 최상층 수준에서 포괄적인 새로운 투자에 관한, 공장의 폐쇄와 부분적 폐쇄에 관한, 새로운 자동공정의 도입에 관한, 그리고 사원들에게 광범한 사회적 결과를 미치는 다른 문제들에 관한 결정이 내려지기 때문이다.

그러나 주요 정책에 관한 문제에서 중요한 것은 영향력이 노동자들을 위해서만 행사되는 것은 아니다. 주요 정책은 한 기업이 사업을 수행하는 정상적인 방법에 의해, 그리고 경영진의 결정을 선택하고 실행하게 하는 정신과 태도에 의해 영향을 받는다. 이러한 이유 때문에, 노동자들과 그들의 노동조합은 경영진에 대한 지속적인 통제에 참여하기를 요구하며, 기업들 내부에서 실질적인 권력을 행사하는 사람들의 선택에 영향을 미치려 한다. 이러한 개념은 노동조합에게 항상 만족스럽지만은 않았던 다양한 방식으로 실현되어 왔다.

이 점을 분명히 하기 위해서 독일 기업조직의 구조에 대한 몇몇 증거를 제시할 필요가 있다. 이를 위해 우리는 공동주식회사(Aktiengesellschaft)의 형태를 전형적이고 가장 중요한 것으로 취할 것이다. 이것은 3층으로 이루어진 조직이다 : 그 최고의 통치기구는 통제 및 감독 기구인 전체주주총회(Hauptversammlung)이며, 감사위원회(Aufskchtsrat)와 경영위원회(Board of Management or Vorstand)가 다른 두 층을 이룬다. 주주총회는 1년에 한 번씩 모이며 새로운 자본의 증식, 감사위원회의 구성, 기업합병 조건, 새로운 자본 증식 방법, 기업 폐쇄 등등의 기업에 영향을 미치는 기본적인 결정을 한다. 통제 및 감독기구의 기능을 수행하는 감사위원회는 일년에 3, 4회씩 모인다. 이 위원회는 경영위원회 위원을 지명하며, 사업 활동을 조언 · 감독 · 통제하고, 중요한 결정에 대해 영향력을 행사한다. 경영위원회는 독자적인 기능을 가지며, 그 권리와 의무는 회사법에 의해 규정된다. 경영위원회는 독자적인 책임 하에 기업의 사업을 수행한다.

연례주주총회에서 노동자들은 아무런 대표권을 가지고 있지 않다. 감사위원회에서 노동자들은 작업장기본법에 의해 명시되어 있는 것처럼 구성원의 3분의 1을 차지한다. 석탄철강기업은 예외인데, 이곳의 감사위원회는 공동결정에 관한 법(Mitbestimmungsgesetz)과 수정법(Mitbestimmungsergänzungsgesetz)에 의거하여 같은 수의 주식보유자 대표와 노동자 대표로 구성되며 이들은 동등한 권리와 의무를 갖는다. 또 경영위원회는 한 사람의 노동이사(Labor Director)를 포함해야 하는데, 이 사람은 감사위원회에 참석한 노동자 대표들의 의사에 반해서 선출될 수 없다.

그러므로 가장 효과적인 노동자이익의 대변 형태는, 감사위원회에서 노동자 대표들이 동등한 수를 차지하고, 경영위원회에 노동이사가 존재하는 석탄철강기업의 경우이다. 경영위원회의 기능은 주식보유자의 이익을 보호하는 것 이외에도 또한 회사원과 대중의 이익에 관심을 기울이는 것이지만 그러나 그 주된 관심은 주식보유자의 이익이다. 그리고 이러한 이유로 노동조합들은 다음의 두 가지 점을 확실하게 하는 데 특별한 관심을 기울여 왔다 : 우선 경영진의 모든 결정이 이루어질 때 노동자들의 이익이 적절히 고려될 수 있도록 이사의 한 사람을 따로 배당해야 한다. 다른 한편으로 중요한 직책을 수행하도록 선택된 사람들이 그들의 직무수행에 수반되는 인간적 책임을 잘 알고 있고, 일방적인 금전적 이익 때문에 인간적 고려를 무시하지 않도록 해야 한다. 노동이사의 존재와 권위는 경영진이 결정을 내릴 때 노동자의 이익을 적절히 고려할 것을 보장한다. 감사위원회에서 동수의 대표권을 행사함으로써 노동자 대표들은 기업의 장기정책과 경영진의 일상적인 사업 활동에 효과적인 영향력을 행사할 수 있다.

감사위원회의 노동자대표들은 노동조합, 공장협의회, 그리고 사회 저명인사들로부터 선출된 자질 있는 사람들로 구성되기 때문에 언제나 노동자의 이익이 보호될 것임을 확신할 수 있다. 작업장기본법의 적용을 받는 다른 기업들의 감사위원회에서, 노동자들은 이미 언급한 것처럼, 의석의 단지 3분의 1만을 보유한다. 그 결과, 이들은 어떤 실질적인 영향력도 미칠 수 없었다. 이러한 경우들에 있어서, 정책에 대한 공동책임에 상응할 만큼 효과적인 영향력을 행사할 수 있는 가능성은 거의 없었던 것이다.

경험적 조사에 따르면, 다양한 수준에서 이루어진 공동결정 기구들의 작동, 즉 공장협의회나 경제위원회의 활동, 경영위원회에의 노동이사의 존재 그리고 동등한 대표권을 가진 감사위원회의 운영 등이, 기업들의 경쟁력에 불리한 영향을 미치지 않으면서, 회사원들의 이익을 적절히 고려할 수 있고 고려하고 있음을 알 수 있다.

한 가지 사항을 반드시 강조할 필요가 있다. 여기에서 서술된 형태의 공동결정 성공을 위한 필수불가결한 조건은 노동자 대표들이, 그들 노조의 전문적 조언은 물론, 경제와 산업 문제들에 대해서 지속적인 교육을 받아야 한다는 점이다. 공동결정 제도의 도입은 효과적인 영향력을 행사할 수 있는 기회만을 제공할 뿐이다. 이 기회가 활용되는 정도는 노동자 대표들의 활력, 전문성, 그리고 자연스러운 적응력에 달려있다.

노동조합과 공동결정

노동조합은, 다양한 역사적 과정을 거쳐 오는 동안, 결코 스스로를 단지 노동자이익의 대변자로서만 간주한 것은 결코 아니었다. 물론 그들에게 허용된 한계 내에서지만, 그들은 언제나 한편으로는 공동체 전체의 이익에 관심을 기울여 왔다. 이 관심은 나찌스 당(National Socialist) 통치 하의 테러 및 탄압의 시기에도 유지되어 왔고, 2차 대전 직후에도 마찬가지였다. 그 당시에 어느 누구도, 그 이전의 사건들에 대해 어떤 잘못도 하지 않았다고 자신하면서, 모든 사람들을 대변하겠다고 나서지 못했다. 그 와중에 노동조합들이 공동결정을 하자는 요구를 내세우자 모든 정당의 주도적인 정치인들은 이 제안을 지지했다. 공동결정의 토대가 되고 있는 프로그램은 1차대전 이후 다소 초보적인 형태로 이미 마련되어 있었다. 이 시스템의 도입은 망명 중이었던 독일의 노동조합 활동가들은 물론 대도시 시장인 괴어들러(Goerdeler)와 연계되어 있었던 독일 저항 운동가들에 의해 전쟁 동안 마련된 프로그램의 일부였다.

독일 정치와 경제의 총체적인 붕괴에 뒤이은 노동자들의 공동결정 요구는 새로운 사회질서라는 노동조합 개념에서 하나의 결정적인 요소가 되었다. 독일노동조합연맹 창립대회에서 마련된 기본 원칙들은 형식적 민주주의; 즉 보통선거권 그 자체로는 진정으로 민주적인 경제체제를 보장하기에 충분하지 않음을 명시했다. 따라서 경제의 민주화를 통해 정치생활의 민주화를 보완하는 것이 중요했다. 아무도 사회화와 계획경제가 그 자체로 이 목표의 달성을 보장한다고는 더 이상 믿지 않았다.

독일의 공동결정과 그 제도들이 보이는 특성은 몇몇 특징적 요소들에 기인한다. 예를 들면 독일노동조합들은, 미국의 노동자조직들이 그러하듯이, 개별 기업들과 단체협정을 체결하지 않는 것이 보통이다. 일반적으로 단체협정은 지역적인 차원에서 체결된다. 당연히 이 협정이 개별 작업장에서 생겨나는 개별적인 문제들을 모두 고려할 수는 없다. 대신 단체협정은 고용의 조건이나, 공장협의회와 경영진 사이에서 협상된 근로협정에서 규정된 사항의 적용과 같은 전반적인 규정을 포함한다. 독일 노동조합들은, 공동결정 체제에서 제시되는 것처럼, 개별 작업장과 기업 차원의 특정한 노동자들이 당면한 구체적인 문제를 다룰 수 있는 정당하게 허가받은 특별한 기구들의 설립을 목표로 해야 한다. 기업수준에서의 성과 있는 협력은 결과적으로 가능하다. 이미 지적한 바와 같이 노동조합들이 늘 스스로에게 전체적인 공동체의 이익에 공동책임이 있는 것으로 간주해왔고 그들의 전반적인 책임을 의식하면서 노동자들의 이익을 보호해왔기 때문이다.

노동조합들은 지금까지 자신들의 공동결정 개념을 공장과 기업수준에서 실행하는 데 성공하지 못했고, 보다 높은 수준에서도 이를 하나의 단일한 실체로 만들지 못했다. 노동조합 대표들은 경제적 위계의 상부차원에서 노동자의 이익을 보호할 수는 있었지만, 그러나 연방 경제위원회나 사회 위원회와 같은 법정 기구들을 매개로 전체적인 경제 및 사회 정책에 효과적인 영향력을 행사할 수는 없었다. 노동조합들이 의회나 여론단체 그리고 이와 관련된 분야에서, 자신들과 견해를 같이하는 저명인사들을 통해, 그들의 영향력을 느끼게 만드는 다양한 방법과 수단을 갖고 있음은 사실이다.

그러나 노동조합은, 공동결정에 관한 법에 의해 그들이 경영 및 관리기구의 내부에서 다양한 통제권을 확립해 낸, 작업장과 기업들에서 영향력을 행사하는 데 주력해야만 한다. 공동결정의 개별 기구들은, 비록 노동조합들에 의해 결코 완전히 통제되지는 않지만, 노동조합들과 긴밀히 협조하면서 작동해야 한다. 예를 들면, 공장협의회의 구성원들은, 실제로는 대부분 노동조합원이지만, 한 기업의 모든 직원들에 의해 선출된다. 경영 활동을 통제하는 감사위원회에서 노동자대표는 작업장기본법의 규정에 따라 통상 작업장에 실제로 고용되어 있는 사람들 가운데서 선출되어야 한다. 1951년의 공동결정법에 따르면 외부의 인사들도 감사위원회의 구성원으로 선출될 수 있지만, 이들은 작업장에서 선출된 사람들을 보완하는 선에서이다. 끝으로 경영위원회의 구성원인 노동이사는 노동문제의 전문가로서 작업장에 고용된 사람들의 필요와 희망에 대한 특별한 이해를 보여주어야 한다. 그는 감사위원회의 전체구성원에 의해 선출되는데, 이는 경영위원회의 다른 구성원들을 선출하는 방법과 동일하다. 이 시스템의 작동에 의해 노동조합들이 공동결정기구에 참여하는 그들의 대표들에게 어느 정도의 영향력을 행사할 수 있음은 사실이다. 그러나 그러한 영향력이 빈번히 주장되는 것처럼 산업에 대한 "중앙 집중화된 통제"를 보장하기에 적절하다고 믿는 것은 전적으로 잘못된 것이다.

노동조합 대표들이 공동결정 기구들에 참여하는 것은 적어도 매우 실질적인 고려에 근거하고 있다. 기업체 자체에서 선출된 대표들은 기업의 구체적인 문제를 가장 잘 이해하고 있다. 반면 노동조합에 의해 임명된 사람들은 그 산업 부문과 전체적인 경제 상황을 보다 잘 이해하며 특정 부문 기업가의 정책과 의도에 대한 전문적인 지식을 가지고 있는 경우가 많다. 이러한 방식으로 그리고 모든 공동결정 대표들의 협력을 통해, 노동자들의 이익을 최대한 대변하는 것이 가능해진다.

노동조합대표들이 공동결정 기구들에 공식적으로 참여하는 것에는 중요한 정치적 이유가 있다. 공동결정의 모든 기구들이 노동조합들과 긴밀히 협조하게 하는 보장이 있어야만 하는 것도 마찬가지이다. 그 이유는 단지 그런 식으로만, 즉 노동조합들의 권력과 영향력의 행사에 의해서만, 기업가들로 하여금 적절한 정도로 공동결정을 존중하게 할 수 있으며, 각 기업의 노동자 대표들도 발생할 수 있는 어려운 상황들에서 노동조합의 조언이나 도움 그리고 보호에 의존할 수 있기 때문이다. 게다가 노동자대표와 그들의 조직 사이의 상호이해는 필수적이다. 노동자이익의 공인된 대표들로서 노동조합들은 공동결정의 운용으로부터 배제될 수 없으며 배제되지도 않을 것이다. 이런 이유로, 모든 독일 기업들에 있는 공동결정의 기구들은 실제로 노동조합들과 긴밀한 관계를 맺고 있는 것이다. 공동결정에 대한 끝없는 논의과정에서 그리고 경영에 영향을 미치는 경제문제와 관련하여, 종종 노동이사가 어느 편에 충성심을 보여야 할 지 갈등하게 될 것이라고 여겨져 왔다. 또한 마찬가지로 그가 기업의 이익과 사원들의 이익에 동등하게 관심을 기울이는 것이 불가능하다고 종종 주장되곤 한다. 그런 주장의 배경에는 항상 노동이사가 경영진 내에 존재하는 노동조합운동의 "확장된 팔"에 불과하다는 비난이 깔려있다. 하지만, 이 문제에 대해서는 어떠한 의문도 있을 수 없다. 노동이사가 노동조합들의 신뢰를 얻어야 함은 분명하다. 그러나 그는, 경영위원회의 동등하고 전적으로 책임있는 구성원으로서, 노동조합의 대표자일 수는 없다. 실제로 노동이사가 다른 사람들보다 더 많은 내적 갈등을 겪지 않는다는 사실은 분명히 입증되었다. 현대 산업사회의 모든 개인은 충성심의 갈등을 조절해야 한다. 예를 들어 한 정당의 당원이 각료직을 제의받았을 때나 프로테스탄트 문화부 장관이 주민의 일부를 구성하는 카톨릭 지역들에 대해서도 책임감을 느끼는 경우와 마찬가지다. 기업 경영위원회의 한 위원이 기업에 영향을 미치는 결정을 할 때, 그는 공동체의 이익을 고려하도록 강요받는다. 노동조합들이 공동결정 기구들에 참석한 그들의 대표를 통해서, 단체협상의 일원으로서 그들의 기능을 희생하지 않고 또 그들 자신의 독립성을 손상 받지 않으면서도, 노동자들의 이익을 보호할 수 있었음은 공동결정 실행의 실제적 경험을 통해 잘 알 수 있다. 이러한 사실들을 인정함으로써 1963년에 채택된 독일노조총연맹(DGB)의 기본 프로그램은 공동결정을 특히 강조하였다. 이 프로그램에 따르면, 공동결정은 단지 하나의 목적이나 도구가 아니라 점진적인 사회적 질서의 기초로서 정의된다. 공동결정에 대한 경제적 정치적 논의는 노동조합의 영역에서 특별히 중요한 역할을 해왔다. 이러한 고려의 성과로, 우리는 회사법의 근본적 개혁이라는 틀 내에서 경제적 공동결정권을 입법을 통해 광범하게 재조직하자는 요구를 내세운다. 우리의 요구는 석탄철강산업에서 입증된 "효율적인 공동결정" 시스템이 다른 분야에까지 확대되어야 한다는 것이다. 더 나아가 노동조합을 구성하는 일반대중들에게 공동결정의 의미와 중요성을 더욱 잘 이해하게 해야 하며, 실제 그 시행을 떠맡은 사람들의 교육수준과 자격은 더욱 향상되어야 할 것이다.

장기적인 측면에서, 전반적인 경제정책의 영역에서 노동자들의 현실적이고 효율적인 대표권을 위한 제안들이 이루어질 수 있도록 하기 위해서는 공장과 기업을 넘어서는 수준에서 공동결정을 보장하는 문제가 더욱 더 활발히 추구되어야 한다.

독일노동자들과 그들의 노동조합들은, 공동결정을 다루는 현재의 입법조항들이 경제의 민주화를 향한 중요한 한 걸음을 내딛은 것이지만, 진정으로 자유롭고 민주적인 사회질서에 의해 요구되는 원칙들로부터 여전히 멀리 떨어져 있다는 사실을 분명히 인식하고 있다.

8 유고슬라비아 노동자관리 : 본질적인 쟁점들

_ 데이비드 톤키스트(David Tornquist)

8

유고슬라비아 노동자관리 : 본질적인 쟁점들

데이비드 톤키스트(David Tornquist)

미국적 상황 속에서 노동자관리를 옹호하는 것은 자유 낙하를 하는 어떤 물체와 같다. 어떤 다른 갈 곳도 없다고 우리는 주장한다. 그러나 우리는 그 목적지도 정확히 정하지 못했으며 거기에 가는 길도 모른다. 노동자관리의 해결책 또는 그 문제 제기는 우리 사회의 중요한 문제들에 대해 진정으로 민주적 답변을 찾는 사람들에게 강력한 호소력을 지니지만 그러나 노동자관리에 대한 합의는 미리 정해진 역사적 발달 경로 위에 놓여 있는 정거장이나 혹은 종착역이 아니며 그 시점에서 급성장하고 있는 어떠한 사회세력도 노동자관리제의 창설을 밀어붙이지 않고 있다. 그래서 산업민주주의를 옹호하는 것은 그 배후에 어떤 지지 세력도 없을지 모르는 대담한 돌출행동이다. 만약, 필자의 생각으로는, 산업민주주의가 경제생활의 새로운 국면이나 다름없다 할지라도, 산업민주주의에 대한 옹호가 그 방향으로의 광범한 운동의 결과라기보다는 차라리 그 운동의 선봉이 되는 것은 아마도 당연한 일이다. 작업장에서 궁극적으로 성취되는 민주적 이상의 어떠한 측면도 산업민주주의에 대한 빈틈없는 단호한 옹호에 틀림없이 좌우될 것이라 생각된다. 다음의 견해들은 그러한 옹호를 보다 현실적으로 내 귀에 들리도록 하는 하나의 노력을 나타낸다.

나의 견해를 주장하기 위해 다음 세 가지 방법을 사용하고자 한다. 이 방법들은 혼란에 빠지기 시작한 나의 지식에서 서로 별개의 요소들이었다. 나는 유고슬라비아 노동자관리 문제에, 특히 제도적인 장치로서 노동자관리로부터 사회학적 현상으로서의 노동자관리로 옮겨가는데 있어서의 어려움에 가장 우선적 관심을 기울였다. 이 어려움으로부터 벗어나기 위한 방책으로 나는 1차 대전 이후 이탈리아의 공장협의회에 관한 안토니오 그람시(Antonio Gramsci)의 저작을 읽기 시작했다. 마지막으로 1928~38년의 시기를 다루는 루이 아다믹(Louis Adamic)의 편년기인 『*나의 아메리카*』(*My America*)는 30년 전에 미국 전통의 근저를 고집했던 한 그가 산업민주주의를 미국의 "기본적인 부조화"라고 불렀던 것, 즉 정치생활에서 천명된 민주적 원칙과 사람들이 일을 하러 가는 권위주의적 공국들(작업장들) 사이의 모순에 대한 해결책으로 간주할 수 있었음을 일깨워주는 역할을 했다.

우리가 항상 그 방향으로 지향했던 것보다 좀 더 좁은 유리를 통해 그것을 본다면 유고슬라비아의 노동자관리로부터 무언가 더 많이 배울 수 있을 것이다. 왜 그리고 무엇 때문에라는 모든 의문을 잊어버리고 노동자관리의 유형과 방법만을 주로 살펴보기로 하자. 지난 20년 이상 동안 어지러울 정도로 계속해서 발표된 모든 법과 포고문을 무시하고 작업장에서 실제로 일어난 일만 기록하자. 이렇게 함으로써 우리는 장기적으로 노동자관리가 기대되는 해결책을 제공하는지, 단기적으로 그리고 중기적으로 눈에 띄는 문제, 딜레마, 타협의 형태로 그 모습을 분명히 드러내는지를 알게 될 것이다. 나는 유고슬라비아 상황에서 노동자관리의 진전을 방해하는 그러한 중요한 요소들을 부인하지 않겠다. 실례로 그 나라의 경제적 상황은 최우선적인 긴급 상황을 내포하고 있다. 몇몇 사람들이 주장하고 있는 바와 같이 유고슬라비아 기업의 전문적인 관리에서 상당한 부적절함과 경험부족이 있을지도 모른다. 내가 보기에 유고슬라비아 공산주의자들은 민주적 과정에서 자발성의 중요성에 관해 심각할 정도로 애매한 태도를 유지하고 있다. 하지만 오늘날의 유고슬라비아에서 토론되고, 직면되고 또는 심각하게 회피되어지고 있는 고민 중 몇몇은 노동자관리 사상으로부터 직접 파생된다. 여기에 그 고민의 일부를 보여주는 목록을 다음과 같이 열거할 수 있다.

1. 전제 : 관리와 행정은 어떤 조직의 효과적이고 효율적인 운영에 필수적인 전문적인 분야이다. 그렇다면 어떤 원칙들이 전문적 관리 직원과 노동자들에 의해 선출된 관리기구들 사이의 권위와 책임의 배분을 결정하게 되는가?

2. 노동자관리의 내부적 목표(독립적 주도권, 노동자 정체성, 소외 방지, 참여 등등)가 어떻게 시장지향적 기업, 사회봉사기구, 공익법인의 외부적 목표와 조화될 수 있을 것인가?

3. 기업의 경영진에 노동자협의회(Worker's Council)가 가담할지라도 개별 노동자의 태도는 거의 영향을 받지 않을 것이기 때문에 경영권 그 자체가 일반 노동자에게 실제적인 의사결정을 허용할 만큼 충분히 분권화될 수 있을 것인가?

4. 사실 노동자관리의 얼마나 많은 부분이 개별 노동자의 직접적인 참여의 형태로 이루어질 수 있으며 그리고 얼마나 많은 부분이 대표와 대리인단을 통해 간접적으로 수행되어야 하는가?

5. 개인의 규칙적임과 의존성이 여전히 필요하고 노동자관리의 상황에서 당연한 것으로 간주될 수 없기 때문에 그 상황에 알맞은 규율의 원천과 종류는 무엇인가?

6. 노동자-관리자가 임금과 봉급, 기업의 공동체 프로젝트, 재투자 등에 회사수입의 얼마를 각기 할당해야 할지를 결정할 때에 따라야 하는 지침은 무엇인가?

7. 공정한 물질적 보수가 여러 기관의 재정을 위한 인센티브와 건

전한 바탕으로서 필요하다고 가정했을 때, 임금 및 봉급을 결정하고, 보너스를 부여하고, 다른 돈을 얼마나 보수로 예비해 두어야 하는 지를 결정할 때 어떤 평가기준이 노동자들에게 지침이 되는가?

8. 한편으로 기술혁신에 따라 행해야 하는 것(예를 들면 공장자동화)과 다른 한편으로 인간적 필요 및 관계 사이에서 최선의 타협책은 무엇인가?

9. 작업 자체는 반복성, 단조로움, 프로그램화에서 비롯되는 효율성을 없애 버리지 않으면서도 인간에게 적합한 변화에 얼마나 적합한가?

10. 노동자관리 시스템이 위로와 아래로의 두 방향 모두에서 우수한 커뮤니케이션 시스템을 요구하는 것은 자명하다. 하지만 어떻게 전달된 정보의 완전성, 객관성, 정확성이 허용할 수 있는 범위 내의 비용으로 보장될 수 있는가?

11. 어떤 형태의 조직화된 교육이 보다 효과적인 노동자관리를 향한 발전을 촉진할 수 있는가?

12. 외부의 지도는 어떤 식으로 보증되며 외부의 간섭을 어떤 식

으로 피할 수 있는가?

13. 노동자관리의 초기 단계에서 나타나는 조직적 구조의 불명확성과 불안정성을 고려한다면 노동조합, 기술관료, 관료, 입신출세주의자, 그리고 다양한 정치적 견해를 가진 자들에 의해 야기되는 갈등을 해소하고 장해물을 제거할 방안이 반드시 발견되어야 한다.

14. 어떻게 민주적 의사결정 메커니즘이 기업의 대응력과 기동력에 대한 욕구를 충족시킬 수 있도록 효율적으로 조직될 수 있을 것인가?

15. 노동자관리 계획에서 개인의 자율성, 창조성, 의견 차이에 부여된 양보가 이미 일반화된 과잉조직화를 완화시키기보다는 이를 명백히 심화시킬 수 있는 이상, 그와 같은 양보는 어느 정도로 이루어져야 하는가?

16. 마지막으로, 노동자관리가 번창할 수 있으며 그리고 그 기업의 실체가 전반적인 사회적 목표를 포함하도록 그 범위를 넓히거나 또는 그 목표에 기여하도록 권유될 수 있는 사회의 종류에 관한 보다 광범위한 질문이 있다.

나는 이상의 목록이 특별한 유고슬라비아의 흔적을 갖고 있지 않다는 것과 이러한 이슈들이 산업민주주의 개념에 내재적이라는 것을 보여주기 위해 더 이상의 어떠한 설명도 필요하지 않기를 바란다. 나는 그 이슈들이 노동자관리가 열어주는 그러한 새로운 차원의 경제 생활에 대한 도전이라는 것을 인정한다. 미국 관리기술 전문가들은 산업민주주의 개념에 공감하는 사람들조차도 유고슬라비아 사람들에게 이러한 문제들에 신경을 보다 적게 쓰고 기업의 보다 큰 효율성을 보증하는 신뢰할 수 있는 관리 방책을 마련하라고 충고하고 있다. 그리고 자주관리 이론에 대한 유고슬라비아의 토론에서 마르크스, 엥겔, 레닌의 저작들에서 발췌해온 인용문은 굴드너(Gouldner), 뢰트리스베르저(Roethlisberger), 시몬(Simon), 레윈(Lewin) 그리고 리커트(Likert)에 대한 언급으로 대체되어 왔다. 하지만 유고슬라비아인들은 이러한 이론을 있는 그대로 받아 들이지는 않았다. 그들이 그렇게 하기를 거부하는 데에는 매우 타당한 두 가지 이유를 가지고 있다. 그 이유는 노동자관리의 이론적인 발달과 실제적인 발달이 양자 모두 매우 지루하고 괴로운 과정이 된다는 피할 수 없는 증거와 밀접한 관련이 있다. 그 이유 중 하나가 이러한 문제들이 지금 풀리지 않으면 해결하기 훨씬 쉬워지는 길—말하자면 국가가 더욱 번성할 때 혹은 경제가 보다 더 균형이 잡힐 때—을 따라 보다 멀리에 어떤 문제가 있다는 의구심이다. 다른 이유는 노동자관리가 그 시스템을 작동하려는 시도를 할 때만 발생하는 태도와 사회적 관계의 발전을 포함한다는 점이다.

산업민주주의가 약간의 효율성 상실과 같은 소규모의 재조정과 사소한 결점에 대한 즉각적인 보답으로 인간에게 적합한 큰 보상을 가져다주는 하나의 대체 시스템일 뿐만 아니라 한계가 있는 접근 방법을 통해서만 완전히 나타나는 일정기간 지속되는 과정이라고 일반적으로 주장할 충분한 이유가 있는 것으로 보인다. 그렇다면 산업민주주의는 이미 언급된 문제들에 대한 책의 뒤쪽에 있는 일련의 답이라기보다는 전혀 풀리지 않은 새로운 문제들을 제기하는 것이다. 게다가 이러한 문제들은 전형적으로 넓은 의미의 해석을 인정하고 있다. 그 문제들이 제기되는 상황은 그것들을 풀 수 있는 다소간의 가능성을 제공하지만, 문제 그 자체에 대한 정보는 불충분하다. 그 문제들은 수많은 구체적이고, 일반적이며, 그리고 불리한 제약요소들에 의해 지배된다. 그것들은 확실히 현재의 해결책에 종속되는 역동적이며 영속적인 이슈이지만 그러나 불변의 해결책에 대해서는 양보하지 않는다. 그것들은 산업민주주의를 확립하기 위한 어떤 철저한 노력에 수반되는 장애물과 기회를 구체적으로 나타내준다. 사실상 보다 더 나아가기 위해서 노동자관리 사상에서 사상을 추구하고 있다면, 우리는 내가 제시한 몇몇 그러한 목록에서 그 보편성을 정의함으로써 그 보편성에 가장 가까워질 것이라는 점을 제안하는 바이다. 나는 이것을 그 20번째 기념일을 경축하는 유고슬라비아 노동자관리의 교훈으로 받아들인다. 이 관점은 명백히 즉각적인 해방운동의 비전이 지니는 호소력을 결여하고 있으며 그리고 슬로건을 만들어 사용하는 데에는 적합하지 않지만, 실제적인 분석과 이론적인 탐구를 위한 건전한 기반을 제공한다고 생각된다.

하지만 미국의 버몬트 주의 한 주민이 멕시코 바닷가를 보여주는 우편엽서에 대해 1월 중순에 긴 한숨을 쉬면서 어떻게 반응하는가? 나는 산업민주주의의 고상한 목표나 그것의 유망한 형식에 맞는 구조라는 관점에서 그것을 정의하는 것에 대해 아주 동일한 방식으로 반응을 하게 되었다. 한 이슈가 제기되었을 때 작업장에서 일어난 것에 대해, 그리고 그 문제들을 홀로 민주적으로 단지 해결할 수 있는 시도에 산업민주주의라는 이름을 부여한다면, 우리는 이러한 이슈들을 작업장에서 직접 제기하는 것이 산업민주주의를 이루는 하나의 방법이 아닌지를 정당하게도 물을 수 있다. 여기서 그람시 주장의 인용을 의미 있게 만드는 것은 작업장에서의 문제들을 제기함으로써 사회주의가 만들어질 수 있다는 그의 기본적인 사상이다.[1]

그람시가 구좌익(Old Left)의 사상에서 여전히 상당한 정도의 신 좌익(New Left) 정신이 여전히 남아 있던 때에 공장협의회에 대해 썼지만, 내가 볼 때 그의 마르크스주의와 레닌주의는 여전히 미숙하다. 그의 도식에서 정치는 경제에 완전히 흡수되기 때문에 그가 불쌍하다고 보았던 피아트 자동차 노동자가 노동조합 대표를 뽑는 투표권을 행사할 때 그는 자신이 여전히 가지게 될 유일한 특권을 행사하고 있으며 그리고 실제로 세계의 국가들과 사람들 위에 우뚝 솟아있는 국제 공산주의자 운동 즉 코민테른(Communist International)을 일으키고 있음을 거의

1 Antonio Gramsci, *L´Ordre Nuovo (1919—1920) and Socialismo e Fascismo : L´Ordine Nuovo (1921—2)*, Turin : Einaud, 1954 and 1966.

깨닫지 못하고 있다. 그람시가 정치철학과 선동 및 선전의 허황된 말에 부화뇌동하는 정부 대신에 공장협의회를 가장 중시하였을 때 보다 큰 흥미와 보다 확실한 관점을 제공한다. 그람시가 공장협의회는 노동계급의 고유 기구이며, 그것이 그 자체로서 노동자 민주주의의 성취를 위한 가장 적절하고 단 하나의 신뢰할 수 있는 지렛대이며, 그리고 혁명 이후보다는 혁명 이전에 노동자협의회를 만드는 것이 보다 쉬워질 것이라고 주장할 때 그의 견해는 매우 흥미를 끌 수 있다. 그람시 사상의 이런 측면은 재미있는데, 그 이유는 먼저 그가 1920년경의 튜린(Turin) 공장협의회 운동의 배후에 있는 지식인 활동가였고 둘째로, 공장협의회가 목적과 수단 양자 모두임이 드러나는 사회주의적 변형의 도식을 그려내는데 성공했기 때문이다.

그람시가 공장협의회를 만들어낸 것이 아니라 10월 혁명 직후에 러시아의 소비에트를 닮은 자생적인 노동자 제도를 찾는 과정에서 공장협의회에 대한 구상이 떠올랐던 것이다. 내부위원회(Internal Commission)라고 불리는 이러한 공장협의회들은 원래 불만처리기관이었으며 이탈리아에서 1906년까지 거슬러 올라간다. 존 캐머트(John Cammett)가 어떤 혁명도 발생하지 않았다는 것이 놀랍다고[2] 말하고 있는 1차대전 이후 최초 몇 년 동안 노동자들은 공장협의회에 대한 통제

2 John M. Cammett, *Antonio Gramsci and the Origines of Italian Communism*, Stanford : Stanford University Press, 1967, p. 66.

권을 장악하여 그들의 힘을 키웠다. 이런 의미에서 공장협의회는(급진적인 지식인들에 의해 고안되지 않은) 노동자 제도이며, 사회당 혹은 노동조합 정책을 반영하는 것이 아니라 노동자의 반응과 열망을 즉각적으로 반영하며, 그리고 자연발생적으로 혁명적인데, 그리고 이러한 특징들이 그람시가 가장 강조하고 있는 공장협의회의 성격이다.

그람시는 사회가 가장 진보적으로 생산력을 개발하는 계층에 의해 다스려질 것이라는 지침을 완전히 받아들였다. 혁명은 극빈계층이 이런 의미에서 보다 진보적이 될 때 사회적 역학의 본질에 의해 발생한다. 그람시는 그런 까닭에 "그" 사회주의 혁명을 즉석에서 발생하는 사건이라기보다는 세력이 점증해가는 하나의 사건으로 보았으며 그리고 통치 능력에 대한 노동자들의 동화에 정확하게 의존하는 하나의 변형으로 보았다. 배타적으로 경제적인 그의 생각을 고려할 때 통치와 관리는 그에게 아주 동일한 것으로 인식되었다. 어쨌든 정부에 대한 통제를 향한 첫 번째 단계는 작업장의 관리를 떠맡는 것이었다. 작업장 내부에서의 자력에 의한 변화가 혁명의 주요 동기이고 사실상 실질적으로는 혁명과 동의어이기 때문에 노동조합과 정당은 사회주의로 나가는 원동력이자 매개체로서 공장협의회에 비할 바가 못 된다.

그람시의 견해에 의하면 노동계급의 유형은 산업생산의 형태에 의해 형성되어 왔으므로 따라서 그에게는 사회에서 산업상의 권력 또는 경제적 권력을 의미하는 기본적인 권력과 그러한 권력을 장악하게 되는 잠재적인 세력은 하나하나씩 부합하고 있다. 달리 말하자면 계급투쟁의 전위는 협상 테이블이나 의회의 회의실에서가 아니라 생산기계에서 형성된다.

작업장에서의 대치는, 심지어 그 가장 큰 성공을 가정한다면 사회에서 사회·정치적인 영역에서 민주적 사회주의를 초래하기에 충분할 것이라는 점을 당연히 의심할 수 있다. 어쨌든 내가 보기에 공장협의회의 기반 위에서 급증하는 술책에 의한 노동자 국가의 대두에 대한 그람시의 생각 속에는 내가 보기에 혐오스럽고 무서운 어떤 것이 있다. 그의 도식에서 정치 그 자체는 지역 공장협의회의 대표로 구성되는 감독협의회(ward council)의 수준에서 시작된다. 감독협의회의 가장 발달된 형태가 시 인민위원회(city commissariats)이며, 이 시 인민위원회는 이번에는 다음 단계의 발판인 지역적 혹은 지방적 조직을 구축하며, 이러한 과정은 모두 더 이상의 협의, 국민투표, 소환, 투표 혹은 노동자에 의해 행사되는 어떤 다른 형태의 수단 없이 민족국가와 세계정부의 형성에 이르기까지 계속된다.[3]

산업민주주의에서 자라난 국가가 경제와 그 주요 상호 작용뿐만이 아니라 공장 내에 널리 일반화된 관계들을 곧 통제하고 지배하게 될 것이므로 산업민주주의가 그람시가 말하는 공장에서 그리 오래 살아남지 못할 것이라고 가정할 정도로 이제 우리는 전체주의체제에 관

3 정치에 대한 경제의 우세를 단정하는 체제는 노동자를 인정하고 시민을 무시하면서 정치적 영역을 제거하지 않지만 그러나 단지 정치적 영역 아래로의 범위에 단지 제한을 가한다. 구분선은 대의제가 간접적이 되는 수준이다. 인물들에 대한 일반노조원의 투표와 공공정책의 문제는 대의기구에만 주어지는데, 그 이유는 그 중요성이 아래에 있는 사람들로부터 떨어진 것들의 수와 더불어 직접 증가하기 때문이다.

해 충분히 알고 있다. 혁명을 완수하기 위해 매우 주의 깊게 구축된 노동자관리는 그 자체의 승리에 의해 손상되고 그것이 만들어 낸 국가에 의해 무위로 돌아갈 것이다.

국가산업 복구법(National Industrial Recovery Act)의 제 7a항과 같은 최소한의 어떤 것에서 정치적 행동을 선호하는 몇몇 사람들은 작업장에서의 대결의 궁극적 성공에 꼭 필요한 것으로 보인다. 하지만 정치적 행동은 산업민주주의를 만들 때 그러한 대결을 대신하지 못한다. 정치체제를 바꾸려는 노동자관리 능력에 의구심을 품을 수 있는 것과 마찬가지로, 우리는 또한 작업장의 노사관계를 바꾸는데 있어 국가 역할의 타당성을 의심할 수 있다. 나는 우리 모두가, 하나의 보다 민주적인 사회가 존재하도록 압력을 받을 수 있는지에 대한 몇몇 다원론적 개념을 주장하고 그리고 산업민주주의가 그 다원론적 개념의 몇 가지 구성 요소 중 단지 하나에 불과하다고 가정한다. 그리고 다른 사람의 도움이 있다 해도 이러한 구성 요소의 각각이 그 자체의 생성의 힘을 가지고 있다는 것을 기대하는 것이 논리적이다. 만약 그람시가 산업민주주의의 그리고 산업민주주의를 향한 자극이 어떤 식으로 생겨날 수 있는가의 문제에 대해서만 이야기하고 있다고 가정한다면 그는 아마 도움이 될 수 있을 것이다.

작업장에서 선출된 대리인으로 구성된 그람시의 공장협의회는 노동자들이(두 가지 의미에서 : 협의회에 의해 제기되고 관심이 집중된 공장의 문제에 관여함으로써 그리고 공장에서의 자율성을 확대함으로써) 최후의 한 사람까지 가담하기 시작하는 실질적인 메커니즘이다. 이 메카니즘에 의해 노동자들은 생산 과정에서 능력과 헌신을 보여줌으로써 경영진의 특권에 도전하며, 이를 통해 제도화된 명령체계의 권위 대신에 그들 자신의 형태와 규율을 사용한다. 그 다음 공장협의회는 노동자의 심리를 임금노동자의 심리에서 생산자의 심리로 변화시키고 작업장에서의 관계를 노동자관리로 변형시키는 두 가지 중요한 기능을 한다.

그람시는, 반드시 필수적인 그러한 기능을 수행할 때 노동조합과 노동자정당이 거부감을 주지는 않는다 해도 부적절한 제도라고 주장한다. 투쟁적인 노동조합과 사회당 당원들은 공장협의회를 진전시키는데 있어 매우 중요한 역할을 하는 반면, 계급투쟁에 대한 그람시의 견해에 따르면 노동조합과 사회당은 조직으로서 필요하지만 그러나 지원하는 역할을 한다. 그의 주장에 의하면 노동조합과 노동자 정당은 물질적인 생산력에 의해서가 아니라 자본주의적 경쟁 법칙에 의해 만들어지며, 따라서 그것들은 자본주의 국가를 넘어설 수가 없다는 것이다. 그람시가 프롤레타리아의 혁명적 과업을 위해 노동자를 조직하는데 있어 부적절하고 어울리지 않는 노동조합과 노동자정당 그 자체는 단지 공장협의회 운동의 압력에 반응하고 그 운동을 보완함으로써만 혁명적이 될 것이다.

우리가 공장협의회와 노동조합 사이의 관계에 대한 그람시의 설명을 받아들이기 전에 1938년 루이 아다믹(Louis Adamic)이 사물을 보았던 방식을 잠시 살펴보기로 하자. 내가 이러한 언급들 속에 그를 포함시킨 것은 나의 마음에 들고 믿을만하다고 생각되는 미국 급진주의의 스타일과 외양을 그가 대변하였기 때문이다. 내게 있어서 그는 나에게 미국기질 즉 가장 탄력적이고 전망 있는 것으로 여전히 생각되는 사회문제에 대한 혼돈스럽고 실용적인 미국적인 접근방식의 필요한 원동력을 제공해 준다. 나는 미국인의 의식이 몇몇 불길한 전체성에 흡수되었으며 사회적 변화의 모든 길들은 역방향으로 향했음을 확신하지 못하지만, 그러나 심지어 그렇게 생각하는 경우에 조차도 나는 직접적이고 실용적인 방법들이 우리가 노동자관리라고 부르는 사회주의적 구도에 가장 적합하다고 주장하고자 한다.

아다믹은 유고슬라비아 공화국의 일부인 슬로베니아의 카르니올라(Carniola)에서 태어났으며 10대에 미국으로 건너왔으나, 그의 미국기질은 더욱 더 심원하고 의식적이며 의사소통이 가능한 것이었다. 그 이유는 그가 계급의 최하층에 위치한 1930년대의 부패하고, 무지하고 독재적인 유고슬라비아와 최상층에 위치한 미국의 민주주의적 약속에 대한 이민자의 소박한 관점이라는 두 가지를 비교하기에 이르기까지 항상 미국을 지속적으로 옹호해왔기 때문이다. 아다믹은 30년대 대부분의 미국인들보다 더 분별력이 있었다. 그는 자본과 노동의 대립이 문제라고 보았으나 미국이 그 문제에 실용주의적으로 접근하고 있고, 미국의 정치적 민주주의의 모체가 계급분열을 극복할 수 있으며, 그리고 언론인으로서 그의 특별주제였던 노동계급은 대체로 무능하였고 또한 그 조직에서 보스정치를 지향했고 그리고 그 당시에 방화범적 요소를 적어도 숨겼다고 지속적으로 상기하였다. 그는 공산주의자들이 중요한 이슈를 제기하였기 때문에 당연히 받아야 한다고 생각한 대가를 그들에게 지불했지만 그러나 그것을 넘어서서는 그들이 어리석다고 생각했다. 그는 한 건 혹은 두 건의 뉴딜(New Deal) 계획에 마음이 사로잡힌 상태에서 협조를 제공하였으나 결코 자유주의적 열정가가 되지는 않았다. 미국이 그 민주적 약속을 실현할 수 있는 변화의 믿을만한 유형인 "먼 길(long road)"을 찾아 나섰을 때 그는 블랙 마운턴 대학의 창시자인 아더 모르간(Arthur Morgan), 몇 명 되지 않는 불명확하지만 모범이 되는 신문기자들, 그리고 위스콘신 대학의 진보주의자들(Wisconsin Progressives)을 선구자로 간주하였다. 아마도 일시적인 기분에서 이러한 인물들을 신 좌파운동(New Left)에서 가장 창의적이며 명석함을 갖춘 부류의 초기 선구자로서 여기는 것은 아닐 것이다.

『*나의 미국*』*(My America)*에서 아다믹은, 비록 그 당시에 연설을 통해 자신의 저작에 대해 허튼 말을 늘어 놓았던 존 루이스(John L. Lewis)에 대해 지속적으로 질문을 제기하였을지라도 산업민주주의를 정의하려고 시도하지 않는다. 하지만 아다믹은 부정적인 측면에서 접근하였음에도 불구하고 산업민주주의의 과업이 경제적 능력과 시민권에 대한 노동자 교육, 작업의 인간화와 무기력하게 된 노동자의 명예회복, 민주적 원칙과 폭넓은 사회 정책을 기업 왕국에 침투시키는 것 등을 포함할 것임을 알고 있었다.

이것은 그람시가 결코 의심하지 않았던 사항이다. 그의 견해에 따르면 노동조합은 필연적으로 그 힘이 그것의 중앙집권화와 권력의 블록에 의존하는 하나의 협상기구였다. 그는 노동조합이 관료적이며 노동자로부터 유리되어 있는 것이 전혀 이상하지 않다고 보았다. 그는 이런 조직유형은 노동조합의 고유 기능에서 자연스럽게 생겨난다고 생각했다. 그는 어니스트 만델(Ernest Mandel)과는 달리 노조들로 하여금 기존 방식을 바꾸도록 어떠한 호소도 하지 않았다. 오히려 그는 노동조합이 산업에서 협상을 수행하고 합법성을 유지하는 중요한 기능을 계속 수행하기를 기대했다. 그가 노동조합으로 하여금 사회가 작동하는 방식의 진정한 변형을 위해 정력을 쏟도록 하는 단 하나의 수단이라고 본 것이 공장협의회 운동이다.

우리가 살펴본 것처럼 그람시는 근본적으로 분권주의자이다. 그가 자본과 노동 사이에서 뿐만 아니라 현재 그대로의 노동자와 노동자 관리가 실현된다면 반드시 그렇게 되어야 할 노동자 사이의 투쟁 영역 즉 핵심적 대결점으로서의 개별 작업장에 영향을 미치는 것에 단지 초점을 맞추었기 때문에, 그의 공장협의회 운동은 산만하였다. 그는 공장협의회를, 노동자가 마지못해서 하나의 생산비용으로 여겨 왔기 때문에 무감각하게 된 노동자 심리의 영역에 활기를 불어넣을 수 있는 하나의 도구로 보았다.

그람시의 공장협의회는 노동조합의 일상적인 평소의 태도에서 크게 벗어난다. 그의 공장협의회는 책임을 의도적으로 피하지는 않지만 열광적으로 책임을 받아들인다. 그것은 원칙에 따라 혁신에 반대하지 않지만, 그러나 비록 이익이 때때로 노동자에게 만이 아니라 소유주에게도 생겨날지라도 이 영역에서 그 자체의 기여를 하기 위해 노력한다. 달리 말하면 그의 공장협의회는 산업상의 과정을 그 자체의 영역으로 받아들이며 뛰어난 성과를 통해 그 과정에 대한 통제를 증가시키려고 한다. 이런 견해는 노동조합주의자들에게는 머리카락을 곤두서게 만드는 저주로 보였다. 하지만 노동자관리는 노동자들이 편협한 노동조합의 관점에서 벗어나 이제 경영권의 배타적 분야인 영역들에서 주도권과 책임감을 가질 것을 요구한다. 만약 노동자관리가 사회주의를 향해 가는 하나의 수단으로 채택된다면, 이것은 노동자들이 생산 공장의 소유주 및 주인이 되기 전에 이루어져야 하며 그날이 올 때까지 노동조합이 필요하다. 그람시의 논법에서 어떤 것도 노동조합과 공장협의회의 각각의 타당성에 대한 인식보다도 더 유용하지 않다.

그는 한편으로 공장협의회와 그것이 수반하고 의지하는 참여가 노동자에게 스스로를 해방시킬 도구를 제공할 것이라고 믿었다 : 먼저, 그의 임금노동자의 관점으로부터 이어서 생산 과정에서 본래 필수적이지 않은 규율과 감시로부터, 그리고 마지막으로는 자본에 의한 소유와 관리를 향한 노동자의 수동적 태도로부터 노동자를 해방시키기 위한 도구를 제공하리라는 것이다. 참여는 생산 과정에서의 자신의 위치에 대한 노동자의 인식과 그리고는 그람시가 하나의 단일한 대규모 생산 단지에 비유한 전체로서 사회의 기업에서 자신의 위치에 대한 노동자의 인식을 강화한다. 그러한 노동자는 노동조합이 그 노조원과 자본가와 맺고 있는 관계 때문에 그 노조원들에게서 결코 발전시킬 수 없었던 혁명적인 잠재력을 가진다고 그는 주장한다.

그람시는 공장협의회 운동과 노동조합간의 성마른 공존을 예견했다. 이어서 그는 노동조합의 커다란 성취는 산업에서 합법성을 제도화한 것이라고 주장하였다. 하지만 그는 이 같은 제도화가 하나의 단순한 타협이며, 세력균형이 노동계급에 불리하게 되어갈 때까지만 안정적이라고 보았다. 그의 말을 달리 설명한다면, 바로 산업에 있어서의 합법성이라는 관점에서 노동조합과 공장협의회 사이에 일반적이어야 하는 관계를 이해할 수 있다. 그는 공장협의회를 산업에서 합법성을 거부하는 것으로 보았다. 즉 공장협의회는 항상 합법성을 파괴하고 노동계급에게 산업상의 권력을 장악하게 해주려고 노력하고 있다. 노동조합은 그 합법성의 한 요소이며, 노조원들로 하여금 합법성을 존중하도록 하기 위해 노력해야 한다. 공장협의회는 그 혁명적인 자발성으로 인해 계급전쟁의 발발을 야기시키는데 있어서 경솔할 수 있다. 그 관료적인 형태로 인해 노동조합은 함께 계급전쟁을 막기를 원한다. 이 두 개 제도 사이의 관계는 공장협의회의 변덕스러운 행동이 노동계급의 일보후퇴, 전체로서의 계급에게 하나의 패배를 강요하지 않을 상황을 향한 것이 되어야 한다. 따라서 공장협의회는 노동조합에서 비롯되는 일정한 규율을 받아들이고 채택하게 되지만 그러나 노동조합은 이번에는 공장협의회의 혁명적인 성격에 의해 영향을 받게 되고 그 관료주의는 하나의 해결책에 의해 쉽게 무너지고, 노동조합 임원들의 원심적이며 고립된 지위는 저하될 것이다. 그람시는 노동조합과 공장협의회가 합법성의 문제를 둘러싸고 서로 경쟁할 것이지만 그러나 관계를 단절하지는 않을 것이고, 그리고 노동계급이 영원한 패배로부터 자신을 보존할 최소한의 준비를 적어도 갖추었을 때에만 양자 사이의 긴장관계가 그러한 합법성의 위반이 발생하는 것을 보장하게 될 것이라고 믿었다. 노동조합과 공장협의회 사이의 관계는 공장협의회의 유권자의 대부분이 노조원이기도 하다는 한 가지 사실에 기반을 두어야 한다. 계서적 의존관계로 이 두 제도를 연결하려는 어떤 시도도 양자 모두를 약화시키거나 파괴하게 될 것이다. 만약 노동조합이 공장협의회의 고유한 열망에 고취되어 공장협의회에 대해 주로 의존하고 공장협의회보다 더 상위기구로서만 단지 행동한다면, 노동조합은 단체교섭에 있어서 책임을 더 이상 떠맡을 수 없으며 그리고 노동계급의 충동적인 힘을 규제하고 규율을 지키도록 하는 하나의 세력으로서의 특성을 상실할 것이다. 만일 노동조합에 가입한 노동자들이 대중에게 노동자의 혁명의 승리를 위해 꼭 필요한 것으로 보이는 혁명적인 규율을 확립하게 되면, 공장협의회는 의심할 여지없이 그 규율을 받아들이고 그리고 그 규율은 공장협의회에 의해 수행되는 행동을 위한 자연스런 형태가 될 것이다. 만일 노동조합 사무소가 공격을 준비하는 본부가 되고 노동조합이 그 현명한 전략, 그 모범이 되는 노조원들 및 효과적인 선전을 위해 존중된다면 대중은 노동조합을 없어서는 안 될 동맹자로 받아들이고 노동조합의 행동을 자신들의 대의의 성공을 위한 필수적인 조건으로 보게 될 것이다.

70년대의 미국은 내가 언급해 온 세 가지 상황 중 어떤 것과도 거의 닮지 않았다. 그람시는 그의 눈앞에 나타난 사실을 가지고 노동자의 폭동에 관해 썼다. 1920년 9월 튜린 공장의 점거는 노동연보에 나타난 일상적인 사건이 아니다. 아다믹조차도 미국 산업노동자들이 그 때 이래로 보여준 적이 없는 열정을 기록하고 있다. 미국과 유고슬라비아의 상황을 구별하는 모든 조건을 자세히 설명할 필요는 결코 없다. 그럼에도 불구하고 나는 이 세 가지 자료들에 비추어 노동자관리운동이 무엇처럼 보이는 지에 대해 깊이 고찰하고자 한다.

유고슬라비아에서 노동자관리의 발달은 산업민주주의가 단순히 산업관리의 일상적 패턴과는 다른 권력기구가 아니라 경제생활에 새로운 차원을 더하는 것이라는 점을 시사한다. 산업민주주의는 다음 두 가지 관점에서 발전적인 과정이다 : 산업민주주의는 되풀이되는 특징적 이슈의 제기와 해결을 통해 발전하며 작업장에서의 사회적 관계와 심리적 태도에서 중요하지만 필연적으로 느린 변화를 수반한다. 외부적 상황이 어떻든 간에 노동자관리에 대해 얘기할 때 우리는 작업장 내부에서 아래로부터 오는 압력의 존재를 암시한다. 그 요점은 자명한 것이다. 부수적인 요점은 노동자의 열망이 적절하게 일깨워질 수 있으며 그리고 초보적인 형태의 중간 단계를 통해서만 노동자관리의 독특하지만 결코 즉각적으로 매력적이지 않은 도전에 부응하도록 맞추어질 수 있다는 것이다.

그람시는 산업민주주의의 진화적인 특성을 깨달았으며, 그는 진화가 작업장 특히 자본주의 작업장에서 발견될 수 있도록 힘을 주는 에너지에 대해 생각했다. 그는 공장협의회를 그러한 에너지를 해방시키고 그 에너지를 집중시킬 수 있는 제도로 보았으며, 그러한 에너지가 생산관계의 성격을 변화시키고 노동조합과 노동자 정당으로 하여금 효율적인 사회주의적 전략으로 선회하도록 만들기에 충분한 것으로 판단하였다.

나는 아다믹의 사상 때문이라기보다는 그가 암시하는 미국에서의 사회적 변화를 향한 접근방법과 태도 때문에 그에게 끌렸다. 미국에 관해 그의 흥미를 가장 자극한 것들 중의 하나는 미국이 엉망이 되지 않았다는 점이었다. 비록 아다믹이 공산주의자들이 모든 포용적인 프로그램과 더불어 유고슬라비아 상황에서 다른 어떤 누구보다도 더 많은 것을 제공하는 것처럼 보인다고 1938년에 기술하였을지라도, 그는 다른 많은 국가들과 마찬가지로 미국이 그 문제를 전체적으로 풀려고 하지 않았으며 혹은 풀 필요가 없었고 그러나 모든 탈출수단이 실패했을 때 그 문제들을 하나씩 풀어나가고 있음을 주목하였다. 전체로서 나라에 대해 그가 위험을 무릅쓰고 내린 가장 광범위한 일반화는 그 민주적 정치 원리가 언젠가 작업장에서 권위의 비민주적 원칙을 철저히 이겨내야 한다는 것이었다. 유고슬라비아에 대한 아다믹의 마지막 고찰은 노동자협의회 시절 이전에 이루어졌으며, 이것은 그가 미국적 상황에서 노동자들이 미칠 수 있었던 영향을 예견하는 모든 선행조건을 다 가졌으므로 특히 부끄러운 일이다. 나는 아다믹이 노동자협의회를 가장 실질적인 면에서 노동자와 자본가 사이의 결정적인 교전을 야기하는 하나의 수단으로 간주하였을지도 모른다고 생각한다. 어쨌든 이 접근방법을 연구해야 한다고 촉구함에 있어 나는 만약 미국인들이 대규모 계획에 미온적인 태도를 취한다면 자신들이 그 도식을 올바르고 좋은 것이라는 것을 인정할 때 조차도 그들은 행해질 수 있는 무언가와 대면할 때 다른 한편으로 거대한 열정과 에너지를 보여줄 수 있다는 아다믹의 메시지에 의해 영향을 받았다. 이 가정은 노동자관리의 문자 그대로의 무미건조하고 일상적인 측면에 대한 나의 편견을 설명해 준다.

그렇다면 어떻게 노동자관리에 도달할 것인가? 나는 그 목적이 세부적으로 경영진과 경쟁하고 그것으로부터 배우고 지역적인 사항들에서 그것에 도전하며 궁극적으로 그것보다 우수한 하나의 운동 즉 작업장에서 노동자관리 운동을 피할 수 있는 우회로는 없다고 생각한다. 노동운동으로부터 노동자관리 운동의 독립성은 중요하다. 작업장 운동은 초보적인 참여의 문제를 제기하거나 계몽된 경영진에 의해 제안되는 참여의 유형을 넓히기 위한 도전을 받아들임으로써 그 초기의 힘을 얻을 것이다. 블룸버그의 입장에서 참여는 작업장에서의 노동자관리 운동의 특징을 보여준다.[4] 직접적인 참여가 이 운동을 단지 이 정도까지 밀치고 나갈 수 있음은 자명하며 그리고 몇몇 공식적 작업장 조직이 작업장 및 공장 수준에서 경영진과 마주하는 노동자 대표로 구성되지 않는다면 제한적인 지혜만으로 그러한 선택이 이루어질 수 있다. 만일 공장협의회가 노동조합과 밀접한 관계를 맺게 된다면, 공장협의회는 작업장이나 공장에서의 직접적인 노동자 참여의 결과와 열망이라기보다는 오히려 전반적인 노동조합 정책을 점점 더 반영하게 될 것이다. 만약 공장협의회가 그 자체의 노동자들을 위해 대변자 역할을 하지 않고 노동조합의 부속물이 된다면, 그 활동은 무익하게 되고 그리고 참여 그 자체는 정체하거나 퇴보하게 할 것이다.

4 Paul Blumberg, *Industrial Democracy : The Sociology of Participation* (New York : Schocken Books, 1969).

어떤 한 지역에서 산업민주주의의 운명은 참여하는 노동자 유권자들과 작업장협의회(Workplace Committee)에서 그들을 대변하는 대표들 사이의 관계에 의존하는 바가 크다. 그 협의회는 하나의 제도로서 커다란 잠재력을 가지지만, 만약 노동자로부터 분리되면 그것은 위축되어 형식적이 되고 경영진에 의해 흡수당하거나 혹은 단순히 해체되어 버릴 것이다. 산업민주주의에 반드시 필요한 것은 작업장 위원회와 일반 노동자가 역동적 상호작용을 통해 서로를 발전시키고 향상시키는 과정이다. 협의회를 통해 노동자들은 그들의 초점을 날카롭게 하며 복잡하게 얽혀있는 경제적 현실이나 그 내부에서의 그들 자신의 위치의 복잡성을 간파한다. 다른 한편 경영진에 대항하는 협의회의 지위와 힘은 항상 노동자들을 이처럼 활성화시키는데 달려 있을 것이다.

나는 작업장협의회의 자세가 포괄적이고 철저한 반대세력으로 미리 정해져서는 안 된다고 생각한다. 어니스트 만델(Earnest Mandel)이 말한 실사, 감시, 거부권은 그 기능들 가운데 중요하며 그리고 경영진의 어떤 단일한 결정에 대한 반대는 항상 하나의 자유로운 선택사항으로 남아있을 것이다. 그러나 그 협의회의 심의는 항상 선별적이어야 한다. 만일 그 협의회가 자신의 이익이라는 관점에서 가장 좋은 것으로 보이는 그 대안을 지원한다면, 공장위원회의 견해는 경영진의 결정에서 점점 더 중요한 요소 중 하나가 될 것이다. 조만간 공장위원회는 그 자체의 제안을 내세우게 될 것이고, 그 제안이 채택된다면 실패에 대해 정당한 책임을 지고 성공할 경우 공을 차지하게 될 것이다.

이 접근 방법은 공동결정과 동일한 것일 필요는 없다. 이것이 작업장협의회가 경영진의 모든 결정에 서명하고 따라서 호선되어야 함을 의미하는 것은 아니다. 작업장협의회는 그 지위가 경영진의 지위와 다른 것처럼 경영진과 구분되어야 한다. 만약 경영진이 동의할 경우 경영진과 책임은 물론 공을 공유하도록 하라. 경영진과 노동자 대표 사이에 있을 법한 합의의 가능성에 대한 이러한 위협은 몇몇 사람들에게는 공모와 항복으로 보일 수도 있고 또한 실제로 그런 경우가 많이 있음은 의문의 여지가 없지만 그러나 노동자가 책임을 떠맡는 것을 몇몇 사회주의 국가에서 생산수단이 국유화되었을 때로 연기함으로서 문제가 거의 개선되지 않을 것이다. 내 판단으로는 노동자관리의 전망은 국유화에 의해 필연적으로 개선되는 것은 아니다. 국가의 행정부서들에 있는 산업상의 권력을 총괄함으로써 국유화는 산업민주주의를 보장하지도 않고 반드시 산업민주주의에 이로운 것만은 아니며, 사실 노동자관리에 저항하며 그들을 무시무시한 전투 명령에 밀어 넣는 관료적 세력들을 만들어 낸다. 노동자관리는 노동자들이 자신들의 작업을 직접적으로 조직하고 회사의 기업가적 기능 및 정책결정 기능을 간접적으로 수행하는 것 이상도 이하도 의미하지 않는다. 노동자들이 그 역할을 떠맡는 과정이 내가 지금까지 산업민주주의라고 불러온 것이다. 그 과정이 자본주의 혹은 혼합경제에서 더 많이 진보될수록 국유화는 보다 더 매력적이고 해방적이게 될 것이다.

고위급 노사위원회의 어떤 시스템인 공동결정은 노동자 폭동이 회사 시스템으로 흡수될 수 있는 모든 것이 가능한 제도적 형태로 보인다. 하지만 만델이 말하는 노동자관리는 다른 입장을 가진 동일한 형태인 것처럼 보일 것이다. 양자의 경우에 모두 노동조합은 노동자를 대신해서 행동을 하게 되며, 유일한 논쟁은 그것이 취하게 되는 입장 즉 수용이냐 반대냐는 문제를 둘러싼 것이다. 두 경우에 모두 노동자 대표들은 노동자로부터 유리되어 있게 된다. 그 대표들의 행동에 민감하고 그 대표들에게 설명하도록 촉구할 수 있는 작업장운동이 없다면 나는 그 양자의 어느 것에 대해서도 결코 신뢰하지 않을 것이다. 만일 작업장운동이 소규모 작업장에서의 직접적 참여에 의해서 발생될 수 있는 작업장에서의 바쁜 활동의 절정이 아니라면, 그 양자 중 어느 것도 확실히 노동자관리에 한걸음 더 다가갈 수 없다. 게다가 내게는 만델의 심술쟁이식의 반대는 후기 자본주의와 초기 사회주의 사이의 차이에 대해 논쟁거리가 되는 관점에 기반을 두고 있는 것으로 보인다. 노동자관리의 관점에서 볼 때, 이 양자는 노동의 조직이라는 오래된 개념이 이 두 가지 경우에 유사한 세력들에 의해 지원을 받고 있으므로 서로 매우 유사하게 보인다. 내게는 자본주의 시스템이 전적으로 완고한 반면 사회주의 시스템은 해방적이라고 가정하는 것은 교조적인 것으로 생각된다. 양자 모두가 다 기본적으로 완고하며 반응을 보이지 않으나 아마도 노동자관리라는 사상에 내재된 자극에 대해 잘 견딜 수 없다고 오히려 가정해야 되는 것은 아닌가? 양자의 경우에 문제는 작업장 운동이 작업 조직에 직접 도전하고 회사 정책의 문제점을 제기함으로써 취약한 영역을 확대할 수 있는가라는 점이다.

내 느낌으로는 작업장 운동이 노동자 대 고용주의 문제와 사회주의 대 자본주의의 문제를 정당과 노동조합에 각각 맡겨 두고 이런 문제를 그렇게 많이 제기하기조차 않아야 하지만, 그러나 내가 제안하려고 노력해왔던 노동자관리의 문제를 차별적으로 제기하고, 확립된 규칙에 대항하여 노동자의 자율성을 강조하고, 사후의 지침을 기대하고 문제의 토론을 강요하며,-추상적으로가 아니라 그들에 관해 이루어져야 할 구체적인 가능성과 결정이라는 관점에서-산업민주주의의 전제를 가지고 계서조직의 전제에 도전하여야 한다는 것이다. 명백히 이것은 작업장 운동을 위한 혼돈스럽고 실용적인-간단히 말해 번잡한-발달 패턴을 투영하는 것이다. 번잡한 것이 그 자체로 덕목이라고 생각하지는 않지만 그러나 어떤 원칙은 매우 중요해서 그 순수성을 보존하는 것이 주요하고 때때로 지배적인 관심사가 된다고 생각하는 사람들에게는 이의를 제기한다. 예를 들어 만델은 계급투쟁이라는 자신의 원칙 때문에 그리고 아무리 감싸졌다 하더라도 작업장 외부에서의 어떤 폭력적인 충돌에서 작업장운동이 결정되기 때문에 그 운동에 제한을 가한다. 모든 것이 다 그럴 수 있겠지만 작업장운동은 빈틈없는 제안은 결코 아니다. 그리고 노동자관리의 혼돈스런 국면이 만델의 결정적인 전투 후에 끝났으므로 나는 어떤 새로운 원칙적 순수성이 작업장에서 자발적인 폭동에 방해가 되는 것을 두려워하지 않을 수 없다.

그람시는 만델이 노동자 책임이라는 질문에서 그만둔 것과는 달리 그렇게 간단히 그만두지는 않았으나, 그 자신의 계획에 함축된 의미로부터 후퇴하는 지점에 도달했다. 이것은 피아트자동차회사의 주주들이 노동자가 관리하는 일종의 동업조합을 만들면서 그들의 주식을 채무증서로 바꾸겠다고 제안하였을 때이다. 그 계획의 수용에 반대하는 그람시는 튜린(Turin) 프롤레타리아트가 그 계획을 통해 부르주아지와 협조를 하고 있으며, 노동자—농민 동맹을 분열시키고 산업 프롤레타리아의 남은 자들에 대항하여 특권적 지위를 차지하고 그리고 신용기관에 의해 손발이 묶였으므로 어쨌든 재정적인 덫에 빠져들어가고 있다고 주장한다. 그람시는 피아트사의 그와 같은 제안과 페지오 에밀리아(Feggio Emilia)에서의 유사한 제안에 대항하여 그것을 지지하는 사람들을 개혁주의자라고 부르며 철저한 투쟁을 하였다. 그는 승리를 얻었고 그가 최종적인 결과를 다음과 같이 보고할 때 자신의 지위에 대한 어떠한 두번째 생각도 표명하지 않았다 : "1921년 4월, 5000명의 혁명적인 노동자들이 피아트자동차에서 해고당했고, 공장협의회가 철폐되었으며, 그리고 실질 임금은 삭감되었다. 아마도 레지오 에밀리아에서도 유사한 일이 발생했다. 달리 말해 노동자들이 패배 당했다. 하지만 그들의 희생이 가치 없는 것이었나? 우리는 그렇게 생각하지 않는다: 오히려 그 희생이 소용없는 것이 아니라는 것을 확신한다."[5]

50년 전에 발생했던 한 사건에 대해 그람시를 두 번째로 추측하는 것은 불공정하고 주제넘은 일이지만, 그러나 피아트 자동차사의 사건은 일반적인 사례를 환기시킨다. 즉 작업장운동의 성공이 몇몇 그런 상황이 아니라면 어떤 다른 상황으로 귀결될 수 있단 말인가? 그람시는 정치적 철학자와 이론가들의 주장에 귀를 기울이고 그리고 피아트

5 Antonio Gramsci, *The Modern Prince and Other Writings*, tr. Louis Marks (New York : International Publishers, 1957), p. 42.

사 임원으로부터 그들 철학자와 이론가들이 얻어낸 이 도전을 포기했을 때 노동자들의 정치적 성숙성을 칭찬하고 있다. 나 자신은 노동자들이 추상적인 정치적 고려에 대한 보다 더 큰 순수성과 그들이 그 제안을 받아들였다면 발생했을 일에 대해 보다 솔직한 호기심을 보여 주었으면 하고 바란다. 실제적인 상황의 함정은 자명하다. 주식을 채무증서로 바꾸는 것은 궁극적으로 소유권, 소득 분배, 재정적인 뒷받침의 문제를 해결하지 못할 것이다. 그러나 그 제안은 아마도 피아트사의 경영권을 노동자의 손에 넘겨주었을지도 모른다. 소유권은 노동자들이 채무의 이자를 지불하고 결국 원금을 변제한 다음 긴 세월 후에 손에 들어올 것이다. 그 동안 우리는 재정적 신용대부가 노동자의 노력을 좌절시키기 위한 수단이었을 수도 있음을 가정할 수 있다. 하지만 나는, 노동자들이 도전의 조건을 받아들이고 따라서 머지않아 오게 될 패배를 받아들여야만 하는 입장이라면 자신들의 계급을 배신하게 되는 일련의 계급 관계에 내포된 실질적인 위험을 줄이기를 거부한다. 1921년 4월에 뒤이은 보복은 내게는 그러한 결정을 숙고할 때 고려되어야 하는 하나의 불가항력으로 보인다.

내가 주장하는 바와 같이 나는 보다 실용적인 접근 방식을 선호한다. 노동자가 관리를 할 수 있는 기회를 붙잡는 것은 정치적 이론과 철학의 교훈을 일깨우기 위한 순간이라기보다는 원칙이 중지되어야 할 때라고 생각한다. 이것은 결국 과거의 경험에 기반을 두고 있으며 불확실한 것들을 파악함으로써만 갱신될 수 있다. 나는 그 내포될 의미가 이해되지 않았고, 그 결과가 의심스럽고, 그 상황이 아주 새로운 무언가에 대한 가능성을 제시하였으므로 그 도전이 정확히 응전되었어야만 한다고 주장한다.

노동자관리가 제공되는 조건이 나빴다는 것도 논쟁의 대상이 될 수 있다. 그 조건이 좋은 것은 아니었다. 내부에서의 산업민주주의와 외부에서의 불리한 재정 관계의 상황도 이상적이지 않다. 임원들의 제안은 아마도 계략이었다. 그들은 스스로 기업의 운영에 없어서는 안 될 존재라고 생각하고 있었기 때문에 노동자들이 결국 자신들에게 복귀해주기를 간청할 것이라고 생각했다. 그것이 결과였다면, 그 복귀의 조건은 그람시, 토글리아티(Togliatti)와 다른 튜린 지도자들이 취한 결정에서 비롯되는 문제의 해결보다 더 나쁜 것이 되었을 가능성은 거의 없다. 적어도 그들은 보다 교훈적인 유산을 남겼을지도 모른다.

노동자관리는 그 옹호자가 이런 종류의 도전에 응할 준비가 되어 있지 않으면 실현될 것 같지 않다. 노동자관리가 무엇을 의미하건 어떤 부수적인 조건을 내포하든 간에 노동자가 경영진의 역할 및 기업가적 역할을 떠맡지 않는다면 아무런 의미가 없다. "기업가적"이라는 용어는 딜레마를 뚜렷이 드러나게 한다. 노동자가 관리하는 것은 기업이며, 관리의 외부조건, 관계, 관례는 우리가 사업(business)이라고 부르는 것이다. 그 때까지 관리자가 된 노동자는 적어도 자본주의 경영진이 그 안에서 살면서 직면한 실제 조건을 다룰 수 있는 다른 방법을 찾을 때까지라도 해고의 희생자, 규율상의 행동, 경쟁, 이윤 추구와 같은 활동으로 이제 자신을 더럽힘에 틀림없다. 노동자가 희생자로 이상화되는 한, 그는 자신이 관리자와 기업가로 행동하기 시작할 때 확실하게 발산함에 틀림없는 순진무구한 기운을 갖고 있다. 어떤 측면에서 보면 노동자는 탐욕스러운 기업가의 불쾌한 역할을 단지 수행하기 위해 산업민주주의에서 해방된 것으로 보인다. 그는 외형상 공동체를 앞세워 왔지만 그러나 사회적이 되지 않은 그 같은 사리사욕에 이끌린 것으로 보인다.

나는 이 딜레마에서 빠져나오기 위한 두 가지 방법을 알고 있지만, 그 중 어느 것도 나를 만족시키지 못하고 있다. 한 가지 방법은 사업상의 경쟁이 한 사회주의 체제의 중심 계획에서 자취를 감출 수 있다는 것을 가정하는 것이다. 그러한 하나의 시스템을 사회주의적이라고 부르는 것은 그러한 체제가 그것이 제공하는 것보다 더욱 많은 자유를 억압할 것이라는 나의 두려움을 완화시키기에는 충분하지가 않다. 만일 내가 경제적 전문가의 말을 올바로 이해한다면, 왜 기업과 시장이 꼭 필요한 것은 아니라 할지라도 필요한 것으로서 상당한 기간 동안 살아남게 될 것인지에 대한 타당한 이유가 있는 것처럼 보인다. 노동자관리의 한 옹호자로서 나는 경제적 기업의 자율성이 노동자관리가 그 자체의 발전을 위해 물려받아야 하는 그 독립의 유산이기 때문에 중심 되는 계획안의 결점과 어려움을 보고서 어느 정도 위안을 얻는다. 우리가 그람시가 거대한 생산 공장이라고 본 사회의 모습을 받아들일 수 있고 그리고 이어서 자동화된 공장을 상상할 수 있다면 그의 사상의 많은 부분이 방치되어 있지 않을 것이다.

딜레마에서 빠져 나오는 다른 방법은 기업의 경영위원회에 외부의 대표들을 앉힘으로써 대중을 기업의 의사결정에 끌어들이는 것이다. 일반적인 경우에 이 접근은 공적인 경제정책을 구현하고, 시장의 법칙을 확립하고, 그리고 경제적 사업에 제한을 가하는 법률을 결코 대체할 수 없다. 이점은 사회서비스 및 공공서비스 기업들의 특별한 경우에 아마도 적합할 것이다. 그러나 이러한 서비스들조차 너무나 다양해서 공공의 이익을 보장하는 수단은 사안별로 달리 권고되어야 할 것이다. 나는 이 두 번째 방법이 경제에 대한 좋은 접근법인지에 대해 의구심을 갖고 있다. 그것이 경제적 정책결정에 도입한 요소는 너무 자의적인 것으로 보이고 그리고 특별하고 지역적인 이익으로부터의 압력에 종속되는 것처럼 보인다. 자율 관리하는 노동자들 자신들의 관점보다는 이러한 대중적 대표들의 광범한 사회적 관점을 보장하는 것이 더 쉬울 가능성은 거의 없다. 그러나 가격, 장부작성, 계약, 인도, 벌금, 합병, 인수, 공동시장정책 등의 사업관계를 제어할 하나의 통제구조를 확립하는 것이 아무리 필요하다 할지라도, 공무원들의 그 협의회 가입을 선호하는 노동자관리운동은 그 자체의 고유한 권리를 팔아버리고 있는 것이다. 강요되는 통제는 일상적인 경제적 조정의 한 수단으로서 기업을 억누르지 않을 정도로 충분히 안정적이어야 한다. 다른 한편, 그 통제는 단지 자의적으로 너무 자주 변화하지 않는다면 명백히 아주 엄격하거나 강요할 수 있다. 왜냐하면 그 경우에 기업들은 기업정책의 방향을 설정하는데 있어서 정치적 고려와 단기의 이익에 의존하게 될 것이기 때문이다.

그러므로 내가 구상하는 노동자관리운동은 기업들의 내부로부터 발전하였으며 그리고 그 우선적 목표는 기업의 내부에서 게임의 규칙을 변경시키는 것이었다. 기업의 밖에서 노동자관리운동은 게임의 규칙을 변경시키기보다는 게임을 하는데 더욱 관심이 있다. 이것은 우리가 노동자관리운동에 대해 기대할 수 있는 것에 대한 하나의 중요한 제약이다. 그러나 나는 하나의 현실적인 제약을 가정한다. 그것은 처음부터 대중의 보호를 산업민주주의 프로그램에 포함시키는 것보다는 일단 그들이 권력을 잡을 때 노동자관리자들을 억제하는 하나의 보다 광범한 사회적 운동에 의존하는 것이 나에게는 더욱 현명한 것처럼 보인다. 사리추구에 사로잡힌 노동자관리 운동을 상상하기란 매우 어렵다. 대중의 이익에 대한 노동자의 관심에 의해 힘을 부여받는 그러한 운동을 상상하는 것은 전혀 불가능하다. 그러한 운동은 가시화된다면 의심할 여지없이 시끄럽고, 불공평하게 그리고 실용적으로 발전할 것이고, 타협을 통하여 그리고 그 운동이 얻을 수 있는 가장 좋은 조건으로 산업민주주의라는 그 운동의 목표를 달성할 것이다. 그 운동은 아마도 귀족의 화신에 아주 닮은 것처럼 보이지는 않을 것이다. 그러나 나는 한 가지 소망을 위해 거기서 그것을 볼 수 있었으면 한다.

A. 그람시

9 노동자관리와 닉슨 경제계획

_ 잭 라스무스(Jack Rasmus)

9

노동자관리와 닉슨 경제계획

잭 라스무스(Jack Rasmus)

1971년 8월 15일의 신경제계획의 발표로 인해 리처드 닉슨 대통령은 미국에서 자본과 노동의 대립 관계의 한 세기가 끝났다는 점을 미국 전역을 통하여 노조에 가입한 노동자들에게 알렸다. 두 주요 사회 계급들 사이의 다양한 관계가 냉전과 대규모의 사회적 생산물에 인해 무디어지고 완화된 현재의 상황을 불안해하고 상호 의심하면서 수용하는 시기가 끝났다는 것이다. 그러나 이러한 중대한 정치적 발전의 완전한 의미를 이해하고 그리고 이 논문을 위해서 그러한 발전과 노동자관리사상에 관한 관계를 이해하기 위해서는 미국 경제침체의 근본 원인과 지난 10년 간에 걸쳐 그것을 해결하기 위한 경제정책들이 실패로 돌아간 이유를 알아내는 것이 우선적으로 필요하다.

지난 10년간, 특히 1967년부터 미국 경제는 심지어 1820년, 1920

년대에 있었던 변화를 훨씬 넘어서는 매우 급속하고도 근원적인 구조적 변화를 맞고 있다. 이러한 구조적 변화는 다양한 형태를 띠고 있다. 첫째, 전통산업의 사라짐은 물론 전혀 새로운 산업과 시장의 급속한 성장 둘째, 복합 기업과 다국적 기업의 대두 및 성장 세째, 경제에 대한 국가의 개입과 조정의 강화 네째, 국내 및 국제금융 패턴의 커다란 변화 다섯째, 노동력의 규모, 구성, 성격의 커다란 변화 여섯째, 사회의 모든 부문에서 신기술의 광범하고 급속한 혁신과 전파가 그러한 구조적 변화의 형태이다.

그러한 구조적 변화의 깊이와 넓이의 한 좋은 평가 기준은 그 변화가 이전의 경제적 여건을 적응시키기 위하여 과거에 계획되었지만 이제는 변화된 조건 및 구조와 충돌하고 있는 여러 다양한 법적인 관계에 미친 영향이다. 오늘날 미국 사회에서 법적 관계에 미친 압력은 (그리고 독점금지, 노동, 특히 세법에 관해) 대체로 심각한 위기수준에 도달하였다.

한 가지 예를 들자면, 복합 기업체들이 이제는 쓸모없어진 수직적이고 수평적인 집중이라는 과거의 기준에 기반을 두었던 독점금지법의 효율성을 중대하게 위협하였다. 복합기업체들은 단체교섭 구조에 근본적인 위협을 야기시켜 왔다. 거대 복합기업이 기업의 탈세를 위한 거대한 구멍을 만들어내어 온 것은 마지막이지만 그러나 결코 무시할 수 있는 것이 아니었다. 거대복합기업이 법적인 관계에 미친 영향은 현재 경제의 구조적 변화에 의해 일반적으로 야기된 사회적 관계에 미친 압력의 유일한 실례를 의미하는 것은 결코 아니다. 추가적인 증거를 얻기 위해 우리는 경제적 집중, 은행업과 소규모 사업 실패, 보안 단속, 기업공개, 국제교역 등등에 관한 수많은 의회 회의록과 보고서를 단지 참조할 필요가 있다.

미국 경제의 구조와 여건에서 이러한 커다란 변화에 대해 책임이 있는 다양한 영향력 가운데서 가장 중요한 것은 베트남 전쟁의 영향이다. 사실 이 전쟁은 이러한 변화들에서 결정을 초래하고 그 결정의 영향을 받는 이중적 역할을 하였다. 1960년대 중반 이래로 그러한 변화의 가속화와 그에 따른 1971년 닉슨대통령에 의한 신경제계획의 출현을 설명해주는 것은 이러한 이중성이거나 상호영향을 미치는 관계이다.

구조적인 변화와 전쟁 사이의 상호작용을 상술하는 것이 이 글의 목적은 아니다. 그러나 현재로선 우리는 매우 일반적인 관점에서 일지라도 그 둘을 상호 연결해주는 한 요소에 초점을 맞출 수가 있다. 이러한 관계의 연결 수단(개념적으로는 물론 실제적으로도)은 기업의 이윤폭이다. 경제구조의 변화와 전쟁 및 이윤폭 사이의 완전한 "상호관계"가 바로 고도로 복잡한 관계이지만, 그럼에도 불구하고 그것은 어느 정도의 유용한 일반화에 도움이 된다.

I

다른 대부분의 전쟁과 마찬가지로 동남아시아에서의 전쟁 역시 대기업에게는 복합적인 의미를 지닌 축복이었다. 초기의 몇 년간의 전력증강 시기 동안 전쟁은 대부분의 산업에게는 기록적인 생산, 판매 그리고 이윤을 의미하였다. 그것은 또한 가장 안정적인 이윤을 의미한다. 인위적으로 조장된 자본재 붐을 만들어낸 가치하락 수당을 급증시킴으로서, 그리고 가격, 이윤, 배당금, 그리고 자본의 소유나 통제에서 비롯되는 다른 소득 없이 임금에 대한 자발적인 지침을 수락하도록 노조에 가입한 노동자들을 조종함으로서 전쟁 초기 몇 년간 정부의 영업세에 대한 세금의 특별삭감을 통하여 이윤과 수익금의 급증이 초래되었다.

우선적으로 다양한 조세정책과 반 노동정책을 이용하여 1962년과 1965년 사이에 연방정부는 실제로 기업잉여이윤을 위한 보증된 조정자 역할을 하였다. 1960년대 전반기 동안 재화와 용역에 대한 연방정부의 총구매력은 매우 안정적이었다. 그러나 1965년부터 1970년까지의 시기에 이전 5년간의 패턴으로부터 뚜렷한 단절이 생겨났다. 단계적 증가의 영향을 받아 연방정부의 구매력은 1965년에 연간 669억 달러에서 1970년에는 연간 총 990억 달러로 증가하였다. 약 270억 달러에 달하는 이러한 연평균 구매증가액 중에서 평균적으로 연평균 230억 달러 이상이 민간기업 부문으로부터 구매한 전쟁 관련 재화와 용역이었다. 만일 총비용이 결정되어야 한다면 전쟁을 유지, 수행하는 행정부의 비용은 위에 언급된 수치에 추가되어야 한다. 간단히 말하자면 전쟁이 미국 국민에게 1965년과 1970년 사이에 1,000억 달러 이상의 비용을 부담 지웠다는 공식적 평가는 지나치게 보수적인 견해이다.

연방정부의 재정, 세금, 노동 정책이 1963년과 1969년 사이에 이윤폭의 확대에 있어서 가장 중요한 요소들인 반면, 그 정책들은 그러한 동일한 이윤폭을 크게 위협하는 인플레이션을 야기시킨데 대해 또한 직접적인 책임이 있다는 점을 이해하는 것이 중요하다. 예를 들어 연방정부의 전쟁관련 재화의 구매 덕분에 미국의 자금 비축액은 1964년에 1963년 이전의 수치인 2,871억 달러에서 1970년에 4,450억 달러로 증가하였다. 이러한 비축자금의 대부분은 국내경제에서 결코 유통되지 않고 베트남의 정글에서 썩어갈 재화와 용역의 구매를 위해 투입되었다. 수반되는 실질성장이 없다면 화폐공급의 그러한 과잉팽창은 이번에는 1970년대 말까지 전반적인 수요, 기업의 판매 그리고 결과적으로 이윤폭을 크게 감소시킬 인플레이션 압력을 단지 크게 가중시킬 뿐이었다.

게다가 전쟁과 존슨대통령과 닉슨대통령의 통화정책의 직접적인 결과로서 1965년과 1970년 사이에 전반적인 이자율이 한 세기 중에서 가장 높은 수준에까지 증가하였다. 1964년과 1970년 사이에 미국재무성의 단기채권 이자는 2배 가까이 상승했다. 은행의 단기 평균 대부금은 역시 1965년 5.06%에서 1970년에 8.48%로 증가했다. 상업어음의 이자율도 4.38%에서 7.72%로 상승했다. 연방주택국(FHA : Federal Housing Administration)의 이자율은 5.46%에서 9.05%로 상승하였다. 이러한 기록적인 이자율은 첫째로 이익에 직접영향을 미치는 비용항목으로서, 둘째로 행정통제를 받는 가격, 인플레이션, 그리고 수요와 판매의 감퇴를 야기시키는 많은 요소들 중의 다른 하나의 항목으로서 1970년대 말경으로 접어들 무렵에 또한 이윤폭을 점차 감소시켰다.

전쟁과 연방정부에 의한 재화용역 구매의 다른 중요한 경제적 효과는 중앙정부가 매우 필요하고, 사회적이며 그리고 공적인 서비스의 구매를 적절히 대비하는데 실패했다는 점이다. 주와 지역 수준에서 이러한 정책은(수입공유의 필요성을 만들어내는) 주와 지방정부의 세금증가, 추가 인플레이션 압력 그리고 재정위기의 급격한 심화에 중요한 역할을 하였다. 건강, 교육, 복지, 주택, 그리고 대중교통에 관련된 연방정부의 재화 및 서비스에 대한 수요가 급증했던 시기인 1965년과 1970년 사이에 이들 재화 및 서비스의 구매량은 단지 50억 달러에서 91억 달러로 증가하는데 그쳤다. 아마 대규모의 재정적자 및 전쟁 관련 부문 지출에 직면한 연방정부는 각 주와 지방정부에게 사회서비스와 관련된 투자의 재정을 떠맡도록 밀어 부쳤다. 그래서 연방기록과는 대조적으로 1965년과 1970년에 이르는 시기에 각 주와 지방정부의 구매량은 매년 급증하여 701억 달러에서 1,208 달러로 되었다. 이 금액의 대부분은 사회 및 공공서비스에 대한 증가하는 수요를 맞추기 위해 공급량(여전히 충분치 못했을지라도)을 구입하는데 사용되었다. 이러한 중요한 재정책임의 이동으로 인해 모든 주와 지방정부는 1971년까지 거의 파산 직전에 직면하였다. 그러나 그처럼 재정적으로 침체된 상황은 하룻밤 사이에 생겨난 것이 아니었다. 재정적 압력이 꾸준히 증가함에 따라 주와 지방정부는 그에 상응하는 일반 노동자가 떠맡아야 할 간접세 그리고 다른 부과금의 인상으로 반응을 나타내었다. 이러한 부과금 중 중요한 것은 소비세, 판매세, 그리고 기타 누감하는 세금들 즉 지역 기업에게 작은 빠져 나갈 구멍을 지닌 지역 재산세와 그리고 일단 이러한 세원이 정치적으로 거의 한계에 이를 정도로 쥐어 짠 것이라면, 주의 소득세(부유한 자들에게는 수반되는 빠져 나갈 구멍을 포함한)의 창설도 그 중요한 요소의 하나이다. 이 재정적 위기는 전반적인 인플레이션 압력을 자극하는 데 핵심적인 역할을 담당하였다.

또한 연방 조세정책은 1960년대 말까지 기업 이윤폭의 변동에 있어서 중요한 역할을 하였다. 한편, 전쟁 관련 부과세는 확실히 더 높은 행정통제 가격을 초래하고 그리고 그것이 수요와 판매에 궁극적으로 미친 부정적인 효과를 상당히 심화시켰다. 그러나 과잉투자와 생산 설비 및 장비의 저조한 이용과 높은 고정비용(그리고 다른 비 노동비용)을 유발시키는 연방의 세금 감면과 화폐 가치절하 정책이 행한 역할은 훨씬 더 중대하다.

전쟁 기간 동안 기록적인 기업 이윤은 물론 연방정부의 신용 대부와 빨라진 화폐가치 하락의 규칙과 전반적인 세금 감면에 의해 크게 자극받은 새로운 설비 및 장비를 위한 기업의 지출은 1964년의 469억 달러에서 1970년 말 806억 달러로 기록적인 증가를 보여주었다. 유리한 조세 정책과 기록적인 이윤에 기인하는 대출과 국내 재정지원의 이용 가능성 그리고 예외적인 수요 이외에도 새로운 설비와 장비에 대한 기록적인 투자는 또한 전례 없는 규모의 새로운 생산의 증가와 많은 기업들의 세계 시장으로의 개방과 팽창 그리고 높은 생산비와 이자율에 대한 기업의 예상에 의해 또한 자극 받았다. 일반적으로 이 모든 요소들은 이번에는 기업의 과잉투자, 생산역량의 과소이용과 그에 따른 기업의 고정비용의 급격한 증가를 초래한 60년대의 자본재 붐에 기여했다. 과잉투자와 이에 관련된 개발의 결과로 자본재 붐은 마침내 파탄에 직면했다. 1960년대 말에 이제 인플레이션의 압력 하에 많은 기업들이 외견상 끝없어 보이는 수요가 바닥나기 시작함에 재정적 위기에 처하게 되었다. 유리한 세제는 1969년에 잠정적으로 따라 중지되었고, 다른 나라와의 경쟁으로 말미암아 새로운 국제 및 국내 시장이 잠식당하기 시작했고 그리고 기업의 광범한 유동성위기가 발생하였다.

결과적으로 1970년까지 새로운 설비와 장비를 위한 지출은 단지 약간 증가했을 뿐이고 1971년에는 실제로 하락했다. 과잉 투자의 직접적인 결과로 말미암아 1960년대 말까지 예를 들면 제조업의 생산설비 이용률이 1966년의 91%에서 72%로 떨어졌다는 것이다. 그러한 생산설비 이용률은 많은 회사들의 경우에 손익 분기점에 훨씬 못 미쳤고 이윤폭을 크게 잠식하는 고정비용의 급격한 증가를 의미했다. 이것은 결과적으로 판매와 수요에 부정적인 효과를 미치는 보다 높은 행정통제가격을 자극하였다. 거의 대부분의 기업들이 직면한 중요한 모순은 증가하는 비용을 감당하는 것이 수요, 판매 그리고 이윤폭에 매우 부정적인 영향을 미치게 될 때 가격을 올림으로써 이윤폭이라는 기업 성과의 핵심지표를 어떻게 보호하는가라는 점이다.

증가하는 비용, 가격 그리고 감소하는 수요(그리고 이윤폭)에 관해

위에서 논의된 모든 요인들의 충격 이외에 1960년대 말까지 여전히 추가적인 경제력은 그 비중을 더하였다. 이윤폭의 비용 측면에서는 단위 노동비용이 증가하고 있었고, 수요 측면에서는 유럽과 일본 경쟁자들이 국제 및 국내 시장을 상당히 잠식하였다.

또한 기본적으로 전쟁의 결과였던 인플레이션과 증가한 역진세에 의해서 뿐만 아니라 기록적인 기업 이윤에 의해 자극받은 노조들은 1968년 이후 임금인상을 위한 요구를 재개하기 시작했다. 그러나 명백히 이 임금인상은 앞서의 인플레이션, 세금, 그리고 기업의 대규모 이윤에 대한 대답이었고 그리고 오직 두 번째로 추가 가격상승에 기여한 많은 다른 요소 중의 하나였던 것은 주목되어야 한다. 예를 들면, 1965년에 단체교섭을 통하여 얻어낸 임금의 연평균 증가율은 오직 3.3%에 불과하였다. 1968년까지는 이것이 6.0%에 이르지 못했으나 1970년에는 8.9%로 상승하였다. 더욱이 이러한 수치들은 전 미국 노동자수의 3분의 1에 이르지 못했음을 나타낸다. 이 기간(1965~68년)에 대략 7,500만에서 8,000만에 이르는 노동자의 적어도 3분의 2는 확립된 단체교섭권의 강력해진 힘을 갖고 있지 못했고, 그로 인해 위의 임금인상률에 훨씬 못 미치는 임금인상에 만족해야 했다. 그 결과 1960년대 말에 더 큰 임금인상에도 불구하고 임금 노동자들은 일반적으로 가격, 세금, 그리고 이윤의 훨씬 더 큰 증가를 여전히 따라 잡을 수가 없었다. 1965년에 민간 기업에서 노동자들의 일주일 평균 소득은 91.32 달러였다; 1970년 말 그것은 90.16 달러까지 떨어졌다. 제조업에서는 주당 102.41 달러에서 주당 99.66 달러까지 떨어졌다.

그러나 1968년부터 전반적인 임금상승이 인플레이션과 세금을 따라 잡을 수 없었고 그 결과 노동자들이 실질소득의 하락을 맛보았을지라도, 더 높은 임금은 여전히 기업의 이윤폭을 위협하는 역할을 하였다. 한편으로는 고임금은 과도한 설비 능력과 폭증하는 이자율 때문에 생산비가 급격히 증가하는 시기에 기업의 비용을 증가시키는 또 다른 요소이다. 더군다나, 더 높은 임금은 행정통제를 받는 가격 책정에 대한 기업의 관행이 단지 임금비용을 제품의 가격에 추가함에 따라 이전의 다양한 통화팽창 경향들을 악화시키는데 기여하였다. 그러나 1970년까지 기업의 다양한 비용의 증가율은 매우 심각한 수준에 도달하였기 때문에 행정지도를 받은 보다 높은 가격의 형태로 단지 소비자에게 그러한 비용을 전가시키는 관행은 점점 더 어려워져가고 있다. 행정지도 가격의 상승이 수요에 심각한 부정적 영향력을 미치기 시작한 때에 빠르게 한계에 도달하고 있었다. 게다가 더 높은 가격 때문에 점점 미국제품들은 유럽과 일본 경쟁자들과의 경쟁에서 밀릴 수밖에 없었다. 1970년까지 미국 주식회사들은 한편으로 비용 증가에 의해 축소되고 있는 자신들의 한계 이윤을 보호 및 보장하고 다른 한편으로 국내에서 수요격감과 국제적으로 해외 시장의 상실에 의해 압박당하는 것에 반대하여 자신들의 이윤폭을 보호하고 보증할 하나의 새로운 전략을 필요로 하고 있음을 깨달았다.

닉슨은 1969년에 그러한 새로운 전략을 세우는 것을 꺼렸다. 그의 우선적인 경제적 목표는 인플레이션을 저지하는 것이었다. 그러나 그는 "정치적으로 받아들일 수 있는" 실업률(공식적으로는 5−6%)로 통제된 경기후퇴를 처음으로 초래함으로써 인플레이션을 저지하기로 선택하였다. 그는 주로 전통적인 조세 및 금융정책의 사용을 통하여 인플레이션에 대처하였다. 확실히 그는 이 접근이 기업의 비용에 대한 압박감을 완화시킬 것이고 그리고 해외에서 미국 제품들의 경쟁력을 더욱 강화시킬 것으로 기대하였다. 그러나 그는 경제 상태의 어려움을 심각할 정도로 과소평가하였다. 그리고 교묘하게 계획된 경기 후퇴에도 불구하고 전쟁으로 말미암은 과잉팽창에 의해 자극받은 인플레이션적인 심리상태는 지속되었고, 성장률과 생산성은 정체되었고, 미국기업들은 외국 경쟁기업들에게 계속 굴복하였다. 1970년 후반까지 연방준비제도이사회의 아더 번스(Arthur Burns : 미국 금융계의 대변인이고 금융자본 로비스트)와 가장 큰 미국 법인들에 소속된 다른 대변인들은 기업 소득을 보호하기 위한 더욱 직접적인 접근 및 전략을 추진하기 위해서 닉슨에게 압력을 가하기 시작하였다.

1970년 동안 내내 기업의 이윤폭은 비용 상승과 수요 감퇴로 말미암아 계속 위협을 받았다. 마찬가지로 기업들이 가격을 올림으로써 상승한 비용을 벌충하려고 노력하는 것은 단지 수요 감퇴를 초래할 것을 염려하기 시작하였다. 전통적인 금융 및 재정 정책은 그 딜레마의 양쪽 측면을 동시에 다룰 수 없었던 것으로 보였다. 그 중 한 측면을 해결하려고 노력하는 것은 다른 측면에 의해 그 성과가 상실됨을 의미하였다. 국내에서 생산되는 미국상품의 비용을 감소시킬 수 있는 동시에 해외에서 미국 제품들에 대한 수요를 크게 자극할 하나의 새로운 전략이 필요했다. 이 상황으로부터 닉슨의 경제 전략은 이른바 신경제계획으로서 1971년 8월 15일에 등장하여 모양을 갖추기 시작했다. 1920년 중반 이후로 형성 중에 있었던 이 새로운 전략은 특히 해외에서 미국 시장의 점유율을 확대하기 위하여 계획된 다양한 조처들과 연계하여 국내에서 임금을 직접적으로 억제하는 것이었다.

한 발자국 뒤로 물러나 보면 전쟁과 지난 10년의 과잉투자 및 과대팽창 양자 모두는(임금통제, 무역보호, 그리고 공산주의 진영과의 무역확대에 기반을 둔) 70년대에 대두하고 있는 전략이 또한 보기에 동일한 기본적 목표를 가지고 계획된 것과 마찬가지로 기업 이윤에 인위적으로 보조금을 더해주도록 고안된 정책이었다. 지난 십년 간의 과잉투자와 전쟁정책은 1958~61년의 경기후퇴로부터 미국 경제를 구출하는 것을 목표로 한 필사적인 조치로 보일 수 있다. 아이러니컬하지만 이해할 수 있는 사실은 1958~61년의 경기침체를 종식시키는 것을 도울 책임이 있는 주요한 조세 및 금융정책은 현재의 경기후퇴에 직접적인 책임이 있는 바로 그 정책들이라는 점이다.

II

이 점에서 고려되어야 할 문제는 위에서 개략적으로 설명된 경제발전이 어떻게 노동자관리와 관련이 있는가 하는 것이다.

대체로 연속적인 인플레이션, 경기침체 그리고 그에 따른 이윤폭의 감소가 닉슨의 신 경제 프로그램에 대한 경제적인 기반과 필요성을 확립했다고 말할 수 있다.

이 프로그램은 인플레이션, 경기후퇴 그리고 경제위기와 연결되어 생겨나는 어떤 작업장 수준의 문제들과 결합되기 때문에 노동자관리 요구를 제기하는 것을 가능하게 하는 조건들을 만들어낸다. 특히 전통적인 재정 및 금융 정책의 효과가 크게 감소한 시기에 노동자관리 문제를 제기하기 위한 잠재력을 만드는 세 개의 중요한 발달을 자극하는 것은 생산비 증가와 수요 감퇴에 기인하는 이윤폭이 지속적으로 감소한 상황이다.

첫째, 지속적인 인플레이션에다가 불황이 더해진 전반적인 경제적 상황은 도처에서 운영비를 크게 삭감하려는 범 기업적인 광범한 노력을 출발시켰다. 이 노력은 사실상 1970년 후반기에 생겨나기 시작하였다. 둘째 그러한 경제 상황은 또한 새로운 기술 및 장비로 인해 이미 높은 비율의 노동자 해고를 가속화시키는 경향이 있다. 많은 경우에 기업이 노동력을 새로운 장비 및 기술로 바꾸는 것은 생산비의 절감을 가져옴으로 해고가 더욱 손쉬워지기 때문이다. 그리고 사실상 그 비용이 보다 적게 들게 된 주요한 이유는 정부 정책들이 화폐가치의 하락을 가속화하고 그리고 더욱 유리한 자본투자 유인책을 만들어 냄으로써 노동력을 자본으로 대체하는 것에 보조금을 주었다는 것이다. 아이러니컬하게 새로운 기술과 장비에 대해 지급되는 보조금의 부담은 노동대중에 전가된다. 바꾸어 말하면, 이러한 특별한 투자 보조금으로 인한 세수입의 손실은 노동자들을 대신할 기술 및 장비에 대해 지불하는 세금을 노동자들로 하여금 부담하게 한다. 그러므로 상당한 정도로 소득의 재분배는 노동자들을 희생하면서 기업 그리고 자본가에 유리하게 이루어진다. 이러한 소득 재분배는 노동자의 해고나 실질 임금 감소로 끝나는 직접적인 비용 삭감 관행을 실천하는 경우에처럼 그렇게 명백하지 않다. 그러나 그것은 바로 재분배와 동일한 것이다. 유일한 실질적 차이는 기업의 공인회계사들과 재정담당 이사들이 한 가지 경우에 재분배를 실행하는 반면 기업의 인사부장들과 일선 경영진이 다른 경우에 그것을 실행한다는 것이다.

1971년 현재 미국에서 모든 설비와 장비의 약 절반이 5년 남짓 되었다는 사실에도 불구하고, 노동자를 새로운 장비 및 기술로 대체하려는 경향은 지난 5년에서 7년 동안에 걸쳐 가속화 되었다. 이 경향 그 자체는 직접적으로 비용 상승, 연방 세금투자 보조금의 존재, 그리고 보다 유리한 화폐가치 하락 지침과 직접 관계가 있으며 그리고 인플레이션과 경제적인 경기침체가 지속되거나 악화될 때 반드시 심화된다.

그러나 노동자관리라는 주제에서 가장 중요한 것은 현재 기업의 비용 삭감 노력과 노동자의 해고를 향한 가속화된 경향 양자 모두 노동자들에게는 직업과 소득의 직접적인 손실을 초래했을 뿐만 아니라 또한 실질 임금과 근로조건에 대한 직접적인 공격을 의미한다는 점이다.

노동자관리 요구를 제기할 수 있는 잠재력을 만들어내는 것을 도운 3번째 중요한 발전은 닉슨의 경제계획 그 자체이다. 기업의 강도 높은 비용 절감정책과 노동자 해고 관행으로는 기업이윤에 대해 이전에 부여했던 규모만큼의 보조금을 더 이상 부여하기가 충분하지 않을 때 (그리고 통상적인 조세 및 금융정책이 효과 없음이 입증될 때), 닉슨 프로그램이 필요하게 된다. 달리 말해 기업이 더 이상 공장, 기업, 또는 산업 수준에서 그들 자신의 노력을 통하여 자신의 이윤폭을 더 이상 확보할 수 없을 때, 그들은 직접적인 행정 및 입법상의 비상조치를 통하여 그 일을 하도록 정부 기구 내에 있는 그들의 정치적 동업자에게 촉구해야 했다. 이 조처는 하나의 소득정책의 형태를 취하는데, 이것은 본질적으로 자본의 소유나 통제로부터 벌어들인 소득을 통제하는 다양한 이름뿐인 제스처와 더불어 임금을 통제하고 억제하는 정책이다. 하나의 소득정책은 또한 국제무역에 대한 국내 기업가 계층의 몫을 보호하거나 확대시키려는 조처를 포함하고 있을지도 모른다. 이 경우에 정책의 목표가 국내의 노동자들의 희생은 물론 국제시장들에 그들의 사촌인 외국 자본가들을 직접 희생시키면서 자본 소득에 대해 보조금을 주는 것이다. 그러한 미국판 소득정책은 1970년의 후반과 1971년의 전반을 통하여 내내 고려되고, 계획되고 그리고 실험되고 있었다. 미국판 소득정책은 1971년 8월에 공식적으로 표면에 등장하였다.

기업의 비용 삭감 노력과(정부의 선전과는 반대되는) 노동자 해고의 경우처럼, 하나의 소득정책의 실질적 목표는 노동자의 소득을 희생하고서 자본가의 소득에 보조금을 더해줌으로서 소득을 재분배하는 것이다. 이것은 효율적인 가격통제에 의해 자본소득에 대한 단지 부분적인 통제만을 하고 이윤, 배당금, 이자율 등에 어떠한 통제도 가하지 않으면서 노동자의 유일한 소득원인 임금을 억제함으로써 비용절감을 한다. 인플레이션 통제는 소득정책의 단지 부차적인 목표에 불과하다. 인플레이션 통제는 소득을 재분배하고 그래서 감소하는 이윤폭에 대해 보조금을 주도록 고안된 훨씬 광범한 전략의 단지 일부에 불과하다. 그래서 닉슨의 경제계획은 생산과정에서의 광범한 비용 삭감과 해고를 통해 그리고(해외에 직업을 수출하는 것과 같은) 다른 조처들을 통해 기업이윤폭을 보장하고 거기에다 보조금 부여 노력의 행정적 및 입법적인 확대로 간주된 것이다. 그 기능은 이윤을 보호하고 확대하는 기업의 조처에 대해 부가적이며 보충적인 것이다. 사실 닉슨 경제계획 그 자체는 직접적인 임금통제 및 교역의 팽창 이외에 노동자의 해고를 가속화시키고 그리고 기업의 비용절감노력에 보조금을 지급하기 위해 고안된 수많은 요소들을 포함하고 있다.

지금까지 우리는 노동자관리 요구를 제기할 수 있는 잠재력을 만들어내는 세 가지 핵심요소를 지적해왔다. 즉 범기업적인 광범한 비용절감노력, 노동자의 해고를 가속화시키는 경향, 그리고 닉슨의 신경제계획이 그것들이다. 이 세 가지 요소는 모두 점증하는 이윤폭감소 위협에 대한 자본가계급의 직접적인 반응이다. 이 세 요소는 일반적으로 노동자의 실질임금, 일자리, 그리고 근로조건을 직접 공격함으로써 기업의 이윤에 대해 보조금을 지급한다는 기본적인 목표를 가지고 있다.

우리는 이 점에서 첫 번째의 두 요소 즉 기업의 비용절감 공세와 노동의 점증하는 해고의 경향은 노동자관리 사상을 제기하는데 유리한 하나의 상황에 기여하였다. 이러한 입장을 취하면서 우리는 1971년 8월에 발표된 바와 같은 닉슨의 신 경제계획을 고찰할 수 있다.

III

이미 지적된 바와 같이, 현재의 경기후퇴 및 경제적 불황과 더불어 1969년 말 운영비를 절감하려는 범 기업적인 노력이 나타나기 시작하였다. 기업의 비용절감노력은 고용, 노동규칙, 절차, 그리고 일반적으로 근로조건과 관행에서의 급격한 변화로 종종 전환되었다.

많은 대기업들에서 강력한 경영진은 많은 직업과 직종들을 폐지하고 많은 직업들을 편린화시키고 강등시키기 위해 노력을 기울였다. 그러한 실천은 거의 늘 특별한 공장, 작업장 또는 사무실에서 기존의 노동계층의 짐을 가중시켰다. 그것은 새로이 감소된 노동력이 이전과 동일한 양을 생산해야 하고 또는 심지어 이전보다 산출수준을 초과하여 생산해야 함을 의미하였다. 달리 말해, 생산성 증가와 생산성에 대한 지속적인 강조는 거의 늘 비용절감 조치의 직접적인 결과였다. 더 많은 생산성을 강요하기 위해 계획된 작업능률 증진을 위한 시간동작 연구와 여타 직업평가 기술은 종종 그러한 절차의 일부였다. 산업에서 이것은 빈번하게 생산라인의 설치와 속도를 위한 새롭고 더욱 가혹한 표준화를 의미하며, 이번에는 건강과 안전조건에 관한 위험요소를 증가시켰다. 이것들과 같은 발전은 직업안전, 직종분류 및 등급, 작업할당, 스케쥴, 상대적인 보수 규모, 이직, 승진, 강등, 그리고 중요하고 힘들게 얻어낸 작업 규율에서의 수많은 추가적인 변화에 관련된 중대한 문제들을 작업장에 그리고 사무실에 가져오려고 의도하였다. 게다가, 노동자들이 이러한 압력 하에서 반란을 일으킨 것 같이 노동자의 임금과 노동조건을 희생시켜 생산성을 증가시키고 생산비를 절감하려는 경영진의 공세는 빈번히 규율(즉 해고, 정직, 벌금 등등)에 관련된 문제들을 둘러싼 직접적인 대결을 초래하였다. 많은 경우에 그러한 공세는 광범한 실업, 공장폐쇄 또는 재배치 그리고 심지어 전 공동체의 분열을 의미하였다. 노조의 지시를 받지 않은 파업과 공장 폐쇄가 종종 발생하였다. 특별한 공장, 기업, 또는 산업에서 경영진의 정책이 생산과정에 신장비와 신기술의 높은 도입율과 전파에 의해 특징 지워질 때 기본적으로 같은 종류의 작업장 압력과 투쟁이 생겨나는 경향이 있다.

달리 말해 새로운 장비와 기술이 도입되고 확산되는 비율이 빠르면 빠를수록(새로운 작업방법 및 절차의 형태로든 아니면 새로운 공구 및 기계장치의 형태로든 간에) 하나의 공장 내에서 직업의 수와 성격에 미친 영향은 더욱 더 커진다. 직업안전에 대한 문제는 즉각 모습을 드러내었다. 왜냐하면 많은 노동자들이 종종 구조적으로 해고되거나 일시적으로 해고되었기 때문이다. 일시 해고되지 않는 자들에게나 해고된 자들에게 있어서 투쟁은 심지어 노동자의 실질임금과 근로조건을 직접 희생해가면서 생산비용을 절감하려는 경영진의 시도에 대항하는 투쟁이다.

끝으로, 노동자들이 그들의 확립된 권리와 이익에 대한 방어차원에서 그처럼 악화되고 있는 근로조건과 보다 과도한 착취에 대해 반응을 보임에 따라 경영진과 노동자 사이의 논쟁과 갈등은 수적으로나 그리고 빈도상으로 배가되었다.

비용절감과 노동자 해고가 자행되어온 아마도 가장 좋은 실례의 하나는 미국의 철강산업일 것이다. 철강산업은 특히 지난 5년에서 7년 사이에 신기술과 및 신장비의 엄청나게 높은 도입율과 전파 비율에 의해 특징지어져 왔다. 기대되는 바와 같이 산업경영진은 그러한 변화를 확립된 작업 관행, 근로조건들 그리고 근로협약을 공격하기 위하여 이용하려고 시도해왔다. 직업평가 기술의 활용 증대, 생산증가, 그리고 직업 분류를 조작하려는 경영진의 시도 그리고 결과적인 건강 및 안전 위험은 모두 발생하였다. 그러한 기술 변화와 그것이 근로조건 및 관행에 미친 압력과 더불어 지난 1969년 이래로 갈등을 심화시켜온 생산비 절감의 관행에 과도하게 의존해왔다. 이러한 두 가지 발전의 결과로서 철강산업에 있어서 불만처리 협상은 그 빈도와 전투성이 증가했으며 결국 전체 불만처리 시스템이 마비된다. 분쟁 해결을 위한 전통적인 제도상의 법률적인 수단의 쓸모가 줄게 되었지만 갈등을 만들어내는 산업에서의 여건은 그렇지 않다. 근로 조건, 직업 그리고 작업 관행이 미치는 압력은 계속 증가해 왔다. 이처럼 이 악화되는 상황에 대한 일반 노조원들의 대답은 국지적 불평을 넘어서는 파업권에 대한 요구를 전 산업에 걸쳐 제기하는 것이었다.

중요한 것은 이직, 직종 재분류, 실업률, 직무평가 기술 및 연구, 건강 및 안전, 할당된 일, 스케쥴, 전근, 진급 그리고 직급 강등, 생산 규율, 훈련 그리고 기타 등등 위에서 언급된 모든 문제들이 잠재적인 노동자관리 문제라는 것이다.

그러나 위에서 약술된 갈등이나 쟁점들이 닉슨의 경제 프로그램에는 물론 노동자관리와 어떤 관련이 있는지를 보다 구체적으로 논의하기 전에 노동자관리 자체의 성격에 관한 어떤 것을 이 시점에서 고찰하는 것은 유용할 것이다.

IV

기존 여건들 하에서 노동자관리가 취할 수 있는 형태는 위에서 논의된 쟁점이나 갈등의 종류가 실제적인 작업장 수준의 활동을 통하여, 광범한 의미를 부여받는 형국이다. 현 상황에서 노동자관리는 기본적으로 효율적이라고 입증된 어떤 수단을 통해서든 간에 경영진을 제지하거나 제한하는 투쟁이다. 노동자관리 요구는 위에서 논의된 쟁점들에 관하여 그것이 호감을 줄 때 경영진의 결정권의 적법성에 도전하는 것이다. 노동자관리는 우선 노동자의 권익을 보장하기 위한 작업장에서의 운동이다. 경영진이 노동자의 권익을 침해할 때, 경영권의 독단적인 권한남용을 감시하고 감독하고 필요할 경우 저지하는 투쟁이다. 노동자관리요구는 항상 경영진의 행동할 권한의 문제를 제기한다. 현 시기에 노동자관리는 노동자들로 하여금 스스로 직접 의사결정을 내리게 하는 것을 포함하지는 않는다. 현 상황 하에서 경영진은 직접적인 의사 결정시에 그러한 노력을 쉽게 방해하고, 결과적으로 노동자관리 사상의 평판을 저하시킬 수 있었다. 노동자관리가 현시점에서 취하는 형태는 간접적인 형태이다. 그 형태는 생산을 결정하는 현재의 의사 결정에 대해 노동자들이 직접 통제하는 것이 아니라 원하는 대로 그러한 결정을 하는 경영진의 권한과 능력에 대한 간접적 통제이다.

그것은 통제되어야 할 의사결정의 과정이지 특별한 결정의 실제적인 시작은 아니다. 일방적으로 결정을 내릴 경영진의 권리가 심각하게 의문시될 때인 경제적 위기 시에만 노동자들은 직접 결정할 권한을 가지려고 시도해야 한다. 이와 대조적으로 현재의 생산조건 및 생산관계 하에서 노동자는 먼저 경영진을 통제함으로써 그들과 직접 의사 결정 사이에 존재하는 중간 세력을 통제함으로써 그리고 그러한 결정을 내리고 이행하는 과정에서 경영진을 통제함으로써 자신들의 근로조건을 확정하는 결정을 단지 제어할 수 있다.

노동자관리는 방어적 전략인 것만큼 동시에 공격적 전략이다. 노동자관리가 단지 현재의 경영진과 입법부 및 행정부의 공세에 대항하여 노동자의 이익을 보호하려는 투쟁인 것만은 아니다. 그것은 또한 경영진의 권한을 직접 희생시키면서 그러한 권익을 확대하고 심화시키기 위한 투쟁이다. 윤리적 의미에서 노동자관리는 작업장에서의 자기결정과 노동자를 위한 권익 법안을 성취하기 위한 노동자 자신들에 의한 투쟁이다. 노동자관리라는 상황 속에서 고려될 수 있는 몇몇 현행의 요구 사항들은 다음과 같다.

1) 노동자 자신의 대표로 구성된 공장안전위원회의 위원을 지명하거나 선출할 노동자의 권리에 대한 요구 ; 그러한 조사 활동의 시간 측정이나 특성에 어떠한 제한도 없이 공장안전 및 건강상태들을 조사하기 위한 그 위원회 위원들의 권리에 대한 요구; 경영진의 비용으로 안전 확보에 필요한 장비를 구매할 수

있는 안전지출 기금의 설치 요구; 안전위원회가 필요하다고 간주하는 기금으로부터 어떠한 지출도 명령하는 동일한 안전위원회의 권한에 대한 요구; 필요할 경우 모든 검사와 지출 활동에 관한 주기적인 보고서를 간행할 위원회의 권리에 대한 추가 요구; 문제가 되고 있는 특별한 경영진이 위의 안전기금에 재정 지원을 거부할 경우에 관련 회계장부의 검토나 또는 그 경영진이 각종 안전위원회의 보고서와 상치되는 보고서나 자료를 간행할 경우에 관련 기업의 회계장부의 검토를 그 위원회 위원이 요청할 권한의 요구.

2) 모든 직업 평가와 시간동작 연구보고서에 충분히 접근할 수 있는 지역노조나 노동자협의회의 권한 요구 ; 다른 작업장이나 부서의 노동자들로 구성된 전 노동자 직업검토협의회의 설치요구와 그리고 모든 관리직업평가 보고서를 재검토하고 어떤 특별한 평가보고서의 유효성을 점검하기 위해 외부의 독립된 정보원에게 촉구할 그 협의회의 권한에 대한 요구 ; 끝으로 어떠한 평가보고서도 거부하고 그 평가에서 중대한 실수, 비일관성 또는 편견이 드러날 수 있다면 그 결론을 준수하기를 거부하는 그 협의회의 권리에 대한 요구.

3) 모든 고용, 전보, 진급-강등, 소환과 작업할당을 감독할 권리와 그러한 것들을 다루는 모든 보고서와 서면 자료를 검사할

권리; 게다가 일반적으로 노동자의 권익에 위협이 되는 것으로 보일 수 있는 경영진의 결정을 거부할 수 있는 노동자나 지역 노조 대표의 권리의 요구.

4) 모든 연금, 복지비, 보험금과 같은 기금으로부터 일방적으로 충분한 이익을 이끌어낼 권리를 포함하는 그러한 기금들에 대한 철저하고 광범위한 노조의 통제 요구.

5) 생산라인의 조직과 그 등급의 결정을 감독하고, 그러한 조직과 등급의 변화에 대해 책임을 지고 있는 어떠한 경제보고서에도 충분히 접근하고 그리고 관련된 노동자의 건강과 안전을 위태롭게 하는 것으로 보일 수 있는 어떤 특별한 생산라인의 조직과 등급을 거부할 권리를 요구.

6) 모든 공장 감독관(foremen)의 임명을 거부하거나 특정한 작업 단위체에서의 모든 노동자들의 2/3라는 다수결에 의해 규율에 관련된 모든 쟁점들을 결정할 권리의 요구.

7) 모든 작업 스케줄, 이동, 휴가, 연장근무, 제고조사, 임시휴업의 결정에 관련된 모든 경제적이고 기술적이며 또는 재정적인 보고서에 대해 접근할 권리와 그러한 것에 관련된 경영진의 어떠한 결정을 이행하기를 거부할 권리에 대한 요구.

8) 관련노동자의 2/3라는 다수결로 어떠한 지역 불만사항에 대해서 혹은 노동자의 어떠한 거부권에 대해서도 경영진이 동의하지 않을 경우 파업할 권리의 요구; 합의된 시간의 제약 속에서 어떤 특별한 불만의 해결실패는 자동적으로 그 조항을 의미 없게 만들고 무효화해 버린다는 주장을 모든 "불만 조항"에 포함시킬 것을 요구.[1]

9) 필요하다면, 가격설정과 투자에 관련된 결정을 궁극적으로 포함하는 공장의 임시휴업, 노동자 재배치, 일시해고 등등에 관련된 모든 결정을 재검토하고 거부할 수 있는 권리의 요구.

위의 예에서 명백히 알 수 있듯이 기본적인 세 가지 일반 원칙은 노동자의 정보권, 거부권 그리고 경영진의 반응이 비타협적인 모든 경우에 파업할 권리이다.

기본적으로 실제적이고 효과적인 통제에 대한 노동자의 요구를 선택하려는 시도인 다양한 경영이나 자유로운 참여 계획 하에서 노동자의 정보권과 거부권은 분명히 경영진에 혜택이 돌아가는 방식으로 의도적으로 규제되고 정형화되었다. "참가" 계획 하에서 정보는 항상

1 그러한 협정은 경영진에 의한 불만의 즉각적인 해소를 보장하는데 기여하고 그렇지 않으면 불만 시스템을 함께 제거해버림으로써, 연좌파업에 의한 불만해결을 법적으로 허용하는 것이다.

노동자가 경영진에 “제안”을 하는 단지 제한된 권리만을 부여받는 일방통행 식이었다. 최대한의 경우에 이것은 공동 협의라고 불리는 기본적으로 소용없는 협상이 된다. 공동이든 아니든 협의는 정보교환이 경영진과 노동자의 이익에 대한 자신들의 충성심이 자주 위협받게 되는 노동자의 대표들 사이에서 일반 노조원에 대한 통제를 넘어서는 수준으로 계속되었다는 것을 의미한다.

참여의 조건 하에서 거부권은 보통 항의서를 등록하는 제한된 형태의 권리가 된다. 모든 이런 참여의 특성과 반대로 노동자관리의 기초가 되는 원칙은 완전한 정보권과 거부권이다. 그리고 노동자가 그들 자신을 그런 노력에 성공할 기회가 분명히 가장 적은 수준에 있는 시기에 경영진의 결정에 대해 책임을 짐으로서 스스로 신용을 깍지 않는 방식으로 노동자관리가 어느 정도까지 성취될 수 있는 것은 그 원리들을 심화시키고 강화함으로 가능하다.

V

닉슨의 신 경제프로그램은 기본적으로 철저한 비용 삭감과 노동자 해고 프로그램에 의한 기업가의 이윤폭을 보장하기 위한 현재 기업의 노력을 행정부와 입법부 차원에서 기본적으로 확대함으로써 가장 잘 이해될 수 있다고 보다 일찍 주장되었다. 닉슨의 신 경제프로그램은 일단 기업의 노력만으로는 생산비의 상승을 막고 수요를 자극하는

데 성공할 수 없기 때문에 필요하게 되었음이 지적되었다. 외국 시장 및 수요에 대한 미국 기업의 몫을 늘릴 여러 가지 무역 및 과세 대책을 시작하는 동안 닉슨의 프로그램은 임금(기업의 비용의 단지 몇몇 기본적 요소들 중의 하나)을 우선적으로 억제하기 위해 계획되었다.

그러나 닉슨의 새로운 경제 프로그램과 뒤이은 관련 정책이 노동자관리의 잠재력을 만들어내는 그러한 작업장 수준의 압력과 조건을 악화시킬 것이라는 점이 또한 지적되었다. 그리하여 닉슨의 경제 프로그램 그 자체가 또한 노동자관리에 대한 잠재성을 더 한층 개발하는데 이바지 할 수 있다.

1971년 8월 이후 수 개월이 지남에 따라 더불어 닉슨의 경제프로그램의 기본적인 목표는 다음과 같았음이 더욱 명백하게 되었다.

1) 대통령의 포고령과 다른 수단을 통하여 임금과 여타 기업비용을 억제함으로써 성과를 보지 못하고 있는 기업에 대해 보조금을 지급하는 한편, 해외시장에서 미국에 기반을 두고 있는 기업들의 보다 더 큰 몫을 동시에 확보하려고 시도한다.

2) "생산성"이란 기준을 제외한 어떤 다른 기준에 근거를 두고 있는 노사교섭을 제거함으로써 현재 미국 내에서 존재하는 단체교섭을 심각하게 제한하고 그리고 결국 파괴한다. 달리 말하면 전통적 기준인 수익성, 비교가능성, 생활비, 저임금, 기타 등등에 의거하는 단체교섭을 제거하고, 생산성증가에만 의거하는

교섭을 허용한다.

3) 미국에서 노조에 가입한 노동자의 파업권을 초기에 제한하고, 뒤이어 그것을 분쇄한다. 물론 이것은 미국에서 노동운동의 종식을 의미할 것이고, 또한 노동과 국가 사이에 새로운 종류의 "협조조합주의(corporatism)" 의 시작을 말해 준다.

다음 증거는 이 기본적인 주장을 뒷받침하기 위해 제공될 수 있다.

이윤폭과 소득 재분배

1969년 말부터 1972년까지 늘어난 미국의 많은 수의 대기업의 이윤폭은 많은 경우에 경기 후퇴기였던 1959~61년 동안에 경험하였던 것보다 더 낮은 수준으로 떨어졌다. 이것에 대한 닉슨 행정부의 첫 반응은 전통적인 화폐 금융조작을 통하여 그 상황을 완화시키려는 시도였다. 1970년 동안 내내 그 첫 반응은 기업에 대해 직접적인 보조금을 주기 위한 대통령의 강력한 지원과 더불어 핵심적인 사회적이며 공적인 입법에 대한 거부권 행사로 특징 지워지는 입법권의 형태를 주로 취했다.

예를 들어 1970년 동안 닉슨은 각종 건강, 병원, 교육 그리고 인력

양성 프로그램을 위해 거의 600억 달러의 예산이 계상되어 있는 6개 핵심 법률안에 대해 거부권을 행사했다. 반면에 그는 또한 다른 기업 및 산업보다 이익이 더욱 심각하게 줄어듦을 느끼고 있던 기업 및 산업에 보조금을 지급하기 위해 입안된 많은 법안들에 강력한 지원을 했다. 이것들 중 가장 중요한 것은 물론 거의 파산한 '펜 센츄럴 철도회사(Penn Central Railroad)'에 대해 1970년에 직접 보조금을 지급한 것이다. 이러한 대통령의 거부권과 기업에 대한 직접적인 보조금은 1971년을 통하여 계속되었고, 가장 주목할 만한 경우가 록히드 사(Lockheed)에 대한 지원이다. 주택건설과 공공사업을 위해 의회에 의해 약 120~150억 달러의 지출이 승인된 기금을 포함하여 승인이 보류된 중요한 일자리 및 소득창출 기금의 총계는 1971년에 약 300－400억 달러에 이른다.

그러나 이윤의 감소가 1970년 말과 1971년을 통하여 더욱 확산됨에 따라 필요한 사회 및 공공입법을 희생하면서 선택된 기업에 대해 직접 보조금을 주는 닉슨 프로그램은 점점 더 부적당하게 되었다. 결과적으로 새로운 접근 및 프로그램이 탐구되었고 그리고 1971년 초에 시험되었다. 그러한 접근법은 하나의 극도로 느슨한 화폐정책의 시작이었다. 다른 접근은 현존하는 기업의 가치하락 규칙과 지침을 대통령의 행정명령에 의해 급격히 완화시킨 것이다. 세째 접근은 선별적인 임금통제제의 도입이었다.

1971년 3월 닉슨은 건축산업에서 특히 임금인상 요구에 대해 전반적인 임금 통제를 강요하였다. 제안된 임금인상을 결정하기 위해 건축산업 임금안정위원회가 설립되었다. 게다가 관계 부처 간의 협의회

설치가 가격상승을 결정하기 위해 제안되었다. 1971년 말까지 건축노조의 계약에서 임금인상률은 전 년도와 비교하여 볼 때 45% 이상 감소하였다. 다른 한편으로는 관계 부처간 협의회나 또는 "가격협의회"가 결코 활성화되지 않았고 건축산업에서 어떠한 가격 상승도 재검토되지 않았다.

임금동결과 생산성 교섭

앞에서 지적했듯이, 1971년 여름까지 매출액이 급감하고 있는 기업에 보조금을 지급하기 위해 구상된 닉슨의 이전의 프로그램은 불충분했음이 입증되고 있었다. 선택적인 임금 통제나 제약이 풀린 화폐가치 하락규칙 또는 낮은 이자율 중 어느 것도 이윤폭에 대해 예상되는 영향을 미치고 있지 않았다. 이것은 건축산업에서의 임금 통제와 새로운 화폐가치 하락 규칙 양자 모두 바라던 경제적 효과를 보기 이전의 몇 달 동안 지연되어야만 했다는 사실에 부분적으로 기인한다. 유사하게도 낮은 이자율은 기업의 이익을 자극하는 데 있어서 최소의 영향을 미치고 있었다. 그래서 1971년 여름까지 좀 더 광범하고 직접적인 조처가 요구되었다.

기업에 대한 좀 더 포괄적이고 집적적인 보조금 지급정책을 계속하려는 닉슨의 결정은 마침내 기록적인 미국의 국제수지 위기에 의해 자극을 받았다. 세계 금융시스템의 충격으로까지 이어진 이 위기의 원인은 여러 가지였다. 그것은 해외에서 특히 동남아에서 군사기지 및 전쟁을 지속하려는 미국의 과도한 재정지출, 관광시즌의 시작과 더불어 해외로 떠나는 미국 여행객들에 의한 지출의 시작과 미국 단기자본의 해외로의 이동, 특히 미국 기업들의 해외직접투자에서의 급격한 증가가 그 원인들이다. 해외에서 미국자본의 증가라는 후자의 요인은 미국에서 외국인의 구매와 투자의 상응하는 감소와 더불어 단연코 가장 중요한 요소였다. 이것은 외국인 투자자들에 의한 미국 내의 투자 감소로 이어졌다. 미국 기업들은 멕시코, 한국, 태국, 일본, 필리핀과 같은 임금이 낮고, 조세가 적게 부과되는 나라에서 상품생산을 가속화하는 경향을 보였고, 유럽경제공동체 시장의 관세장벽을 피하면서 활동하는 영국과 같은 나라에 대한 미국 내 기업들의 막대한 투자, 그리고 인플레이션의 증가와 전반적인 경제 불안정에 기인하는 미국 내의 외국인 투자를 저해하는 요소들, 서유럽의 높은 이자율 등, 이 모든 것들이 미국의 수지균형과 세계 금융시스템 위기의 중요한 요인이다. 간단히 말해 1971년 초반에 나타나고 있던 닉슨의 새로운 화폐가치하락 규칙과 선택적 임금 통제는 너무나 느려서 충분하지가 못했고, 그의 통화 프로그램은 사실 경제여건을 더욱 어렵게 만들었다. 왜냐하면 미국 내의 인위적으로 보다 낮은 이자율에 대한 그의 교묘한 정책도 좀 더 많은 국내투자, 생산, 판매 그리고 그에 따른 이익을 가져다 주진 못했다. 1971년 한여름까지 긴급조치가 요구되었다. 이 조치는 닉슨의 "단계 I" 에 포함되었다.

여기서 단계 I에 대해 좀 더 자세히 살펴본다면 그것은 세 가지 부분으로 구성된 것으로 보일 수 있다. 보다 낮은 실업률을 약속, 임금 및 물가동결 그에 따른 인플레이션의 억제; 미국에 기지를 둔 기업들에 유리하게 국제교역 조건의 균형을 다시 회복하기 위해 구상된 교역 및 과세 정책이 그 세 부분이다. 이러한 전반적인 프로그램은 한편으로 미국의 기존 수지균형과 세계금융 위기를 반영하고 다른 한편으로 거의 10여년 만에 처음으로 요구되고 성취되고 있는 중인 임금의 대폭 인상에 대해 어떤 조처를 취하도록 기업들이 닉슨에게 압력을 넣은 것을 반영하였다. 단계 I의 요점은 임금을 공격하고 그리고 새로운 경쟁 상대국에 대응해서 고군분투하는 미국기업들에 직접 지원 및 후원을 하는 것이다. 그러나 양자의 경우 그 결과는 미국기업 이윤에 대해 직접 보조금을 지급하는 것이다. 첫째, 임금 및 노동자 소득을 동결하고 기업이익, 배당금 또는 이자율을 동결하지 않음으로써 단계 I의 보조금지급은 사실상 노동자들로부터 돈을 취해 고용주들과 주주들에게 재분배해주는 것을 의미했다. 둘째, 이전에 발표된 자유화된 화폐가치 하락 규칙 이외에도 10% 투자신용 대부, 7%의 자동차 소비세의 폐지와 같은 특별하고 즉각적인 세제 혜택을 미국 기업들에게 자의적으로 부여함으로써, 그리고 수입 과징금의 징수를 시작하고 달러의 환율을 변동 시세제로 함으로써 미국 기업들은 그들이 경쟁 상대국인 유럽과 일본에 내주었던 국내외의 많은 시장을 되찾을 수 있었다. 이것은 추가 판매를 의미하였으며 그리고 임금 동결 때문에 노동자들에게 혜택이 돌아오지 않는 이윤을 증대시킨 것으로 기대되었다.

단계 I은 닉슨의 보다 초기의 프로그램들과는 몇 가지 중요한 측면에서 구분된다. 그것은 보조금에 대한 체계적이고 통합적인 즉 범경제적인 접근의 시작을 나타낸다. 그것은 좀 더 직접적이고 급작스러운(즉 단기의) 접근을 하고 있다. 마지막으로 그것은 미국 노동자를 희생할 뿐만 아니라 또한 외국 기업의 경쟁자들을 희생하면서 소득 재분배를 매개로 한 보조금 지급의 시작을 의미하였다. 이 후자의 사실과 전반적인 프로그램의 "직접성"은 단계 I을 매우 중요한 정치적 발전과정으로 만들었다. 단계 I은 새로운 국제무역전쟁의 제 1라운드를 알렸다. 마찬가지로 의미 깊게도 그것은 닉슨과 기업에 의한 노동조합에 대항하는 공세의 시작을 알렸다.

달러 협정에서 단계 I 동안 미국 기업에 보조금을 지불하게 되는 액수는 약간 낮게 평가한다 할지라도 아마도 150억 달러에서 250억 달러에 달한다. 이 중에서 약 20억 달러에서 40억 달러가 임금동결에 기인한다. 일반적으로 1971년에 10%의 투자신용대부가 미국기업에 약 30억 달러의 이익을 가져다준 것으로 추산된다. 자동차소비세의 폐지는 미국기업들에 첫 해에 약 23억 달러의 혜택을 가져다 준 반면(대출 투자는 다음 해에 약 40억 달러를 그리고 뒤이어 매년 25억 달러를 가져다 준 반면, 자동차소비세의 폐지는 그 이후로 매년 약 20억 달러의 혜택을 의미하였다), 재무성이 미국기업들에 직접 부여한 이러한 세금수입은 십만 명의 추가 실직자들의 소득상실에 상응하는 노동자소득의 손실에 의해 충당되거나 대체되었다. 닉슨은 연방 공무원 수를 5%를 줄임으로써 단계 I 프로그램의 많은 것에 대해 재정지원을 할 것을 제안하였다. 결과적으로 이 프로그램의 대부분에 보다 큰 재정지원을 한 것은 일반노동자였다. 끝으로

10%의 수입과징금과 달러화를 유동시킨 것은 확실히 50억 달러에서 100억 달러 정도나 기여하였다.

새로운 교역세 정책에다가 이러한 국내임금억제 프로그램은 닉슨 경제계획의 핵심으로서 궁극적으로 몇몇 근본적인 모순을 포함하고 있음이 입증될 것이다. 닉슨의 교역세 계획이 미국기업을 위한 보다 큰 시장과 상품 판매를 얻어내는데 있어서 너무 느리거나 비효율적임이 입증될 정도로 미국 노동자의 임금을 더욱 직접적으로 공격함으로써 국내적으로 이윤폭에 보조금을 지급하라는 압력이 더욱 거세질 것이다. 그래서 미국에서 임금통제의 미래와 궁극적으로 단체교섭 및 파업권의 미래는 외국 시장과 판매의 통제를 위한 서유럽 자본주의 국가들 사이에서 대두하는 투쟁의 성과에 어느 정도 달려 있다. 역으로 임금통제 및 임금억제가 국내에서 실패하는 정도는 다른 생산비용(즉 이자율, 고정비용, 화폐가치하락, 세금 등등)을 줄이고 그리고 미국 기업을 위한 세계시장의 상대적인 몫을 증대시킴으로써 기업의 이윤에 보조금을 지급하라는 압력을 가중시킬 것이다. 이윤폭은 기본적으로 판매량과 생산비의 함수이며 그리고 판매량을 증가시키고 비용을 줄임으로써 또는 양자를 증가시킴으로써 보호되거나 팽창될 수 있다. 단계 II는 1971년 11월에 시행되었는데, 기본적으로 단계 I의 연장이다. 게임은 동일한데, 거래된 제 2의 손이 동일하게 불리한 입장에서 나오도록 카드들의 패가 다시 짜였다. 단계 II의 한 중요한 요소는 닉슨 행정부가 외국과 국내의 시장에서 미국 기업의 이익을 추구하는데 상대적으로 매우 적은 성과를 보였다는 점이다. 미국 달러의 평가절하와 서구의

10개 선진 자본주의 국가들의 고위급 회담에도 불구하고 단계 I의 말기에 미국에 근거지를 둔 기업들을 위한 이익을 별로 얻어 내지 못하였다. 임금통제가 왜 단계 II의 초기에 점차 강화되었다가 그리고 왜 가격통제가 그 기간이 끝나갈 무렵에 점차 이완되었는가를 부분적으로 설명하고 있다. 이 시기에 왜 퇴보적인 임금인상, 지연된 인상, 장점이 있는 인상, 표준보수, 진지하게 공평한 인상, 따라잡는 인상, 한계 이윤 인상 그리고 생산 상의 이득에 의해 정당화되는 인상에 관한 지불위원회(Pay Board)의 초기 입장이 1971년 11월 4일이후의 몇 주와 여러 달 동안 만에 수정되고 강화되었는지를 상세히 설명할 필요는 전혀 없다. 기록은 그 자체로서 말해 준다. 기록은 가격통제에 관한 기록 즉 모든 실질적인 목적을 위해 가격통제가 곧 실제로 존재하지 않는 곳에서 특히 임대료, 식품, 소매가격, 보험료율, 세금, 전문직의 수임료, 그리고 기업의 보고에 관한 기록은 또한 명백하다. 기업의 이윤과 가격이 1972년 전반기에 크게 증가한 반면에 임금과 노동자의 실질 임금은 거의 증가하지 않았던 것은 결코 우연의 일치가 아니다. 단계 II는 물론 단계 I의 진행 과정에서 국가소득의 상대적인 분포는 분명히 노동자 쪽에서 자본가 쪽으로 유리하게 이동하였다.

임금통제의 강화는 단계 II의 과정에서 닉슨 행정부가 노동자들로부터 고용주에게로 소득을 재분배하고 그래서 기업이윤에 보조금을 지급하려고 노력하는 유일한 수단이 아니었다. 임금을 억제하는 것은 기업에 대한 단위 노동비용을 낮추려는 두 가지 기본적인 방법의 단지 하나에 불과하다. 다른 하나의 방법은 기본적으로 동일한 보수를 받는 노동자들에게 보다 큰 생산성을 강요하는 것이다. 물론 동일한 보수로 보다 큰 생산성을 얻는 것은 또한 일종의 임금억제이다. 왜냐하면 노동자들은 보다 적은 보수로 더 많이 생산하도록 강요받기 때문이다. 달리 말해 노동자들의 임금은 변동 없을지라도 그들의 실질 임금은 하락하는 것이다.

그 가능성은 단계 II 동안 줄어들었고 그때부터 지불위원회(Pay Board) 규칙과 지침을 조작하고 엄하게 함으로써 생산성의 증가를 강조하는 쪽으로 변화를 시작할 것이다. 사실상 단계 II의 규칙들을 엄하게 하고 조작할 가능성이 지불위원회에 의해 충분히 이용되기 오래 전에 그 방법은 노동자에 반대하는 친기업적인 닉슨의 생산성 공세를 위해 조심스럽게 준비되고 있었다.

이런 준비는 1970년 6월에 닉슨에 의한 국가 생산성위원회의 설립과 더불어 시작되었다. 이 위원회는 궁극적으로 닉슨 경제 전략의 일부가 될 수 있었던 한 프로그램을 주로 고찰하고 발전시키도록 계획된 것이다. 1971년의 신 생산성법안(New Productivity Act)의 통과〔1971년 12월 의회에 의해 통과된 1971년 경제 안정화법에 대한 뉴욕의 쟈비츠(Javits)의 개정안으로서〕는 그 두 번째 국면을 특징 지웠다. "생산성 수정"의 한 중요한 측면은 정부가 공장에서 작업장 수준에 이르기까지 산업의 모든 수준에서 생산성협의회의 창설을 촉구한 것이다. 모든 주요한 단체교섭 계약 결정에 정부의 그 같은 직접적 참가는 초기에는 아니라 할지라도 사실상 궁극적으로 일종의 간접적이고 비공식적인 강제 중재가 된다.

1972년 3~4월경에 닉슨행정부는 노동자의 소득을 고용주에게 재분배하는 주요 수단으로 생산성 향상을 더욱 강조하는 방향으로 나아가고 있는 것처럼 보였다. 닉슨 자신을 포함한 많은 고위관리들은 생산성에 관한 중요한 성명서를 내기 시작했다. 이런 생산성협의회가 완전히 확립되고 경제의 중요한 부분에 걸쳐 활발히 효력을 발휘할 때 국면 III는 시작되는 것이다.

현재 생산성 교섭에 대한 모든 행정 기관의 강조는 아직 외관상으로 나타나지 않았다. 생산성협의회가 아직 활동하지 않고 그리고 철저히 친 기업적인 닉슨의 생산성 교섭 공세가 여전히 나타날 예정이다. 그러나 생산성에 대한 강조의 증가된 압력은 이미 작업장과 공장 수준에서 느껴지기 시작했고, 미래 발전을 믿고 있던 기업들 자체는 지역 수준에서 생산성 공세를 시작했다. 로즈타운(Lordstown), 노우드(Norwood), 폰태너(Fontana) 등과 같은 곳에서 발생했던 것은 대체로 생산성 증대와 작업 표준화를 둘러싸고 투쟁과 무모한 사업을 촉발 시켜온 이러한 공세이다. 그러한 지역 투쟁의 성과는 아마도 철저히 친기업적인 닉슨의 생산성 공세가 어떻게, 언제, 어떤 방법으로 나타날 것인지 결정하는데 아마 도움이 될 것이다.

그러나 그 전략의 특수성이 무엇이든지간에 한 가지는 확실하다. 그 전략이 현실화될 때, 그것은 바로 지금 미국에 존재하는 단체교섭의 파괴를 목표로 할 것이다. 현재 단체교섭은 노조의 임금요구를 정당화하는 몇 개의 기준을 토대로 이루어진다. 이러한 기준은 : 특수한 주식회사, 기업 등의 수익성을 유사하거나 관련된 하나의 주식회사, 기업, 산업 등의 임금과 비교할 가능성 ; 생활비의 증가 ; 특별한 노동력, 집단, 민족, 인종, 성별에 대한 터무니없이 낮은 임금 ; 특별한 공장, 기업 등등에서 마지막 계약 이래로 이루어진 생산성증가가 그 기준이다.

기업의 견해에 따르면 현재 존재하고 있는 단체교섭은 많은 미국 기업들에게 너무 비용이 많이 든다는 것을 입증해 주고 있다. 단체교섭은 기업들이 일반적으로 세계시장에 자유롭게 접근하고 또 거기서 주도권을 장악한 시기에 적합했다. 그것은 사실 국내의 시장과 해외 시장에 끼어드는 주요 외국 자본주의적 경쟁자들이 없고, 어떤 나라도 미국 산업 생산성에 필적할 수 없고, 국내에서 기록적인 인플레이션을 자극하고 과다 팽창 때문에 기업의 고정 비용을 상승시키는 동남아 전쟁이 없는 시기에 적합하였다. 만약 친 기업적인 닉슨의 생산성 공세가 모두 흔들리게 될 때에는 그 목적이 생산성 향상이란 기준을 제외한 모든 기준을 토대로 하는 단체교섭을 폐지하는 것임은 분명해질 것이다. 이런 방식으로 임금 상승은 그에 상응하거나 그 보다 더 큰 기업 소득의 증가를 가져다주는 경우에만 허용될 것이다. 생산성 교섭에서 노동자의 화폐 소득은 증가할 수도 있지만 실질 소득은 감소할 것이다. 이러한 방식으로 단체교섭은 국민소득에서 노동자가 차지하는 몫을 증가(원래 원칙적으로 그랬어야 했듯이)시키는 수단으로부터에서 기업의 보조금지원과 소득재분배 즉 자본가의 몫을 증가시키는 수단으로 변형될 것이다.

노동자 이익에 반하는 입법공세

여전히 노동자와 임금을 희생하고 기업 이윤에 보조금을 지급하는 다른 방법은 파업할 권리를 제한하거나 없애는 것이다. 파업할 능력은 임금인상을 확보하려는 제일 중요한 무기인 것이다. 이 수단이 효과적으로 제거된다면 임금 통제는 상대적으로 하나의 단순한 과업이 될 것이다. 더구나 적어도 파업권이 크게 제한당한다면 생산성 교섭의 제도화는 훨씬 더 쉬운 과제가 될 것이다.

생산성 교섭의 확립은 특히 임금 억제 및 임금 통제 기간 동안 일반 노조원의 편에서 볼 때 반란을 야기할 것으로 기대될 수 있다. 이것을 예상하면서 친 기업적인 닉슨의 공세는 노동자의 파업권에 대해서 공격할 준비를 시작해 왔다.(그러한 준비는 어쨌든 단체교섭을 폐지시켜 버릴려는 어떠한 시도와도 보조를 맞추게 되었다.) 이 준비는 미국에서 반 파업법의 역사에 대한 광범한 의회 차원의 연구와 더불어 1970년부터 시작되었다. 뒤이어 전국노동관계협의회(NLRB)를 붕괴시키고, 그리고 대부분의 노조를 파산시키고 불공정한 노동관행을 금지하는 전국노동관계법(NLRA) 제 8부에서 허용된 보호 체제를 효과적으로 파괴할 노동 법정을 설립하기 위해 여러 법들이 제정되어 왔다. 게다가 강제 중재제도를 만들어 내기 위한 법안이 의회에서 근소한 표차로 통과하지 못했고 그리고 곧 다시 안건 리스트에 오르게 될 것이다. 확대된 냉각 기간과 지역적인 국가 긴급토론 명령에 대비할 목적에서 태프트-하틀리법(Taft-Hartley Act)을 수정하기 위한 법률들이 준비되고 있는 중이다. 최소한은 아니지만 연방 법원, 노동부, 그리고 법무성은 공세에 가담해왔으며 점차 호전적인 반노동자적인 자세를 취하였다. 마침내 일할 권리 운동은 닉슨 정부와 그의 지지자들에 의해 국가 차원에서 새로이 조정된 입법상의 노력을 기대하면서 다시 한번 전국적으로 대두하였다.

이처럼 전반적인 반 노동자적 및 반 파업적인 법적 공세가 국면 II 동안 생겨나기 시작한 것은 우연이 아니다. 여기서 임금통제의 지속, 프로그램과 생산성 교섭의 제도화, 그리고 닉슨의 기업 보조금지급에 반대하는 일반 노동자의 예상된 반란에 대한 하나의 답으로서 반 노동자 공세의 시기가 조정되었음은 거의 의문의 여지가 없다.

노동자관리를 위한 함축적 의미

닉슨의 경제 정책이 현재적이든 미래적이든 노동자관리를 위한 잠재력을 만들어내는 그러한 작업 현장의 조건을 악화시키게 되고, 결과적으로 그 잠재력을 더욱 강화시키게 된다는 점은 이 논문의 앞에서 지적한 바와 있다. 우리는 이러한 일이 어떻게 일어날 수 있는지를 요약하고자 하며 그리고 정의된 노동자관리와 닉슨 경제 프로그램 사이의 관계를 밝히려 노력할 것이다.

1) (기업의 연구개발비에 보조금을 지급하려는 미래의 계획은 물론) 이미 발효 중인 자유화된 화폐가치 하락 규칙, 세금투자 신용대출이라는

닉슨의 정책은 노동자를 신기술로 대체하는 흐름을 가속화시키고 그리고 일반적으로 상품에 대한 자본 투자의 급증을 초래하는 경향이 있다. 이것은 위에서 설명한 바와 같이 근로 조건에 지속적인 압력을 가할 것이다.

2) 미국에서 인플레이션이 현재의 비율로 계속되고 외국인 투자자들이 미국에 본거지를 둔 기업들에 도전을 계속하는 한 기업의 집중적인 비용절감 계획은 국면 II 기간 동안과 그 이후에도 계속될 것이다. 더구나 가격통제가 계속되고, 정치적 이유로 현재 그러한 것보다 더욱 효과적이 되지 않을 수 없는 한 더욱 집중적인 기업비용 삭감 노력을 위한 압력은 물론 더욱 커질 것이다. 이것은 또한 더 나아가 근로 조건 및 근로 기준을 더욱 악화시킬 것이다.

3) 임금 동결과 임금 통제가 지속되고 강화되는 한, 더 많은 노동자들이 그러한 조건을 받아들이거나 관용하는데 대한 대가로 보다 높은 임금을 요구하는 것은 악화되는 근로 조건을 보상할 수 없을 것이다. 노동자들은 더욱 직접적인 방법으로 근로 조건 및 근로 기준의 악화에 대처하지 않을 수가 없을 것이다. 근로 조건 및 근로 기준, 작업 규율을 둘러싼 투쟁과 파업은 확산되고 강화될 것이다. 불만처리 시스템은 점차 비효율적이 되고 무시될 것이다. 불만은 더욱 더 직접적인 수단에 의해 해결될

것이다. 지역의 불만을 둘러싼 파업권은 점차 일반노동자의 인기 있는 요구 사항이 될 것이다.

4) 임금 통제 자체가 임금을 억제하고 기업이윤에 보조금을 줄 때 비효율적이거나 불충분함에 따라 기업과 행정부는 생산성 교섭을 발전시키고 제도화하는 것을 더욱 강조하게 될 것이다. 상응하는 보수의 인상 없이 노동자들로부터 더 많은 생산성을 쥐어짜내는 것은 단위 노동비용을 낮추고 그리하여 기업의 이윤을 증가시킨다. 임금 통제와 생산성 교섭은 노동자의 임금을 압박하는 하나의 동전의 양면이 되었다. 생산성 교섭은 노동자의 추가적인 화폐 소득을 확립된 작업 규칙의 기준 및 관행으로 바꿔버리는 것을 의미한다. 임금 통제와 생산성 교섭에 대한 이러한 이중의 공격은 노동자관리 요구를 제기하기 위한 잠재력을 만들어내는 앞서 설명된 작업장 여건의 발전을 크게 가속화시킬 것이다.

5) 새롭고 더욱 효율적인 반 파업법을 함께 도입한 것 이외에 임금 통제, 생산성과 생산성 교섭에 대한 증가된 강조는 일반적으로 단체교섭에 대한 삼면 공격이 된다. 결과적으로, 그런 공격의 성공은 생산성 증가라는 기준을 제외한 어떤 다른 기준에 근거한 모든 단체교섭의 폐지를 유도할 수 있었다. 노동자관리에 대해서, 새로운 반 파업법은 임금 통제의 효과와 유사한 효

과를 가진다. 그 법은 근로자들이 보다 높은 임금을 수용함으로써 악화된 근로 조건에 대해 보상하는 것을 훨씬 더 어렵게 만들 것이다. 게다가 그 법은 생산성 공세에 대항하여 그들 스스로를 방어하기 위한 근로자들의 능력을 심각하게 저해할 것이다. 반 파업법은 고용주들이 더 엄격한 임금 통제와 생산성 교섭을 통해 단위 노동비용과 노동자의 실질 소득을 감소시키는 망치가 되었다.

6) 닉슨의 다양한 교역 및 조세 프로그램이 소득 재분배와 기업 보조금에 대한 자신들의 기본적인 목표를 달성하지 못하는 한, 철저한 임금 통제와 생산성 교섭의 증대 그리고/혹은 확대에 대한 압력은 더욱 커질 것이다. 그 결과 노동자관리 요구의 가능성은 더욱 커질 것이다.(게다가 임금통제의 효과는 더 적어질 것이고 생산성 증대는 더욱 강조될 것이며, 그 역도 성립할 것으로 기대될 수 있다.)

7) 기업이 임금 통제 및 생산성 교섭에 의해 단위 노동비용을 억제하는데 실패하면 할수록, 닉슨 행정부가 더 자유로운 화폐가치 하락 규칙, 더 많은 세금투자 신용대부, 연구 개발비에 더 많은 보조금 지급 등등을 통해 다른 고정 비용들을 떠맡을 필요성은 더 커질 것이다.

8) 마지막으로, 대개 기업의 비용(고정비용 및 임금)을 억제하기 위한

노력이 덜 성공적일수록, 기업의 수요와 판매를 자극함으로써 이윤폭을 보호하고 확대하기 위한 압력은 더 커질 것이다. 이것은 경쟁하는 외국 기업들을 직접 희생시키고 미국에 본거지를 둔 기업들을 위해 세계 시장에서 상대적으로 큰 몫을 되찾음으로써 혹은 외교적 수단을 통해 두 개의 거대한 나머지 세계 시장 즉 중국과 구소련을 개방시킴으로써 생겨날 수도 있다. 공산주의 진영 국가들과 함께 무역을 확대하고 강화하는 것은 닉슨의 단계 III의 무역 정책의 핵심을 이루고 있다; 그것은 또한 그가 1972년 중국과 구소련을 방문한 주요 이유였다. 그러나 닉슨이 교역과 세계 시장에서 차지하는 미국의 몫을 비교적 단기간에 걸쳐 확대함으로써 이윤에 대해 보조금을 지급하는 것이(보다 낮은 생산비를 통해서라기보다는 오히려 판매 증대를 통해) 충분히 성공적임이 입증되어 단기적으로 임금 및 근로자들의 수입에 대한 기업의 전반적인 공격 필요성은 다소 줄어들거나 혹은 심지어 뒤로 미뤄질 가능성이 상당히 크다. 그러나 임금, 단체교섭, 그리고 근로 조건에 대한 이런 직접적인 공격은 비교적 장기간에 걸쳐 이루어질 것임에 틀림없다. 그리고 그와 함께, 노동자관리를 위한 새로워진 가능성들이 나올 것이다. 더욱 자유로워진 화폐가치 하락, 세금투자 유인책(incentives), 연구 및 개발비 등과 같은 세금 정책 및 각종 인허가 정책을 통한 기업 보조금 지급에 대해서도 동일한 견해가 주장될 수 있다. 이러한 조치들은 가까운 미래에 있어서의 압력을 다소 경감시킬 수 있지만, 결과적으로 새로운 통제와 생산성 교섭을 함으로써 임금에 대해 보다 큰 새로운 공세를 초래할 것이다.

VI

결론적으로, 현재 노동자관리 문제를 제기할 수 있는 잠재력은 근로조건, 근로기준 및 노동관행의 점증하는 악화에 뿌리를 두고 있으며 그리고 그 악화의 기초가 되고 그 악화를 초래하는 다양한 사회적 · 경제적 세력에도 뿌리를 두고 있다고 말할 수 있다.

지난 10년 간의 역사를 살펴보면 미국 경제가 극히 자유로워진 세금 및 화폐가치 하락 프로그램에 의해 기업에 직접 보조금을 줌으로써 그리고 게다가 랜드룸-그리핀법(Landrum-Grinffin Act)과 1965년까지 "자발적인" 임금지표 도입의 형태로 조직화된 노동자에 대한 보다 효과적인 공격에 의해 1958-61년 동안의 경기불황과 경기후퇴로부터 일시적으로 벗어날 수 있었음을 알 수 있다. 이것은 또한 동남아시아에서의 전쟁에 의해 그리고 전쟁이 만들어 낸 거대한 규모의 연방 정부의 지출 즉 대개 기업의 수입이 되고 마는 지출에 의해 어떤 적은 부분에서도 결코 성취되지 않았다.

그러나 1969년 후반에서 1970년 초에서 시작된 현재의 불경기와 경기 침체의 발단은 1958~61년의 불경기를 끝낼 책임을 졌던 바로 그러한 프로그램들과 정책들, 다시 말하면 전비 지출을 통한 기업 이익에 대한 보조금 지급과 지난 10년 간의 다양한 세금 인하 및 임금통제 프로그램들에 기인하고 있다.

의심할 여지없이 전쟁은 경제에서 높은 인플레이션율의 주요한 원인이 되어 왔다. 그러나 인플레이션의 배후에 있는 다른 중요한 요인은 60년대 후반에 대다수의 미국 기업들에 의한 과도한 팽창 및 투자였으며 그리고 이것이 초래한 기업의 고정 비용의 급증이었다. 현재 인플레이션의 원인인 전쟁과 과도한 경제팽창은 서로 배타적이지 않지만 그러나 사실 상호 보완되는 발전을 해왔다. 전쟁과 과잉 팽창은 모두 국내와 국외 양자 모두에서 외국인 경쟁자들의 수요 및 판매고와 비교해 볼 때 미국 생산품들의 수요 및 판매의 상대적 감소를 초래하는데 있어서 중요한 역할을 해 온 인플레이션에 대한 책임이 있었다. 전쟁과 과잉 팽창은 양자 모두 1969~72년 시기의 불경기와 인플레이션 그리고 그것의 기초가 되는 장기간에 걸친 기업 이윤 위기의 발생에 책임이 있는 주요한 경제적 요소임이 드러났다. 1969년 이래로 다양하고 집중적인 비용 절감 프로그램과 노동자해고 관행을 도발해온 것은 기본적으로 이러한 동일한 기업 위기였다. 그리고 이번에는 이러한 프로그램들과 관행은 노동자관리 사상과 노동자관리 요구의 제기에 도움이 될 수 있는 작업장 수준의 조건과 압력을 불러일으키기 시작해왔다.

1970~71년을 통한 기업위기가 지속되고 악화됨에 따라, 감소한 이윤에 대해 보조금을 주기 위해 더욱 직접적이고 포괄적인 프로그램을 도입할 필요성이 점점 더 커졌다. 이러한 부가적인 프로그램은 한

편으로 기업의 생산비를 저하시키고 다른 한편으로는 기업의 수요 및 판매의 확장을 목표로 한다.(낮은 생산비용과 보다 많은 판매 양자 모두는 기업 이윤폭의 확대를 가져다주는 것이다.)

비용통제 프로그램의 핵심은 자유화된 화폐가치 하락 규칙, 보다 큰 규모의 기업세금 감면, 연방정부에 의한 기업의 연구개발비 지원, 게다가 더 중요한 것은 임금 통제를 활용한 임금 비용에 대한 직접적인 공격이다. "판매확대" 프로그램의 중심에는 달러의 유동화, 수입 과징금 부과, 미국수출품 보조금, 평가절하 등등에 의하여 세계 시장(미국시장과 국외시장 모두)에서 미국 기업들이 상대적으로 더 큰 몫을 얻도록 도와주려는 연방 정부의 노력이 있었다.

지속되는 이윤폭에 대한 압력은 다음의 결과를 기대할 수 있다. 1) 더 많은 기업 세금의 감면 2) 여전히 더욱 자유화된 화폐가치 하락 규칙 3) 더욱 강력한 임금통제, 생산성 교섭의 도입과 제도화, 그리고 일반적으로 조직화된 노동자와 특히 파업권에 대한 법적인 공세에 의한 단체교섭에 대한 전면적인 공격 4) 세계 시장에서 보다 큰 점유율을 차지하기 위한 미국과 외국 자본 경쟁자들 사이에 다양한 형태를 띤 경쟁과 갈등의 증가 5) 공산주의 진영과의 무역의 급속한 팽창.

기업 이윤에 보조금을 더해 주는 것에 대한 위의 접근 중 어느 것이 다음 수 개월간 강조되어야 하는지는 각각의 상대적인 성공에 좌우될 것이다. 그러나 다양한 무역과세 접근이 여러 가지 정치적 이유로 비효과적이고 너무 느리거나 거의 불가능함이 입증되는 한, 임금에 대한 기업 및 정부의 전반적인 공격 가능성은 더욱 커질 것이다. 만약 이 경우에 일반 미국 노동자는 자신의 소득으로 감소하고 있는 기업의 소득에 보조금을 주는데 따른 비용을 떠맡게 될 것이다. 임금 통제와 생산성 협정은 일반적인 반대 파업과 반노동자 입법 공세에 의해서 물론 지지를 받게 될 실제 임금에 대한 공격의 핵심이 된다. 현재 존재하는 바와 같은 단체교섭은 파업할 권리가 그러했던 것과 마찬가지로 분쇄될 것이다.

그러나 발전이 이 단계에 이르기 전에 지난 수십 년간에 걸쳐 투쟁을 해오면서 얻어낸 확립된 근로기준은 크게 악화될 것이다. 그 사이에 노동자관리의 개념을 소개하고, 확대하고 그리고 발전시킬 잠재력이 급속히 성장할 것이다.

G. D. H. 콜

10 노동자관리의 정치 : 회고

_ 데이비드 가르손(David Garson)

10

노동자관리의 정치 : 회고

데이비드 가르손(David Garson)

최근 공장과 사무실에서 노동자의 자주관리 개념에 관한 관심이 고조되고 있다. 그 관심은 학술논문, 정당논쟁, 노조 요구서, 경영 실험 보고문, 정부계획안, 우발적인 혁명 활동 등등에서 나타나고 있다. 본서에서 선정된 논문들은 최근 몇 년 사이 본 주제에 관하여 발표된 거의 사십여 편의 문헌과 팜플렛에 관하여 논의한 것들이다. 야로슬라브 바네크가 『*참여 경제 The Participatory Economy*』에서 논의한 것처럼 노동자자주관리를 향한 점차 증가하는 세계적인 운동은 노동–경영의 경제를 위한 사회적 진화발전의 수렴점이 되지 못할 수도 있다. 그러나 적어도 이것은 우리 세대의 계급투쟁의 중심 주제인 것은 분명하다.

그 운동이 성장함에 따라 최근 지적 논쟁이 좌파의 방향으로 움직이 가고 있다. 공동 협상제, 인간관계, 심지어 이윤 분배와 국유화를 추구하는 자유주의적 구도는 노동자자주관리를 실험하고자 하는 모든 이들에게는 피상적인 것에 지나지 않는다. 이제는 노동자 자주관리가 과연 "작동할 수" 있을 것인가에 관한 논란은 "어떤 조건 하에서 노동자자주관리가 가장 잘 운영될 수 있을까?" 라는 물음으로 바뀌고 있다. 그러나 "노동자자주관리"의 정치는 여전히 대부분의 나라에서 경영권을 "축소해 가는" 방안으로서 협상과 단체협상이라는 극도로 제한된 가능성에다 초점을 맞추는 개량주의 정치로 남아 있다.

이 운동의 범위는 본 논문에서 다루는 무수한 주제들이 정해 줄 것이다. 본 책은 노동자관리에 관한 일반적 경우에 대하여 논의한 후, 급진주의의 배경과 노동조합주의와 관계에 영향을 미치는 기사를 다룬다. 이 주제들은 영국과 캐나다에서의 노동자관리 운동에 관한 논의에서 잘 예시되어 있다. 본 책은 독일, 프랑스, 스칸디나비아, 벨기에에서의 실험들을 차례차례로 논의하고 그 뒤를 이어서 그보다는 덜 발달된 이스라엘, 인도, 그리고 알제리아의 경우를 다루고 있다. 마지막으로 폴란드, 헝가리, 체코슬로바키아 그리고 유고슬라비아의 경우가 검토되고 있다. 여기서 나타난 사실들은 자주관리 없는 노동자의 참여가 대체로 실패한다는 것, 경영과 동맹세력이 진정한 노동자관리를 막으려고 한다는 점, 노동자관리를 쟁취하기 위한 노동자들의 우발적인 활동들, 진지하게 시도된 곳에서 거둔 복잡하긴 하지만 가망성 있는 결과에 관한 유형들이다.

노동자관리를 위한 사례

폴 블룸버그의 『*산업민주주의 : 참여의 사회학 Industrial Democracy : The Sociology of Participation* (1968)』은 노동자자주관리를 다룬 매우 유익한 출발서이다. 저자는 국유화, 공동협상, 그리고 소비조합이라는 자유주의적인 대안들의 실패 상을 제시한 다음에, 어떻게 하여 자유주의적 연구가 경영의 관심사를 강조하고 노동자 참여의 긍정적 효과를 무시하기 위하여 그릇 해석하고 있는지를 보여 주면서 경영의 인간관계 학파를 강조하는 고전적 실험들을 검토한다. 일련의 사회학적 연구들에 관한 블룸버그의 검토는, 비록 일반적으로 경영의 관심사와 더욱 작은 집단과 관련 있는 연구에만 국한되어 있지만, 노동자의 참여 확대가 더 높은 만족도와 생산성을 가져다 준다는 것을 보여 준다. 이론적 측면에서 블룸버그는 그 저작의 한 章에서 단체 협상에 매달리는 노동조합주의를 산업민주주의라고 보는 일반적인 보수적 사상을 반박하는 입장을 설득력 있게 보여주고 있다. 급진파들은 이것을 사소한 것이라고 보겠지만, 많은 여타 논문들은 왜 노조가 노동자의 정당과 다르며, 왜 회사가 행정부와 다른가를 분명하게 이해시키는 데에 커다란 도움이 될 것이다. 블룸버그는 공산당 연맹과 의존적 경영이 주도하였던 〈유고슬라비아 노동자평의회〉가 비효과적이었다고 보는 주장을 반박하고, 유고슬라비아의 실험을 매우 유익하게 개괄하면서 결론을 맺고 있다. 그러나 결론적인 연구는 다소 한계가 있다. 급진파들은 다시 안드레 고르슈의 초기 저작인 『*노동을 위한 전략 : 한 급진적 제안 Strategy for Labor : A Radical Proposal* (1964)』에서 제기한 급진적인 주제들을 소홀히 다루면서 그 보다는 직업 지향의 방향에서 주로 공격하는 본 책의 특성에 실망할 것이다.

고르슈의 저술은, 비록 블룸버그의 경험적 차원을 결여하고 있지만, 노동자자주관리를 쟁취하기 위한 전략적 사례를 개괄하는 데에 매우 유익할 것이다. 고르슈는 임금인상을 위한 단체협상이 한편으로는 노조들을 상호 선별(co-opt)할 뿐이며, 다른 한편으로는 국민 소득에서 노동계급의 몫을 증가시키는 데에는 실패하도록 유도할 점차 소멸해 가는 운동이라고 주장한다. 이것은 임금인상이 결국 환상이며, 재빨리 물가 인상, 생산촉진, 정리해고, 작업장에서의 기술변화에 의해 상쇄되어 버리는 것으로서, 이미 오래 전에 자동차 노조의 경우에서처럼 노동조합주의자들이 오랫동안 주장해 왔던 경고사항을 생각나게 한다. 또한 고르슈의 주장은 최하위 작업장의 의제 즉 노동자자주관리란 무엇인가라는 의제를 둘러싸고 생겨나는 행동파의 성장과 하위 간부들의 형성을 이해하는 데에 밀접한 도움이 될 것이다.

블룸버그가 기여한 바는 이 주제가 초창기의 무수한 논의를 중심으로 미국에서 신속히 확산되어 갔다는 점이다. 인기 있는 사회과학 학술지인 『*Trans-Action*』의 1965년과 1966년 사이의 일련의 논문들이 초창기의 대담함을 잘 보여 주고 있다. 이 논문에서 경영사회심리학의 인간관계 학파의 지도자인 워렌 베니스는 관료적 위기와 결합된 교육 받은 노동자들은 직장에서 점증하는 개입, 참여 그리고 자치를 향해 간다는 사상을 피력하였다. 〈국제여성복노동자 조합〉의 과거 지도자였던 윌리암 곰베르크는 이와 같은 인간관계 접근법이란 단지 조작된 가짜 참여였다고 맹비난하고 그것을 근거로 했던 베니스와 〈하워드 회사〉의 실험을 비판하였다. 사회 심리학자이자 〈하워드 회사〉의 회장인 알프레드 마로우는 노동자들이 진정한 참여를 경험하였으며 그들도, 노조도, 이십 년간의 계획에서 조작이라고 불평한 적이 없었다는 사실을 들면서 당시의 그 실험을 옹호하였다. 요약해서 말하자면, 초창기의 많은 논쟁들은 초창기의 참여가 어떤 관점에서는 제한적인 성공은 거두었으나, 대부분 회사 어용노조 시절을 생각나게 하는 경영이 주체가 된 실험들로서 매우 경영 지향적이라는 점을 지적하였다.

영국에서 이런 문제들은 켄 코우트와 토니 토팜의 널리 알려진 팜플렛, 『*참여인가? 통제인가? Participation or Control?*』에서 더욱 날카롭게 제기되었다. 노동자자주관리를 위한 영국인들의 운동에서 유명하게 두각을 나타 낸 저자들은 국유화는 관리 위원회와 더 큰 계획 과정과 연관짓는 데에 필수불가결한 노동자자주관리 전략의 본질적인 부분이라는 점을 밝혀내었지만, 동시에 그들은 어떻게 해서 국유화가 "사업가의 생디칼리즘"의 한 유형이 되어가는 지를 보여 주었다. 코우트와 토팜은 노동당이 산업민주주의와 전시에 공통된 공동협상제(휘틀리 위원회)와 동일시하는 것을 거부하였으며 생산성 협상과 같은 비관리 "참여"에 해당되는 현대적 참여를 비판하였다. 베니스와 곰베르크와 달리 코우트와 토팜이 이런 관점에서 논의하는 것은 영국노동 내의 정치화와 급진적 전통을 더욱 두드러져 보이게 한다.

노동자관리의 좀 더 일반적 사례는 영국의 정치이론가인 캐롤 페이터만(Carole Paterman)의 『*참여와 민주주의 이론, Participation and Democratic Theory* (1970)』에서 매우 잘 설명되어 있다. 특별히 G.D.H. 콜과 영국의 길드사회주의자에게 특별히 관심을 기울이면서 루소에서 현대 사회 과학자에 이르기까지, 참여와 반 참여 이론가들을 비판적으로 분석하면서, 페이터만은 참여란 태도변화의 주요 수단이라는 사실을 논증하기 위하여 경험적 연구에 의존하고 있다. 특히, 그녀는 작업장에서의 참여가 의회민주주의만으로 충분히 개발되지 않는 태도, 즉 민주적 시민정신에 생동감을 불어 넣는 데 필수적인 일반태도를 발생시킨다고 주장하는 무수한 연구(블룸버그, 카우치와 프렌치, 트리스트, 멜만, 맥그레고르, 리케르트)를 인용하고 있다. 경영에서 노동자 참여를 위한 일반노동자들의 동기를 보여주면서 이 연구들은 우선적으로 작업장 수준에서 이루어졌다. 협상의 성격들(관리와 반대되는)을 다루는 높은 수준의 연구물(글라시엘 메탈, 존 루이스 파트너쉽, 스콧트 베이더 공화국 등)은 단지 협상이란 피상적인 실험이며, 이 수준에서의 참여가 노동자들에게 미치는 효과에 대해서는 전혀 말해주는 바가 없다는 점을 보여 준다. 페이터만은 저개발, 민족적 적대감, 문맹상태, 그리고 농업적 노동력에도 불구하고 상당한 성공을 거둔 유고슬라비아의 실험을 검토하면서 결론을 내린다. 그녀는 유고슬라비아가 인플레이션에도 불구하고 엄청난 성장률을 달성했다는 점을 지적하였으며, 노동자평의회가 공산주의자 연맹과는 독립적인 입장을 취하고 있었다는 것을 증명하기 위하여 콜라야(Kolaja)의 연구에 의거하고, 고위 경영의 사항들이 정규적으로 분석되었음을 보여 주기 위해 1962년 ILC 연구에 의거하여,

회사 사장 선거에서 노동자위원회가 빈번하게 결정권을 가지고 투표한 사실들을 보여주기 위해 싱글톤과 토팜의 연구에 의거하였다. 또 다른 한편에서 그녀는 노동자 주택문제 문제에서 부두 노동자들 위원회의 고무도장과 같은 복잡한 결정을 보여주는 스테판의(미출판된) 연구와 같은 부정적인 증거를 인용하기도 하였다. 이와 유사하게 페이터만은 노동자위원회에서 숙련노동자들이 과도하게 대표권을 행사하였다는 점을 발견하였고 비록 유고슬라비아가 참여사회로 발전하는 데에 오랜 시간이 걸렸지만 그것은 바람직할 뿐만 아니라 가능하다는 사실로 결론을 맺었다.

노동자자주관리, 급진주의, 그리고 노동조합주의

노동자자주관리에 대한 보수주의자들의 반응은, 비록 자본주의 국가에서 협상과 참여의 구도에서 취사선택을 회피하지만 전시에 공동위원회를 실험했던 체험을 지적하고 또 유고슬라비아를 위시하여 공산주의 국가에서의 금주파업을 지적하면서, 서구의 노동조합주의 유형이 산업을 민주화하고 있다는 주장이었다. 이 주장에 근거를 대고 있는 문헌은 휴 클레그(Hugh Clegg)의 『*산업민주주의를 향한 새 접근, A New Approach to Industrial Democracy* (1960)』과 밀턴 더버(Milton Derber)의 『*산업민주주의의 미국적 사상, The American Idea of Industrial Democracy* (1970)』이다.

급진주의자들은 종종 노동조합을, 일반 노동자들의 즉흥적인 잠재적인 급진주의를 관료적으로 제동을 거는 보수적인 것으로 보고 이와 반대 입장을 취한다. 무정부주의자들과 "위원회 공산주의자들"은 전시 자본주의적 실험과 공산주의적 실험 둘 다 진정한 노동자자주관리의 시험이 아니라 국가주의적인 조작으로 보고 있다. 그 대신 그들은 1968년의 돌발적인 파업과, 스페인 혁명, 좀 더 최근에는 1968년 이래 프랑스와 이탈리아에서 결성된 노동자위원회의 즉흥적인 조직에 관심을 돌린다. 일부는 유고슬라비아 사례를 표명된 국가주의적이고도 비민주적인 요소 때문에 부정적으로 보기도 하고 또 일부는 넓은 기초 풀뿌리 계층의 지지와 국가주의를 감소시키려는 이념적 입장 때문에 비판적 지지를 보이기도 하였다.

이와 같은 입장으로 최근에 출판되었거나 재출판된 문헌은 영국 학술잡지 〈Anarchy〉의 특별호에 게재된 알란 스피처(Alan Spitzer)의 논문, 『*무정부주의와 문화 : 페르낭 펠루티에와 혁명적 생디칼리즘의 딜렘마, Fernand Pelloutier and the Dilemma of Revolutionary Syndicalism*』이다. 펠루티에는 20세기 초 노동거래소 『*Bourses du Travail*』를 위해 조직된 노동계급의 투쟁적인 조직을 지도한 무정부주의적 언론가로서 노동거래소를 중심으로 한 노동자자주관리를 위하여 그 시대의 노동조합 내부의 사회주의적 정치 행동을 비판하면서 투쟁을 벌인 인물이었다. 이런 예가 노동조합을 통한 노동자자주관리의 추구를 비판하는 급진주의적 논쟁들에게 일부 지지를 보내 줄 수 있지만, 이것은 동시에 19세기 미국의 개량주의의 "문화적 성장"과 비슷한 노동자 조직의 중산계급의 지도부의 실패라는 관점에서 해석될 수도 있다.

안토니오 그람시의 논문들 『*1920년의 투린 : 공장원회와 총파업 Turin in 1920 : Factory Councils and the General Strike*』과 『*이탈리아에서의 평의회 Soviets in Italy*』는 노동자자주관리에 대한 유일한 수단으로서의 노동조합주의에 대항하는 급진적 논의에 열을 가하면서 재출판되고 널리 유포되어 왔다. 그람시는 오르딘 뉴오보(L'Ordinoe Nuovo)가 진전시킨 노동자평의회 사상이 특히 어떻게 하여 기관차 공장에서 그처럼 급속히 확산되었으며, "충동적이며 우연적인 파업을 잘 조정되고, 의식적이며 혁명적인 표현을 갖춘 파업으로 전환하는데 이바지 할 수 있었던가를 설명하면서, 실패했던 1920년의 총파업을 개괄하였다. 공장위원회 운동은 그람시에게 "노동조합의 총체적 관료적 기구에 대항해서 투쟁할 필연성"의 교훈을 가르쳐 주면서, 동시에 사회주의자들과 노동조합의 간부들로부터의 저항을 받으면서도 공산주의자들과 무정부주의자들로부터 지지를 받았다. "이탈리아에서 평의원회"에 관한 논문에서 그람시는 노동조합주의는 자본주의적 형태라는 사실을 주장하고 또한, 두개의 혁명이 필요하다는 것 즉 하나는 프롤레타리아적인 공산주의 체제 수립을 목적으로 부르주아적 국가에 대항하는 혁명투쟁이며, 다른 하나는 해방된 생산 형태를 수립하기 위하여 자본주의적 산업 형태에 저항하는 혁명투쟁이라는 견해를 피력하였다.

최근에 출판된 이러한 전통의 마지막 대표적 사례는 1942년 나찌

점령 시기 홀란드에서 저술한 안톤 판네코에크의 『*노동자평의회 Workers' Council*』이다. 노동자자주관리가 자발적 연합이나 국가 행동에서 등장한다는 해석과 달리 판네코에크는 노동자평의회를 점점 중요해지는 우발적인 파업의 자연발생적인 성장으로 보고 있다. 그는 말하기를, "이러한 유형들은" 기민한 계획에 의해서가 아니라 낡은 조직들(노조들)이 도저히 더 이상 진지하게 투쟁할 수 없는 것에 저항하여 자본의 우월한 힘에 의해 촉발되어 자연발생적으로, 막아낼 수 없는 형태로 나타나는 것이다. 노동조합이나 정당조직의 약점과 대조적인 자연발생적인 행동에 대한 이 같은 낙관주의는 부분적으로는 저자의 전쟁 동안의 전망을 반영하는 것인 바, 판네코에크의 주장은 고르슈와 제레미 브레헤르의 전후의 미국 노동사의 최근 해석 판인, 『*파업하라! Strike!*』에게서 그의 쌍벽을 찾을 수 있다.

영국에서 노동자자주관리의 전통

노동자자주관리에 대하여 보수주의적이든, 무정부주의적이든, 국가주의적이든 또 다른 입장이든 간에 그 모든 것은 영국 노동자자주관리 운동의 기나긴 역사 속에 들어 있다. 보수적인 접근은 일란 프란더즈, 루스 포메란쯔와 죠안 우드워드의 연구저서, 『*산업민주주의에서 실험 : 존 루이스 동업회사의 연구, Experiment in Industrial Democracy : A Study of the John Lewis Partnership* (1968)』 속에 실험들이 구체적으로 나타나 있다. 1914년으로 거슬러 올라가는 이 실험들은 부분적으로 노동조합주의의 대안으로 영국과 미국의 "진보적" 고용주가 각자 따로 실시한 참여 실험의 대표적 사례들이다. 본질적으로 〈 죤 루이스 동업회사〉는 "정상적 상황에서 사업상 좋은 것에 대한 사장의 견해가 다른 모든 것보다 우위를 누리며," 보상제가 회사 내의 "기존의 계서제 구조를 강조하는" 가운데 이윤분배제와 협상제를 갖춘 백화점이다. 보스톤의 〈필렌느 백화점〉에서의 실험도 마찬가지로 노동자관리에 관한 한 경영권의 양보는 결코 포함하지 않았다.

이와 대조적으로 켄 코우트와 토니 토팜은 『*노동자자주관리, Workers' Control* (1970)』에서 노동자자주관리에 관한 노동조합 측의 접근에 관한 사료를 함께 제시하고 있다. 이 저자들은, 오웬주의자들에 관하여 개관한 다음, 당시 물가가 임금을 앞지르고 임금요구와 노동조합화의 물결이 급속히 확산되던 1908-11년대의 중앙 노동자단, 『*광부들의 다음 행보 The Miners' Next Step*』(고전적 노동자자주관리 팜플렛)를 포함한 기초 풀뿌리 운동의 형성에 관하여 논하고 있다. 노동자자주관리에 관한 논의는 이 사건들과, 톰 만의 저서, 『*산업 생디칼주의자, Industrial Syndicalist*』와 다양한 소집단들에 의하여 전개되었다. 지식인들 사이에서 이러한 조류는 초기 길드사회주의자들과 동시대인인 "다원주의적" 저술가들(벨로그, 피기스, 펜티)에 의해서 획일적, 국가주의적, 사회주의적 집산주의를 배격하는 가운데에 나타났다.

코우트와 토팜은, 맨체스터 시에서 공채를 주 재원으로 삼아 2,000호의 주택을 짓기 위하여 동맹한 노조들의 기부금으로 시작한 건설업 분야에서의 길드사회주의자들의 성장을 검토하였다. 보다 앞선 "건축업자들의 의회"가 휘틀리 위원회(제 1차세계대전 시대 협상기구들)에 흡수되었으나 새로운 전국적 길드의 초기 성장이 정부 보조금의 취소와 자본의 부족에 직면하자 급속히 와해되고 말았다. 점차 G.D.H. 콜과 여타 길드 옹호주의자들은, 페비안주의자들의 찬성 하에 노동자자주관리가 배제되자, 그들의 견해를 재정립하였다. 그러나 그들은 "공산주의가 어떻게 하여 생디칼주의자들에게 전면적으로 승리 하였는가"를 설명하고, 다른 접근법이 보여준 실패와 대조적으로 노동자 권력을 향하여 문제점이 많은 과정이긴 하나 공산주의 방법이 매우 희망적인 것으로 제시하면서 공산주의의 매력이 길드 쇠퇴의 주된 원인이라고 주장하였다.

코우트와 토팜은 그 다음 1917년 파업에서 성장한 작업장 십장운동이 적색 노동조합 인터네셔날에 흡수되는 과정을 문서로 정리하기 시작하였다 ; (이들은) 광산업과 철도 분야에서 제안된 국유화 계획 ; 공산주의의 지원 하에 1935년 호우커 파업으로 시작된 일반 노동자운동의 부활 ; 처칠의 공산주의 지원 시기와 "생산의 전쟁" 시기 동안 파업의 와해에 대하여 저술하였다. 공산주의자들이 냉전의 시작 이후 뒤늦게 다시 일반 노동자들의 투쟁을 지원하자, "분위기는 변화하기 시작하였다."

양 저자는 제 2차대전 이후 작업장 십장의 수적 급성장의 결과 탓으로 전개된 영국에서의 노동자자주관리를 위한 현대적 운동에 관한 논의로 결론을 맺는다. 1947~61년 사이 직접적인 작업장 협상에 대한 강조와 십장의 역할 강화와 더불어, 작업 중단이 23% 증가하였고 작업일 수는 82% 상실되었다. 과잉 정리해고에 대항한 실업투쟁이 이 운동의 중심 주제였으며, 작업장 십장운동의 노동자자주관리 전통을 재발견하도록 도운 "신 좌파"의 등장으로 운동은 더욱 호전적이 되었다.

나머지 절에서 코우트와 토팜은 노동자자주관리 운동의 성장을 검토하고, 정부의 소득정책과 비참여 노사관계 정책에 대한 저항 운동을 추적한다. 1968년 무렵에 사상 최초로 500여 명의 일반 노동자 대표단이 〈노동자자주관리대회의〉에 참가하였으며 노동자자주관리 연구소가 설립되었고 약 1,100명의 대표들이 〈1969년 대회〉에 참가하였다. 초기 동맹자들 사이에 〈수송 및 일반 노동자 조합〉의 집행부 부서기인 잭 존스와 공무원 전국노조의 총 서기가 있었다.

작업장 십장운동에 관해서는 1964년 페이터 터너가 쓴 논문, 『*노동조합 운동의 역사와 역할, "History and Role of the Trade Union Movement"*』과 1963년 반장 및 십장 법원 규약에 관하여 논의한 빌 크리스토퍼의 논문, 『*노동조합 대 법률, "Trade Union vs. Law,"*』에서 훨씬 더 많은 배경을 알아 낼 수 있다. 『*뉴 레프트*』 내의 토론에서 노동자자주관리가 작업장 운동으로 머물러 있어야 하는지 아니면 광범위한 사회주의적 운동의 일부가 되어야 하는지에 관한 다소간 추상적인 논쟁이 벌어졌으며, 이 논쟁은 ("뉴 레프트 여름학교"에서 쓴 데이비드 암스트롱의 논문, 『*노동의 의미 "The Meaning of Work,"*』와 데니스 버트의 논문, 『*노동자자주관리, "Workers' Control"*』에서 잘 예시되어 있다. 『*뉴 레프트*』에게 보내는 1967년 노동자자주관리대회의의 참가

보고서는 제프리 오스터가아드의 팜프렛, 『*노동자자주관리 : 당파에 관한 사상 "Workers' Control : An Idea on the Wing,"* (1968)』이 그것이다. 십장 운동의 한 가지 측면으로서 "불한당 gang" 즉 "자유집단계약제"에 관한 노동자자주관리 실험의 묘사는 두 개의 다른 논문들, 콜린 워드의(퍼어거슨 트랙터 공장의 멜만의 연구를 논의하는) 『*노동자자주관리와 집단계약 "Workers' Control and the collective Contract"*』과 제임스 질레스피의 (던함 광부 조직에 관해서 논의하는) 논문, 『*노동에서 자유를 향하여 "Toward Freedom in Work"*』 속에 포함되어 있다.

노동자자주관리에 대한 노동조합주의자들의 초기 반응은 켄 코우트가 편집한 책, 『*노동자들이 산업을 경영할 수 있을까? Can the Workers Run Industry?* (1968)』에서 추측해 볼 수 있다. 이 책은 연료산업, 보건, 철강산업, 조선업, 자동차산업 그리고 항공산업의 대표자들을 위해서 또 이들에 의해서 쓰여진 노동자자주관리 계획의 개관을 포함하고 있다. 비록 관점들은 매우 다양하지만, 대체로 이 책에 투고한 노동조합 기고자들은 관리권 없는 희석된 형태의 참여의 위험성을 충분히 인식하고 있음을 보여주고 있으며, 동시에 노동자자주관리를 향한 비교적 탈 이념적인 실용적 정책에 훨씬 더 큰 관심을 표명하고 있다. 아마도 AEF의 부서기이자, 잡지 『*노동조합의 목소리, Voice of the Unions*』의 창간자이기도 한 에르니 로버트의 논문, 『*노동자자주관리와 노동조합들, "Workers' Control and the Trade Unions"*』이 대표적인 것이다. 로버트는 노동자자주관리는 단지-혁명-이후를 위해서도 아니며, 한—공장에서의—사회주의를 위한 것도 아니라고 주장하고 대신, 해고와 고용을 위하여 전면적 관리권의 요구로 시작하지만 노동자자주관리의 궁극적 목표를 확실하게 유지하는데 필요한 사회변화를 위한 실용적이고도 장기적인 전략으로서의 노동자자주관리를 옹호한다.

노동당의 반응은 1967년 "노동당 보고서"에 나타나는데 이것은 국유화, 정보공개(주요 노동자관리 요구사항이었음)와 약간의 소 개혁을 추천하지만 노동자 위원회나 혹은 어떠한 것이든지 이원적인 대표통로를 거부하고 있다. 잭 존스와 여타 노동조합주의자들이 산업관계 전문가들과 학자들과 함께 기고한 이 보고서는 켄 코우트와 토니 팜이 쓴 노동자자주관리 연구소 팜플렛, 『*산업민주주의를 위한 노동당의 계획안, "The Labour Party's Plan for Industrial democracy*』의 논문에서 신랄하게 비판받고 있다. 코우트와 토팜은 기존 입법화(국유화, 파업권의 축소)를 탄핵하지 못한 점을 비판하고 적극적인 정책을 환영하였다.

"새로운 근본적 산업민주주의를 위한 급진적 요소"와 함께 1966년 조선업 국유화의 약속에서 보인 노동당의 초창기의 일부 우호적인 반응에도 불구하고, 1960년대 말 노동당과 BLP와의 관계는 매우 악화되었다. 이 점은 소득정책에 대해서 뿐만 아니라 의미 있는 노동자 참여를 결여한 조선업에서의 실질적인 계획들에 대해서도 마찬가지였다. 그리하여 1970년에는 노동자자주관리와 함께 조선업의 국유화를 요구하는 역사적인 일일 파업이 신속하게 전개되었다. (조선업에 관한 노동자들의 계획안은 『*노동자자주관리 Workers' Control*』 속에 ; 조선업의 위기는 IWC 정기보고서인 Bulletin, 2권, 6—8호에 묘사되어 있다)

노동자자주관리와 캐나다 노동자

안소니 캐류의 팜플렛, 『*산업민주주의와 캐나다, "Industrial Democracy and Cananda* (1968)』은 노동자자주관리에 대한 영국의 영향을 반영하고 있을 뿐만 아니라 노동자자주관리를 미국이 주도하는 법인체 기업 집중과 대립시키는 민족주의적 영향도 설명하고 있다. 노동자자주관리는 노동조합주의와 호선된 것이라는 논의에 대항하여 캐류는, 이 점에서 블룸버그의 논의와 나란히, 강력한 노조는 계속해서 노동자평의회와 상관없이 독립적으로 행동한다는 이론을 발전시켰다.

그러나 이와 꼭 같은 논쟁이 〈온타리오 우드워즈 재단〉과 〈프락시스 연구소〉가 후원한 노동자자주관리에 관한 〈1970년 대회의〉에서 다시 등장하였다. 게리 훈니우스가 편집한 『*산업민주주의와 캐나다 노동자, Industrial Democracy and Canadian Labour* (1970)』에서 보고하고 있는 이 대회는 학계, 정계, 노동계 대표들을 포함하였다. 레오 로박스의 논문은 미국적 유형의 단체협상에 대하여 점차 실망하고 노동자 참여에 관심이 커져간다는 점을 인용하고 CNTU의 마르셀 페핀과 QFL의 페르난드다우스를 언급하면서 용어와 의제를 정의하였다. 쟈끄 도프니는 노동자자주관리가 캐나다 노동조합들 사이에서의 변화와 지금까지 정계와 노동계의 대표들이 소홀히 했던 해방된 사회와 미래에 대한 전망을 요구한다고 주장하였다.

신민주당 소속 온 정계 대표들은 일반적으로 노동자자주관리를 지지하였으나 정치적 행동을 위한 논의를 강조하였다. 더 나아가 그들은 눈에 띄게 분열하였다 : 한 대표는 산업민주주의는 미조직된 노동자를 노동조합으로 가입시킴으로써 가장 잘 진전될 수 있다고 강조했고, 다른 대표는 경영권 정관을 침식하기 위한 집단협상의 시도를 지지하였으며, 세 번째 대표는 대표단들에게 "정치적 행동은 결정적인 전쟁을 벌여야 할 곳에 존재 한다"는 점을 지적하면서 노동자관리 주제를 수많은 의제(계약자, 빈곤, 평화 등등) 중의 단지 하나임을 강조하였다.

보수적인 노동조합주의는 이 대회에서 ICFTU 조직의 의장인 찰스 밀라드가 대표하였다. 그는 산업민주주의를 "분리된 강령"이라 부르면서 많은 것이 쟁취되어야 한다고 보는 매우 비관적인 사람으로서 "공장에서의 노동자와 마찬가지로 주주들도 시민들이다"라고 말하면서 희망을 위하여 새로운 동맹자에게로 향하였다. 다른 한편에서 강철 노동자 조직의 크리스 타워와 캐나다 공무원 노조의 안느레 베케르만과 CUPE(일반석에서 발언한 노동조합원은 말할 것도 없이)의 질 레빈은 일차적으로 단체협상을 통해서 그 다음은 공적 이사회에서 노동의 역할을 최대한도로 압박함으로써 노동자자주관리를 확대해야 한다고 발언하였다.

공동체 자주관리를 다룬 두 번째의 대회의가 1970년 가을에 지원을 받아 개최되었으며 게리 훈니우스는 그의 책, 『*캐나다를 위한 참여민주주의, Participatory Democracy for Canada* (1971)』에서 보고하였다. 약 사십 명의 노조주의자들이 참가한 이 대회에서 안드레 고르슈는 단체협상 전략의 교착상태에 대하여 앞서 언급한 바 있는 논쟁을 제시하고 예상외로 급성장한 노동자들의 투쟁성을 인용하면서 연설하였다. 고쉬의 주된 주제는 "일반인들 사이의 자유로운 토론과 의사 교환은 언제나 저항과 예상치 못한 파업행동의 폭발로 연결된다"는 것이었고 대중 위기 속에서 "정상적 시대"라는 것은 속임수이며 종종 노동자자주관리 투쟁을 중심으로 하는 투쟁성이 재등장한다는 것이었다.

노동조합 측 참가자들 가운데 베케만은 생산 조직 속에 뿌리 박혀 있는 권위주의는 캐나다에서 주류적인 권력 형태라는 것을 알리기 위하여 전시 정책 법안을 인용하였다. 투라우어는 "단지 경제적 사안에 대하여 협상함으로써 우리는 함정에 빠지는 경향이 있다"는 고쉬의 테제를 지지하였다. 〈광산, 공장, 스멜터 노동자 조직〉의 짐 테스터는 이원적 조직의 필요성에 관하여 고쉬를 지지하였으나, 동시에 그는 작업장 십장들이 "그들 자신의 권력구조를 형성하는" 수준까지 강화되어야 한다고 이의를 제기하였다. 강철업의 해리 그린우드는 일반 노동자들이 자신을 사업의 사회주의적 인수를 개척하리라고 기대하는 데 대해 경고하였다 : 그 대신 감독관들이 노동자들의 민중적 선택(반드시 선거는 아닐지라도)에 의해 지명되도록 보장받는 당면 과제에 행동이 집중되어야 한다고 주장했다.

공동체 자주관리를 향한 대회의의 분과 회의에서 후일 프락시스 연구소의 공동체 조직자가 된 하우워드 부흐빈더는 호선제(협상인가? 자주관리인가?)를 피하는 데에 연구소의 장외 투쟁이 결정적이었다는 교훈을 상기시켰다. 가동 중인 훨씬 더 큰 관료구조에 참여하기 위하여 일반 대표자들은 편협한 불만 사항을 뛰어 넘는 이념적 방향에 의해 유지될 필요가 있다. 다른 연설자들 역시 즉각적 참여에 대한 의식 계발의 우선적 필요성을 지지하였다. 그러나 이러한 관점들은 진정한 참여

(앞에서 언급한 대로 페이터만이 이의를 제기한 바와 같이)의 의식계발의 효과를 과대평가하고 있다고 비판하였다. 게리 훈니우스는 공동체와 노동자자주관리 사이의 동맹을 구축할 것을 호소하고, 의식적인 정치적 자기교육을 통한 이론과 실천 사이의 지속적인 상호작용을 촉구하면서 『*변화를 위한 전략들 "Strategies for Change"*』에 관해 결론적인 연설을 행하였다.

유럽의 노동자자주관리

프랑스는 노동자자주관리에 대하여 다양한 접근법 —국가 주도의 삼자 공동협상구조; 1968년 5월 폭동기의 자연발생적인 노동자평의회, 2차대전 이후 성장한 자생적인 실험들—을 체험한 나라 중의 하나였다. 1950년 끌레어 비숍이 『*공통된 모든 것, All Things Common*』에서 묘사한 대로 후자의 실험들은 유토피아적 자본주의자들이 시작한 약 40개의 "노동공동체"의 형태로서 모두 성공적으로 운영되어 노동민주주의에서 공동체 문화의 적절성을 증명해 주었으나, 경제의 모든 기초부문까지는 확산되지 못하고 국가로부터 공격받기 쉽다는 것을 보여 주었다. "국가가 주도한 노동자평의회"는 단지 공동협상구조의 실패 명부에 이름하나를 더 추가한 것에 지나지 않았다. 〈국제노동연구소〉의 보고서에서 알 수 있듯이, 이 실험들은 "고용주와 정부의 관점에서 이 운동을 무정부 상태로 방치하기보다 차라리 법적으로 허가하고 법의 테두리 내에 유지하는 것이 낫다"라고 본 2차대전 이후의 노동자들이 공장을 인수하면서 자연발생적으로 시작되었다. 고르슈가 믿고 있듯이, 전후의 자연발생적인 노동자평의회 운동과 1968년 위기가 미래에 확산될 정도로 충분히 의미 깊은 전통이 될 것인가라는 문제는 격렬한 논쟁거리이다.

독일에 관한 ILS 보고서는 공동 관리위원회의 노동자평의회 법(1946)과 뒤 이은 노동 규약법(1952) 그리고 공동결정법(1951) 이후 국가 주도의 노동자 참여의 성장을 논하고 있다. 이 보고서는 "상당히 많았던" 돌발적 파업의 사전 방지의 이유를 사회적 문제나 복지문제에서는 적극적이지만 실질적인 경제적 권력 면에서는 결핍되어 있는 노동자평의회의 운영 탓으로 설명한다. 최근 노동조합은 노동조합이 인사배정을 지명하고 감독이사회에서 50%의 대표를 갖고 있는 좀 더 확대된 구도로서의 공동 결정권의 확대를 모든 기업에 적용하도록 압박을 가하고 있다. 비록 노동조합이 이 체제의 유용성을 발견했지만, 이 보고서는 대부분의 연구가 일반노동자들에게는 별로 영향을 미치지 못하고 있음을 보여준다고 지적한다. 1965년 이래로 "작업장에서 공동결정권"은 이 문제에 관한 노동조합의 강령이었지만, 여전히 이것은 시행되지 못하고 있다. 그 사이에 공동결정권의 희석된 사례가 노동자자주관리 옹호자에게는 거의 금기사항에 가까운 유럽공동시장(Common Market)을 위한 유럽 노동법의 기초로 제안되고 있다.

이 제안이 스카디나비아의 유형(1968년 레만의 경영적 입장에서 본 연구들 ; 에머리와소로스루드의 연구들, 1969)으로 발전하는 것으로 생각될 수 있지만, 이것은 동시에 벨기에 총노동연맹(FGTB)과 같은 호전적 집단의 제안을 사전에 차단하기 위한 시도라고 볼 수도 있다. 후자의 견해는 켄 코우트의 저서 『*유럽 공동시장을 위한 노동조합의 전략 : 벨기에 노동조합의 계획안*, *A Trade Union Strategy for the Common Market : The Programme of the Belgian Trade Unions* (1971)』에 제시되어 있다. 이 계획안은 사회주의적 전통을 확인하는 것이며, 노동조합의 자치와 함께 모든 수준에서의 노동자들의 참여를 호소한다. 실업과 작업장 소외와 같은 주제는 행동을 위한 두 가지 중요한 초점으로서 강조된다. 단기적으로, 이 계획안은 세부적으로 작성된 다양한 개혁들을 쟁취하기 위한 운동 속에서 기존의 참여기구 내에서 노동자 대표단을 조정할 것을 요구한다. "권력은 공유될 수 없다"라는 블로흐-레인의 관점은 승인 받았으며 공동결정은 기각되었다. 그 대신 작업장내 사건과 노동자 훈련으로 시작하여 국가계획을 통한 재정적 기구의 관리와 함께 결합되고, 소비자 집단, 주택, 교통, 정보매체 등등에 영향력을 행사하는 운동으로 전개되면서, 노동자자주관리를 호소하는 선언을 하였다.

이스라엘, 인도, 알제리아

이스라엘의 키부츠 산업이 노동자자주관리와 공동체 관리 면에서 매우 성공한 실험인 반면(훈니우스, 가르손, 케이스의 저서에서 핀의 논문을 참조), 가장 최근에 출간된 책 하나가 노동조합이 경영한 〈히스타드루트

〉산업부문에 관심을 집중하고 있다. 타브와 골드파브는 자신들의 저서인, 『*노동자의 참여 : 기대와 경험 : Workers' Control : Expectation and Experience*』에서 이 부문에서 노동자 참여의 실패는 다양해지는 조직 내에서 나이 많은 지도부가 관심 없는 일반 회원들에게 통일성과 이념적 방향을 강요한 탓이라고 주장했다. 또 다른 한편에서, 이들 저자들은 히스타드루트 부문에서의 실패는 애매모호한 "권리"를 가진 공동협상위원회의 전반적 실패의 일환이라고 설명하고 또 이들은 "대부분의 평의회"가 그들의 최소한도의 공적 권한 이상으로 "권력"을 행사하려고 했음을 증명했다.

공동협상제와 노동자 참여를 동일시하려는 시도는 나바고팔 다스의 저서, 『*산업민주주의의 실험, Experiments in Industrial Democracy* (1964)』에서도 나타난다. 노동자 협상의 형태가 1957년 인도 정부정책의 일환이었지만 다스는 그 성과를 "미미한 것"으로 평했다. 토마스 브레어는 그의 저서, 『*실천하는 자에게로 향하는 땅 : 알제리아에서 노동자경영의 실험, "The Land to Those Who Work It" ; Algeria's Experiment in Workers' Management* (1969)』에서 비록 혁명적인 노동자자주관리의 세력과 소유주, 주지사 및 지방명사들 사이의 투쟁으로 사태가 대단히 복잡하였지만, 1962-65년 벤 벨라 지도 하에 시도한 훨씬 광범위한 노동자자주관리 실험을 보여 준다. 결국, 한창 진행 중인 도중에도, 사회주의적 부문들은 겨우 10%의 농업 분야와 그 보다 훨씬 작은 규모의 산업 분야만을 포함하고 있었다. 블레어는 알제리아에서의 실험을 힘과 재원의 부족으로 인하여 제한된, 상징적인 승리로서만 평가하였다. 그는 알제리아에서의 "자주관리"는 과거와 결별하기는 커녕, 대토지소유제의 구조적 불가피함, 인간관계와 생산관계에 겨우 일부 영향을 미친 것으로 술회하고 있다. 쥴리에트 민스의 팜플렛, 『알제리아에서의 자주경영』에서 그 실험의 많은 정치적 문제는 누구보다도 먼저 노동자자주관리에 의해 위협을 받았던 민족주의적이며 사회주의적 지도부인 최상층부에서의 정치투쟁에 놓여 있었다고 주장한다. 이안 글레그는 그의 저서, 『*알제리아에서의 노동자자주관리, Workers' Control in Algeria* (1971)』에서 알제리아의 노동자자주관리는 "속임수의 제도"이며, 노동자자주관리가 아니라 알제리아의 혁명적 과정의 본질에 대한 "부정적인 성찰"이라고 복잡 미묘한 말로 주장하였다. 이런 연구들은 알제리아의 노동자자주관리의 실패가 다른 정치적 맥락에서 이 제도가 가능하지 않다거나 혹은 바람직하지 않다거나 하는 논조로 생각될 수 없다는 점을 암암리에 주장하는 것이다.

공산주의 하에서 노동자자주관리

아돌프 스투룸탈은 그의 저서, 『*노동자평의회: 철의 장막의 양쪽에서 노동자 작업장 조직의 연구, Workers' Councils : A Study of workplace Organization on both Sides of the Iron Curtain* (1964)』에서 공산주의 체제에서 노동자평의회는 분권화의 수단, 즉 "노동조합에서 더 나아가 노동자자주관리를 짜내는" 수단으로서 발생할 수 있다고 주장한다. 이런 모호한 일반화는 아마도 쥐리 콜라야의 저서, 『*한 폴란드 공장 : 의사결정에서 노동자자주관리의 사례, A Polish Factory : A Case of Workers' Participation in Decision Making*』에서 묘사되고 있는 사례에 가장 잘 들어맞는다. 여기서 콜라야는 실패한 1956년 폴란드 봉기 직후 양보로서 위에서부터 부과한 폴란드 노동자평의회 실험을 관찰하였다. 노동자평의회는 당과 일반 노동자들이 호선한 가장 똑똑한 노동자 대표단을 단지 경영의 도구로 봄으로서 노동자평의회는 실패하였다. 이 인식은 본질적으로 정확한 것이었다 : 평의회는 이렇다 할 만한 관리권은 말할 것도 없고 단 한번도 초보적인 완전한 정보 공유의 권리조차 갖지 못하였다.

이와 대조적으로 앤디 안데르센의 저서, 『*헝가리 56년, Hungary 56* (1964)』와 두브 체크 통치 하의 체코슬로바키아에서 노동자자주관리에 관한 ICFTU 보고서는 구제도의 수단이라기보다는 구제도에 대한 도전으로서 막강한 노동자평의회 운동을 알려 주고 있다.; 헝가리의 경우는 다소간 자연발생적이었고 체코슬로바키아의 경우는 노조와 개혁경영진이 시작한 것이었다. 소비에트 정권이 두 지역의 운동을 파괴한 것은 노동자평의회 운동을 위한 투쟁 중에 가장 비극적인 예에 속한다.

유고슬라비아는 노동자자주관리의 가장 주된 본보기로 남아 있다. 1962년 ILO 보고서, 『*Workers' Management in Yugoslavia*』 이후 이 나라에서의 실험에 상당한 관심이 쏟아졌다. 1968년보다 이전이며 〈1965년 개혁〉보다 앞선 ILO 연구는 유고슬라비아에서 노동자 참여가 대단히 광범위하였다는 점, 노동자평의회의 법적 권한에 의해 노동자자주관리가 경영 결정권의 초점이 되었다는 점, 노동자자주관리는 적어도 공식적으로 주요 의제를 통과시켜야 했다는 점, 그 결정은 노동자들의 이익에 너무나도 중요하였기 때문에 의미 있는 참여가 이루어졌다는 점들을 보고하였다. 경제적으로 볼 때, 이 보고서는 자주 경영은 적어도 과잉노동을 정리하였으며, 생산성을 향상시켰고, 여하간 성장률이 매우 높아졌을 뿐만 아니라, 재 투자율도 높았고, 사장이나 숙련된 직원들의 급료는 "상대적으로 낮아 졌다"는 견해를 조심스럽게 시인하였다.

후버만과 스위지를 포함하여 많은 사람들이 유고슬라비아 체제에서 이윤지향성과 개인주의의 위험을 지적하고 있는 바와 달리, 1961년 타닉스의 연구서는 노동자평의회가 점차 개인적 의제에서 일반적 문제의 논의로 전환하고 있음을 보여 주는 반면, 파업은 점차 커져가는 노동자 독립성의 징후를 보여준다.

이차크 아제는 그의 저서, 『*산업민주주의 : 유고슬라비아 유형, Industrial Democracy : Yugoslav Style* (1971)』에서 1968년 콜럼비아대학에 제출한 박사학위 논문에서 다음과 같은 사실을 주장하였다 : 1) 노동자평의회에서는 모든 결정에서의 일상적인 참여보다는 "이례적 경영"을 지향하는 추세가 있으며, 2) 일부 평의회 임원들은 참여에 대한 기회보다는 가정사실을 위한 시간을 더 할애받기를 원하며, 3) 그러나 이 체제에서 적어도 몇 가지 점에서 생산성을 향상시키는 노동자들의 실질적인 영향력이 주목할 만하다는 점을 들고 있다. 비록 이 형태는 최적의 형태라고 "볼 수는 없으나", 경영학파의 언어로 쓴 이 연구는 제한된 참여를 위해 주장하고 있다.(이 연구는 또한 효율성 연구를 담고 있는데, 방법론상으로 노동자들의 참여를 이런 저런 방식으로 시험하기 위해 사용할 수는 없었다.)

유고슬라비아에 관한 많은 최근의 자료가 브로에크마이에르의 저서, 『*유고슬라비아 노동자 자주경영 : 1970년 1월 7-9일 암스테르담 개최 심포지엄 발표문, Yugoslavia Workers' Self-Management : Proceedings of a Symposium Held in Amsterdam, January 7-9,* (1970)』 속에 담겨 있다. 이 대회에 파견된 유고슬라비아 대표단은 자주관리를 진전시키기 위한 최근의 노력에 관하여 자기비판과 함께 낙관적인 글을 발표하였다. 매우 불운하게도 민족문제가 이 일에 개입하기는 하지만 다른 흥미 있는 점들이 지적되었다. 많은 연설자들은 1965년 개혁이 시장을 좀 더 중시하였다고 보고, 시장과 계획 양자 모두 유고슬라비아 해결 방안의 일부라고 확신하면서 계획-혹은-시장경제 논쟁의 무익함을 강조하였다. 사회연구소(자그레브) 실태조사에 의하면 표본 노동자는 이 개혁조치가 기업 내 생활에서 자주경영의 영향력을 증가시켰다고 느낀다는 사실을 지적할 수 있다. 자주경영을 일반적으로 지지한다는 것을 말해 주는 또 다른 연구들이 인플레이션의 감소추세, 노동자평의회에서 좀 더 잘 교육받고 숙련도가 높은 노동자들이 대표로 구성되는 추세, 그리고 높은 수준의 투자가 지속되고 있음을 보여주는 증거와 함께 인용되었다. 야로슬라브 바네크는 그의 저서, 『*참여의 경제, Participatory Economy* (1971)』에서 그의 초기 저작인

『*노동-경영의 경제들의 이론, A Theory of Labor-Managed Economies* (1970)』의 인기 있는 해석 판으로서 유고슬라비아 체제를 위한 쟁점의 총체적 요약을 제시하였다. 바네크는 유고슬라비아가 독자적인 문제점에도 불구하고 일정한 성장률 및 투자수준을 유지하였으며 더욱 중요하게도 일본과 이스라엘에 비교될 만하며 미국의 두 배에 이르는 투자 당 성장률을 거두었다는 사실을 지적하였다.

| 참고문헌 |

Adizes, Ichak, *Industrial Democracy : Yugoslav Style* (New York, Free Press, 1971)

Armstrong, David, "The Meaning of Work," *Our Generation Pamphlet, 3837* St. Lawrence Blvd, Monreal 18, Quebec, n.d.

Bennis Waren, "Beyond Bureaucracy," *Trans−Action*, July−August, 1965, pp. 31−5.

Bishop, Claire Huchet, *All Things Common* (Harper and Bros, 1950)

Blair, Thomas L., "The Land to Those Work It" : *Algeria′s Experiment in Workers′ Management* (Doubleday, 1970: copyright 1969)

Blumberg, Paul, *Industrial Democracy : The Sociology of Participation* (Schocken, 1969 : English ed. 1968)

Brecher, Jeremy, *Strike!* (San Francisco : Straight Arrow/World, 1972)

Broadbent, Ed., "*Industrial Democracy*" (New Democratic Party, Mimeo, 1969)

Butt, Dennis, "Workers′ Control", *Our Generation pamphlet* n.d.

Carew Anthony, "Industrial Democracy and Canada", *Our Generation pamphlet*, n.d.

Christopher, Bill, "Trade Unions v. The Law," printed in *Anarchy*, no. 40.

Clegg, Hugh, *A New Approach to Industrial Democracy* (Blackwell, 1960)

Clegg, Ian, *Workers′ Self Management in Algeria* (New York, Monthly Review, 1971)

Coates, Ken, ed, *Can Workers Run Industry?* (Sphere, 1968)

__________, *A Trade Union Strategy for the Common Market : The Programme of the Belgian Trade Unions* (Spokesman Books, 1971)

__________, and Topham Tony, eds, "The Labour Party's Plans for Industrial Democracy" (Institute for Workers' Control, pamphlet no. 5, 1968)

__________, *Workers' Control* (Panther Modern Society, 1970 : org. publ. MaGibbon and Kee, Ltd., 1968, as Industrial Democracy in Great Britain)

__________, "Participation or Control?" (IWC pamphlet, reprinted in *Can the Workers' Control Industry?)*

Dahl, Robert, "Workers' Control of Industry and the British Labour Party", *American Political Science Review*, October 1947, pp. 893—900.

Derber, Milton, *The American Idea of Industrial Democracy*, 1865—1965 (University of Illinois Press, 1970)

Eaton, John, Hughes, John and Coates, Ken, "Upper Clyde Shipbuilders, Ltd. — Worker's Control : The Real Defense Against Unemployment Is Attack" (IWC pamphlet, no. 25, 1917)

Emery, F. E., and Thorsrud, Einar, *Form and Content in Industrial Democracy* (Tavistock, 1969, in Norwegian, 1964)

Flanders, Allan, Pomeranz, Ruth and Woodward, Joan, *Experiment in Industrial*

Democracy : *A Study of the John Lewis Partnership* (Faber and Faber, 1968)

Gillespie, James, "Toward Freedom in Work," *Our Generation pamphlet*, n. d.

Gomberg, William, "The Trouble with Democratic Management," *Trans－Action*, July－August 1966.

___________, "Harwood's Press Agentry," *Trans－Action*, September－October, 1966.

Gorz, Andre, *A Strategy for Labor* (Beacon, 1967 ; orig. 1964)

Gramsci, Antonio, "Soviets in Italy" (IWC pamphlet no. 11, n. d.)

___________, "Turin 1920 : Factory Council and the General Strike," (Moulinavant Press, n. d.; org. 1920)

Huberman, Leo, and Sweezy, Paul, "Peaceful Transition from Socialism to Capitalism?" (New England Free Press, 1965 ; orig. 1964)

Hunnius, Gerry, *Industrial Democracy and Canadian Labour* (Black Rose Books, 1970)

___________, *Participatory Democracy for Canada* (Black Rose Books, 1971)

Institute for Workers' Control, *Bulletin*, vol. II, no. 6－7, Special Combined issue on the docks.

International Institute for Labour Studies,"Workers' Participation in Management : Country Studies Series," pp. 54－186, in IILS *Bulletin*, no. 6, (June, 1969)

International Labour Office, *Workers' Management in Yugoslavia* (ILO, 1962)

Kolaja, Jiri, *A Polish Factory : A Case Study of Workers' Participation in Decision Making* (University of Kentucky Press, 1960)

| 저자소개 |

이정희

대구생
경북여고 졸
서울대학교 서양사학과 졸업
미국 미시간 대학교(The University of Michigan,Ann Arbor), 역사학과,
박사과정 수학. 러시아사 및 동유럽사 전공
서울대학교 박사학위 취득
러시아 외무성 모스크바 동방학 연구소 교환교수
현재 영남대학교 문과대학 사학과 교수.
박사학위 논문, "볼셰비키 사회주의와 노동자관리, 1917~21"

주요 저서 및 논문

『*동 유럽사*』(대한교과서 주식회사, 7판, 2005)
『*러시아 혁명과 노동자, 1917-21 : 기대와 갈등의 역사*』(느티나무, 2003)
『*서구노동계급의 형성*』 공저 (느티나무)
"러시아 노동계급의 형성, 1890-1914 : 급진주의 전통의 사회적 기원"
"'사회주의적 생산양식'의 관점에서 본 볼셰비키 정권과 농민층의 관계, 1925-29"
"스탈린 대숙청에 관한 비판적 고찰 : 대숙청의 배경과 규모에 관하여"
"스탈린 시대 신 엘리트층의 형성과 성격에 관한 일 고찰:-대숙청 수행자들을 중심으로"
"페레스트로이카 시대 러시아의 페미니즘," 등 다수.

은은기

경북군위생
서울대학교 서양사학과 졸업
동대학교 석사과정 졸업
소르본느대학교(파리 4대학) 박사학위 취득, 프랑스사 전공
현. 계명대학교 사학과 교수
박사학위논문, "르노자동차 공장이 위치한 불로뉴시의 도시정책"

Marrow, Alfred,"Gomberg' s Fantasy," *Trans—Action*, September—October, 1966.

Minces, Juliette, "Self—Administration in Algeria," *Our Generation pamphlet*, n.d.

Ostergaard, Geofrfrey, "Workers' Control: An Idea on the Wing," *Our Generation, pamphlet*, n.d.

Pannekoek, Anton, *Workers' Councils* (Root and Branch Publ., 1970 ; orig. 1942)

Pateman, Carole, *Participation and Democratic Theory* (Cambridge University Press, 1970)

Rhenman, Eric, *Industrial Democracy and Industrial Management* (Tavistock, 1968 ; orig. 1964)

Spitzer, Alan, "Anarchy and Culture : Fernand Pelloutier and the Dilemma of Revolutionary Syndicalism," in *Anarchy*, no. 40.

Sturmthal, Adolf, *Workers' Council : A Study of Workplace Organization on both Sides of the Iron Curtain* (Harvard University Press, 1964)

Tabb, J. Y., and Goldfarb, A., *Workers' Participation in Management : Expectations and Experience* (Pergamon, 1970)

Turner, Peter, "History and the Role of the Trade Union Movement," *Anarchy*, no. 40.

Vanek, Jaroslav, *A General Theory of Labor—Managed Economies* (Cornell University Press, 1970)

__________, *The Participatory Economy* (Cornell University Press, 1971)

| 저자소개 |

이정희

대구생
경북여고 졸
서울대학교 서양사학과 졸업
미국 미시간 대학교(The University of Michigan,Ann Arbor), 역사학과,
박사과정 수학. 러시아사 및 동유럽사 전공
서울대학교 박사학위 취득
러시아 외무성 모스크바 동방학 연구소 교환교수
현재 영남대학교 문과대학 사학과 교수.
박사학위 논문, "볼셰비키 사회주의와 노동자관리, 1917~21"

주요 저서 및 논문
『*동 유럽사*』 (대한교과서 주식회사, 7판, 2005)
『*러시아 혁명과 노동자, 1917-21 : 기대와 갈등의 역사*』 (느티나무, 2003)
『*서구노동계급의 형성*』 공저 (느티나무)
"러시아 노동계급의 형성, 1890-1914 : 급진주의 전통의 사회적 기원"
"사회주의적 생산양식'의 관점에서 본 볼셰비키 정권과 농민층의 관계, 1925-29"
"스탈린 대숙청에 관한 비판적 고찰 : 대숙청의 배경과 규모에 관하여"
"스탈린 시대 신 엘리트층의 형성과 성격에 관한 일 고찰:-대숙청 수행자들을 중심으로"
"페레스트로이카 시대 러시아의 페미니즘," 등 다수.

은은기

경북군위생
서울대학교 서양사학과 졸업
동대학교 석사과정 졸업
소르본느대학교(파리 4대학) 박사학위 취득, 프랑스사 전공
현. 계명대학교 사학과 교수
박사학위논문, "르노자동차 공장이 위치한 불로뉴시의 도시정책"

Marrow, Alfred,"Gomberg' s Fantasy," *Trans—Action*, September—October, 1966.

Minces, Juliette, "Self—Administration in Algeria," *Our Generation pamphlet*, n.d.

Ostergaard, Geofrfrey, "Workers′ Control: An Idea on the Wing," *Our Generation, pamphlet*, n.d.

Pannekoek, Anton, *Workers′ Councils* (Root and Branch Publ., 1970 ; orig. 1942)

Pateman, Carole, *Participation and Democratic Theory* (Cambridge University Press, 1970)

Rhenman, Eric, *Industrial Democracy and Industrial Management* (Tavistock, 1968 ; orig. 1964)

Spitzer, Alan, "Anarchy and Culture : Fernand Pelloutier and the Dilemma of Revolutionary Syndicalism," in *Anarchy*, no. 40.

Sturmthal, Adolf, *Workers′ Council : A Study of Workplace Organization on both Sides of the Iron Curtain* (Harvard University Press, 1964)

Tabb, J. Y., and Goldfarb, A., *Workers′ Participation in Management : Expectations and Experience* (Pergamon, 1970)

Turner, Peter, "History and the Role of the Trade Union Movement," *Anarchy*, no. 40.

Vanek, Jaroslav, *A General Theory of Labor—Managed Economies* (Cornell University Press, 1970)

__________, *The Participatory Economy* (Cornell University Press, 1971)

주요 논문
"Une gestion socialiste en matière de logement", *Le Mouvement Social*, n° 213, octobre-décembre 2005 외 십 여편.
"프랑스 코뮌의 복지비 지출 분석(1949–1965)"
"프랑스 코뮌의 재정지출 자율성 제약요인"
"프랑스의 경제 · 통화통합정책에 대한 고찰"
"프랑스 공산당의 역사적 성격"
"프랑스 공산당의 선전선동활동" 등 다수 있음
저서, 『*유럽통합과 프랑스*』 *(공저, 푸른길, 2005.)*

Gerry Hunnius

캐나다 터론토의 요크 대학교, 애트킨슨 대학의 사회과학부(Department of Social Science at Atkinson College, York University, Toronto)에서 강의. 〈프락시스 : 터론토의 사회변화 연구소〉의 연구원, 케임브리지 연구소의 부 연구원. 터론토의 국제학술잡지 『*우리세대, Our Generation*』의 편집회원. 유고슬라비아의 노동자 자주경영에 관한 저서 다수 출판함.

G. David Garson

터프츠 대학교의 정치학 부교수. 1965년 프린스턴 대학교 학부 졸업, 1969년 하바드 대학교에서 박사학위 받음. 정치학 교재와 사회운동 특히 노동에 관한 다수 논문 출판.

John Case

1969년 이래로 케임브리지 연구소의 연구원. 그 이전에 〈뉴잉글랜드 프리 출판사〉 창간을 도움. 지금은 정간된 잡지인 『*종이 호랑이, The Paper Tiger*』지의 편집인이었음. 연구소에서 노동자 자주경영과 공동체 소유의 경제적 기구와 변화를 위한 장기적 전략과 관련된 연구에 몰두하고 있음.

David Ellerman

M.I.T와 보스톤 대학교(Boston University)에서 학부 졸업. 다시 여기서 수학 분야에서 박사학위, 경제학 및 철학에서 석사학위 받음. 수학 분야의 업적 이외에 현재 그의 연구는 사유재산의 노동권 이론(그의 논문에서 요약됨)에 관한 연구와 노동자주의적 관점에서 전통적 경제학의 이론을 비판하는 연구에 집중되고 있다. 그의 논문은 본 책을 위해 특별히 쓴 것이다; 같은 주제의 좀 더 긴 논문은 『*급진적 정치 · 경제학, Review of Radical Political Economics*』지에 실려 있다.

Chris Trower

터론토의 〈아메리카 통합철강노동자연합〉의 국제 대표. 그의 논문은 미 출간된 긴 원고에서 발췌한 것임.

Wilfred List

터론토의 『*Glob and Mail*』지의 노동취재기자. 그의 글은 『*Task : News from the Ontario Department of Labour*』에서 재출판 한 것임.

Lars Erik Karlsson

31세로 스웨덴의 여당인 사회민주당의 좌파의 행동당원. 경영학, 경제학, 조직론 분야에서 대학교를 졸업한 후, 1969년 이래로 산업민주주의를 국영기업에 도입하기 위하여 정부특별위원회에 고용되어 활동함. 격렬한 논쟁을 야기한 그의 저서, 『*Demokrati pa arbetsplasten, Democracy at the Workplace, Stockholm, 1969*』는 스웨덴의 노동운동계에서 큰 관심을 불러 일으켰다. 본 책의 논문은 바로 그의 저서의 첫 장과 마지막 장의 수정한 판이다.

David Tornquist

자유기고 언론가이며 번역가. 최초의 유고슬라비아의 사회주의 실험을 기술한 것으로 그의 저서 『*동쪽을 바라 보다. 서쪽을 바라 보다*. ***Look East, Look West, Macmillan***, *1966*』가 있다. 지금 그는 유고슬라비아에서 노동자 자주경영과 문제점에 관한 책을 집필하기 위해 자료를 모으고 있다. 그의 논문은 특별히 본 책을 위하여 집필하였다.

Jack Rasmus

캐나다, 영국 그리고 미국에서 노동운동의 행동가. 지금 그는 미국의 거대한 AFL - CIO 노동연맹에 고용되어 있다. 그의 논문은 특별히 본 책을 위하여 집필되었다.

| 찾아보기 |

ㄱ

ㄴ

ㅂ

ㅅ

ㅊ

ㅎ